国家社科基金一般项目“中国传统生态智慧的
创新性发展研究”（19BKS051）成果

北宋新儒学生态伦理思想研究

——从周敦颐到二程

洪梅 著

湘潭大学出版社

序：生态伦理的源头活水

万俊人

生态伦理乃至生态哲学无疑是我们时代的世界性主题之一。是什么原因使得生态伦理在其产生之后的短短几十年时间内，便如此迅速地演化成为一个世界性的课题并获得哲学主题化的地位呢？追究一下这个问题不仅具有重要的思想和现实意义，而且也有重要的学术文化意义。毕竟，生态伦理甚或生态哲学本身所涵盖的认知与价值意味非同一般。

哲学，尤其是现代哲学一直关注于所谓主体与客体或者主观与客观的认知互动关系，这固然可以看作是古希腊以降西方哲学内在的“两分性”或“二分法”特性使然；但更根本的是，作为认知和行动主体的人与其生活于其间的自然世界之间的关系——大约三十多年前，我便将之简化为“人自关系”——乃是人类哲学思维所必须且首先面对的最普遍而又最复杂的关系。就此而论，马克思主义的创始人把“存在与思维的关系问题”视之为“哲学的基本问题”是有相当理由的。可是，这种基于“主客两分”的哲学思维图式虽然被不少学者看作是西方社会得以洞开近代科学思维王国的“金钥匙”，却因其主客两分图式所内涵的过度主体优越性——即作为主体的人相对于作为客体的外部世界或自然世界——而或多或少地造成了人类中心主义的现代性思维价值导向，进而造成人类针对自然世界的“单向度”之工具主义利用，甚至是改造自然、征服自然的超强现代性傲慢。

我曾经在给门下王滔洋博士的著作序言（曾以《世界的“膨胀”与哲学的“萎缩”》为题，刊于《读书》杂志，2015 年第 10 期）中谈到，基于“主客两分”之思维图式的西方哲学，历经了从古希腊初期的宇宙论到本体论，再到认识论，最后趋近于工具论的不断“萎缩”的演进过程。很显然，这种哲学的“萎缩”首先是哲学视域或视野的萎缩，同时也是一种认知取向或人类心向的萎缩。这一不断“萎缩”的哲学流变过程，不仅隐含着西方现代性生成的认知逻辑与价值行动秘密，而且也隐含着西方现代性本身的内在问题或固有缺陷。易言之，西方哲学仅仅凭借其内在的逻辑张力——即“主客两分性”的思想张力——确乎实现了自身从传统向现代的根本性转换；但与此同时也逐渐丧失了它自身关于外部世界，尤其是关注主客两分化世界的存在同一性——亦即人类世界与自然世界之“本体论暨存在论”意义上的同一性——的哲学能力或思想智慧。事实上，这也是 20 世纪末期至今，西方生态哲学和生态学强势反弹并将当代西方哲学逼入窘境的主要原因。

与之相对，中国哲学的历史演变非但没有发生这种不断“萎缩”的现象，反而呈现出视域不断拓展、认知取向不断由内而外的展开过程，至少就儒家而论可作如是观。先秦孔孟时代，儒家致思的发力点是仁人义事，这一哲学用心直到汉唐仍无根本改变。然而进至宋代，随着援佛入儒、借禅说理之哲学方式的勃兴，理学不仅极大地强化了儒家学说的哲学理论化力量和学理建构能力，而且也极大地拓展了自身的思想和理论视域。宋儒先导周濂溪创建其太极图说，将理学擢升到宇宙本体论的高度。没有这种宇宙本体的视野，便很难理解随后理学大家张载的“民胞物与”之生态哲学命题的证成，更难说通二程（程颢、程颐）得以至达理学大成的标志性成就。

我想特别强调的是，除了这种哲学之学理强化的重大变化之外，还有一个长期未能引起人们关注的哲学现象：11世纪前后北宋道学——作为宋明理学之经典形态——的兴起并快速建构起完备的哲学体系，首先是从重构儒家之天人关系开始的，从周敦颐、张载到二程，天与人及二者的合一被作为哲学的第一命题而提出，并被给予了前所未有的系统论证。这一哲学本体论的努力不仅成功地将先秦以降的儒学从道德学或伦理学的层面擢升到了哲学本体论的哲学高度，而且反过来大大深化和拓展了儒家伦理学的视域和深度。著名专家陈谷嘉先生指出：“（北宋）道学伦理思想首先在理论上建构了一个新的天人关系理论系统，在哲学与伦理学相融合的前提下，将宇宙本体论和道德缘起论重合在一起，使得一个新的‘天人合一’模式得以形成。”（陈谷嘉：《宋代道学伦理思想系统》，湖南大学出版社2006年出版，第181页。）这种经过重构了的——确切地说，基于一种“将宇宙本体论和道德缘起论重合在一起”的新的“天人合一模式”的北宋道学伦理学，已然成为一种足以料理人自关系、具有其独特生态哲学和生态伦理向度的新型儒家哲学和儒家伦理。这是值得我们认真探究的儒学研究新课题、新领域。

值得称赞的是，当代中国哲学和伦理学学人已经开始关注这一新课题和新领域，眼前这部由洪梅博士独立成就的新著《北宋新儒学生态伦理思想研究——从周敦颐到二程》便是这一新领域的最新成果，其述其论，自有得见。作者不仅给我们提供了一幅较为完整清晰的北宋周敦颐与二程之生态伦理思想的理论图景，而且还较为深入地揭橥了二程乃至整个北宋时期生态伦理思想的时代价值和当代意义。几年前，受洪梅博士的业师李建华教授和中南大学的邀请，我有幸主持了洪梅等多位中南大学公共管理学院博士的论文答辩，对洪梅博士的论文选题和优秀答辩留有很深的印象。不期匆匆四年，洪梅博士一直坚持其选定的研究方向深耕细作，经年不辍，终于写成这部专著，让我由衷感佩。对于中国伦理思想，吾所涉甚少，不敢妄论高低深浅，至于北宋二程就更遑论专业评述了。只是涉及伦理或生态伦理，我尚可略述己见。大概是因为我曾经主持过洪梅博士的学位论文答辩并对生态伦理有过些微言论感慨，她便认可并邀请我为其新著一序罢。接到她的邀请，我特别征询了其导师李建华教授的意见，得到应允和鼓励，方敢不揣冒昧，斗胆应承洪梅博士的请求，试书如上者云云，窃冀庶几不负其良好愿景。若果然如此，当不胜欣喜矣！

是为序。

目　录

第一章　北宋新儒学的开创：周敦颐的生态伦理思想

自先秦以来，儒学便有了“天人合德”的思想，认为在社会中人道是本于本性，心性是来源于天道，而天道的终极根据则是从人道得以体现出来。这个理论通过孔子的“践仁以知天”、孟子的“尽心知性以知天”的表达，流传极广。

到了汉代，董仲舒提出了“天人之际，合而为一”。泛神论的天使得天道与人道得以贯通为一。魏晋玄学之时，儒学则吸收了天人关系的理性思维，神学目的论又转为了“有”“无”之辩。这就为儒学家们带来了一大难题，即天道与人道如何得以贯通？天道又怎会具有人的属性？人道怎会以天道为根据呢？“知人而不知天”成为了儒学家们很长一段时间的理论缺陷。

直至北宋时期，面对自唐代以来儒、释、道三教之间既融合又冲突的相互诘难的局面，儒学逐渐成为了正统，而在发展的同时，又吸收了佛教中的空、有、缘生的说法，以及道家天道本体形而上的思维，终于确立了一个以“理”为本体、以气为载体，包括人性天道，也包括“三纲”“八条目”的内圣外王之道。这被史学家们称为新儒学，或称之为理学、道学。与前期儒学不同的是，新儒学一改汉唐时期的经学章句训诂之风，探求的是义理与性命道德之学。新儒学不是对汉唐儒学的简单照搬，而是更新和创造出了一个新的儒学，回归了儒家的人伦道德学说，统一了意识形态的儒学和理念形态的儒学，给旧的儒学注入了新的生机和活力，具有鲜明的时代特色。另外，新儒学在构建一个哲学伦理思想体系的同时，还对生存的自然环境提出了带有生态意识的“天人合一”思想。

在中国古代社会，要想学会做人或探寻人生的价值和意义，是离不开儒学的涉及和指引的。这就是儒学具有的独特魅力。到北宋时期，继承先秦儒家生命文化的精神，吸纳佛道文化，新儒学重新成为了显学。其中，周敦颐的濂学开山，二程的洛学扩展，张横渠的关学呼应，使得儒学形成了前所未有的理论繁荣。最终新儒学成为了官方正统之学，兴盛时间长达七百余年。

第一节　周敦颐开创儒学的新方向

儒学在汉武帝“罢黜百家，独尊儒术”时成为了最高的统治思想。自佛、道兴起后，儒学的地位受到了挑战。特别是自南北朝、隋唐以降，有了三教并用的政策而否定了儒学独尊的地位。为了扭转这一局面，为恢复儒家的正统地位，唐代的韩愈开始了儒学复兴运动。到了北宋时期，儒学复兴运动则进入了一个新的阶段。

中国几千年来的历史表明，封建统治阶级的政治体制是离不开儒家学说的。即使是佛、道盛行的年代，儒学仍被历代帝王奉为治国安邦宝典，儒学在政治上的地位从来没有丧失过。宋朝确立后，经过七十余年的思考和酝酿，沉寂了几个世纪的儒学又重新得到复兴，这就使得唐代韩愈、李翱等的儒学复兴在北宋时期得以修成正果，修复后的儒学被称为新儒学。儒学的复兴在中国思想史上具有重要的里程碑意义。这场儒学复兴运动使意识形态的儒学和理念形态的儒学达到了空前的统一，给儒学注入了新的活力，具有鲜明的时代特色。

一、北宋新儒学的复兴

为了重新对孔孟思想进行研究，宋儒将目光转向了儒家经典。其中《周易》《中庸》《大学》《孟子》《论语》等儒家典籍便成为了宋儒们研究的重点对象。在阐发儒学经典的同时也重构了儒学体系，提高了儒学的理论层次，打破了汉代粗陋的“天人感应说”，建构了以儒学为主体的“性与天道”的哲学体系，重新建构了新的天人关系论。

北宋时期，宇宙的起源问题进入了宋代新儒学的视野。他们试图从宇宙本源入手，建构宇宙模式，这种思想使得北宋新儒学的思想得以丰富，对于道德的讨论不再仅限于一隅，而是扩展到了宇宙模式，这应是吸收了道教的思想内容。随着论域的扩大，这就对佛道二家的思想发起了挑战。这种挑战对于儒家而言，是具有开创性的。而发起这种挑战的北宋思想家主要是周敦颐和其弟子二程。

周敦颐在宋明理学中有着极其重要的地位，被誉为理学开山，被后代的理学家们尊为“道学宗主”。他的地位在《宋史·道学传》中就已明确：“孔子殁，曾子独得其传，传之子思，以及孟子，孟子没而无传。两汉而下，儒者之论大道，察焉而弗精，语焉而弗详，异端邪说起而乘之，几至大坏。千有余载，至宋中叶，周敦颐出于舂陵，乃得圣贤不传之学，作《太极图说》

《通书》，推明阴阳五行之理，命于天而性于人者，了若指掌。”

周敦颐以太极作为宇宙本体，著有《太极图说》与《通书》以阐明其观点。这两部著作主要内容是对宇宙生成图式的演化和说明。其中《太极图说》中的太极图来源于道教。他吸收道家的哲学，从中体会到生命之韵律。周敦颐在中国儒学史上有承前启后的历史地位，黄百家说：“孔孟而后，汉儒止有经传之学，性道微言之绝久矣。元公崛起，二程嗣之，又复横渠诸大儒辈出，圣学大昌。故安定、组徕卓乎有儒者之规范，然仅可谓有开之必先。若论阐发心性义理之精微，端数元公之破暗也。”① 这个评价是比较中肯的，将周敦颐作为心性义理之学的代表，也是有据可查的。文中提到“二程嗣之”，说明二程之学由此而发源。并由此独创出“天理”二字，被尊为儒学的正宗。

周敦颐的《太极图说》是以《周易》的太极阴阳理论为基础构建的一个有机论的宇宙模式，是以太极立人极。《周易》是北宋新儒学阐述性与天道的起源的基本理论。王船山认为周敦颐的理学就是对《周易》性与天道思想的继承并发扬。他在《张子正蒙注》序中提道：“《周易》者也，性之藏也。”“宋自周子出，而始发明圣道之所由，一出于太极阴阳人道生化之终始。”② 这就说明宋代理学家对性的阐述起源于《周易》。

周敦颐的宇宙图式论也就是以《周易》思想为主，同时，佛道的思想也融合其中。《太极图说》便是以《易传》的思想来阐释来自道教的太极图说。文章不足三百字，多处引用了《易传》

① 黄宗羲：《宋元学案·濂溪学案》，北京：中华书局1986年版，第481页。

② 王夫之：《张子正蒙注》，北京：中华书局1975年版，第3页。

的内容。另一本著作《通书》主要发挥的也是《中庸》和《周易》的思想。周敦颐将这两本书的内容结合起来进行论述。所以，周敦颐的宇宙图式论主要是承接了《中庸》和《周易》的儒家思想，也是当时儒学复兴运动时三教融合的产物。

南宋魏了翁在《奏乞为周濂溪赐谥》中曾赞扬周敦颐说："而颐（周敦颐）独奋乎百世之下，乃始探造化之至赜，建图著书，阐发幽秘，而示人以日用常行之要。……而其嗣往圣，开来哲，发天理，正人心，其于一代之理乱、万世之明暗所关，盖甚不浅。"

魏了翁的这段评述也证明了周敦颐的"破暗"之说。黄百家在《宋元学案》的按语中说："若论阐发心性义理之精微，端数元公之破暗也。"这两种说法均突出了周敦颐的破暗之功，也更奠定了他的理学开山地位。周敦颐援佛道入儒，以太极立人极，确立了儒家的宇宙本体论。并打通天道与人道，使天道作为人道的依据，落实到心性本体上，构建了北宋新儒学的理论框架，对宇宙本体论与儒家的道德论的互渗进行了创造性的阐述。这一理论成果为儒学成为中国思想界的主流文化奠定了基础。

二、周敦颐开创儒学新方向

周敦颐（1017—1073），字茂叔，原名敦实，因为避讳宋英宗的旧讳而更改为敦颐。道州营道（今湖南道县）人。曾历任主簿、县令、知州等。但从政时间都很短，可见其政治地位并不显著。晚年时因喜爱庐山，在庐山莲花峰下建立了一个濂溪学堂进行讲学，后人也称他为濂溪先生。所著哲学著作为《太极图说》和《通书》（又名《易通》）。当时他的学术名望也不显著，但朱熹却称他为"得孔孟不传之正统"，直至在《伊洛渊源录》中将周敦颐列为“北宋五子”之首，成为北宋新儒学的开山鼻祖。

朱熹称周敦颐之《通书》为“近世道之源”，“比《语》、《孟》较分晓精深，结构得密，《语》、《孟》说得较阔”[①]。由此说来，应是周敦颐所发的“心性义理”之学打破了孔孟之后道统中绝的千年幽暗，所以称他为道学开山鼻祖。

周敦颐所著《太极图说》内容很简短，只有两百多字，但却是北宋新儒学的经典之作。周敦颐之所以有这样的成就，是有他的学术背景的。自汉代以来，儒学虽然取得“独尊”的地位，但在魏、晋、隋、唐时期，玄学、佛学、道家学说也不断冲击着儒学，使得儒学的地位经常发生动摇。特别是在唐代，由于统治阶级的个人喜好不同，或是政治要求各异，对于各种学术的重视推崇也各自相异。例如唐太宗重视的是儒学，唐武后喜欢的却是佛法，而唐玄宗推崇的却是道教，就这样一直是儒、道、释三家相互激荡、相互融合。到了北宋时期，情况得以改变，理学勃然兴起，儒、道、释三家思想出现合流，周敦颐立足于儒家经典，奠基于《周易》和《中庸》之上，揉合改造，建构了一个融合儒、道、释三家思想的理论体系，使得一种新的思想得以成立，这便是理学，也叫道学，这使得儒学在我国封建社会重新拥有了“唯我独尊”的地位。

同为北宋儒学宗师的二程少年时就学于周敦颐，因此二程的学术直接发源于周敦颐。对于这种师承关系，历来也有很多质疑的声音。全祖望认为二程在少年时曾求学于周敦颐，但二程的思想却没有受到周敦颐的影响，“二程终身不甚推濂溪”。既然周敦颐与二程之间有着师生关系，二程为何“终身不甚推濂溪”呢？

---

① 黎靖德：《朱子语类》，北京：中华书局1994年版，第2389页。

梁绍辉认为周敦颐与新旧两党有着密切的联系，由于政治因素，二程不宣扬与周敦颐的师承关系。而邓广铭先生认为二程学术（理学）与周敦颐根本就毫无关系。而英国汉学家葛瑞汉虽承认周敦颐对二程创立的理学具有启发开导作用，但认为二程并没有受到周敦颐哲学的影响。葛瑞汉的这句话有些自我矛盾。

但不管怎样，二程少年时曾求学于周敦颐却是不争的事实。他们不但从中学到了周敦颐嫡传的学问宗旨，甚至达到了周敦颐那种“吟风弄月”“幽咏以归”的人生理想境界，“孔颜乐处”由周敦颐与二程师徒三人再次阐释，达到了天人合一的理想境界。

对于“周程授受”之事，很多学者是持肯定态度的。如冯友兰的《中国哲学史新编》提出“明道、伊川兄弟二人俱以濂溪为师”[①]。周敦颐对二程的影响应体现在寻求孔颜之乐的精神境界方面。二程语录中曾记载说：“昔受学于周茂叔，每令寻颜子、仲尼乐处，所乐何事。”[②] 周敦颐令二程“寻孔颜乐处”，就已经将他们引向了性命之学一派，对二程有很大的影响，这也为二程后来创立的理学打下了根基。

“孔颜乐处”出自春秋时期的《论语》，历代学者对“孔颜乐处”的理解都各有不同。但有一点是相似的，就是《论语》中关于“孔颜乐处”的章句。其一是：“贤哉，回也！一箪食，一瓢饮，在陋巷，人不堪其忧，回也不改其乐。贤哉，回也！”[③] 其

① 冯友兰：《中国哲学史》，北京：中华书局1961年版，第869页。

② 程颢、程颐：《二程集》，北京：中华书局1981年版，第16页。

③ 来可泓：《论语直解·雍也》，上海：复旦大学出版社1996年版，第149页。

二是："回也，其心三月不违仁，其余则日月至焉而已矣。"[①] 其三是："饭蔬食饮水，曲肱而枕之，乐在其中矣。不义而富且贵，于我如浮云。"[②] 其四是："发愤忘食，乐以忘忧，不知老之将至矣。"[③] 在这里，"孔颜乐处"代表的是儒家思想的一种最高精神境界，这种最高精神境界的内涵是真理境界、道德境界和审美境界。但"孔颜乐处"的最后真谛究竟是什么，历代学者并没有给出一个令人信服的答案。千年之后，北宋理学家周敦颐作为道学开创者，明确提出并解答了这个问题，成为了关注"孔颜乐处"问题的第一人。

二程拜周敦颐为师之时，周敦颐就要他们"寻仲尼、颜子乐处，所乐何事"。这就是后来被历代学者一直津津乐道的命题。在《宋史·道学传》中，程颢在回忆早年周敦颐对他的教诲时说："昔受学于周茂叔，每令寻颜子、仲尼乐处，所乐何事。"[④] 从这以后，"寻孔颜乐处"便成为了宋明理学家以及后世学者们的一个重要课题，引起了大家的普遍关注。

首先，我们看周敦颐是如何看待"孔颜乐处"的。周敦颐在《通书·颜子》中说："颜子'一箪食，一瓢饮，在陋巷，人不堪其忧，回也不改其乐'。夫富贵，人所爱者也。颜子不爱不求，而乐乎贫者，独何心哉？天地间有至贵至爱可求，而异乎彼者，

---

① 来可泓：《论语直解·雍也》，上海：复旦大学出版社 1996 年版，第 146 页。

② 来可泓：《论语直解·述而》，上海：复旦大学出版社 1996 年版，第 184 页。

③ 来可泓：《论语直解·述而》，上海：复旦大学出版社 1996 年版，第 186 页。

④ 程颢、程颐：《二程集》，北京：中华书局 1981 年版，第 16 页。

见其大而忘其小焉尔。”① 周敦颐认为，颜子为人敦厚，不为物质所役，安贫乐道。颜子之所以有这种情操，是因为颜子有“见其大而忘其小”之乐。那么，何为大，何为小呢？在颜子的眼中，“大”，即是生命的真正意义、人生价值的体现。只有获得这种真谛，理得后才能心安。心中安泰后自然再无所求，即使物质生活贫困但精神充实。这就是颜子的“见其大而忘其小”，使得他不论身临富贵或是贫贱，都能始终保持如一，保持一种心泰的境界。

那么，在这“大”与“小”之间，颜子又是如何体现“乐”的呢？周敦颐在《通书·师友上第二十四》中指出：“天地间，至尊者道，至贵者德而已矣。”物质享受和世俗权贵所带来的乐不过是“小”，而精神性的“道”与“德”才是“大”。这就说明颜子具备了很高的道德修养，这样才能见其“大”而忘其“小”。在颜子眼里，富贵贫贱并无重大差别，只要有精神性的愉悦，处于任何状况之下的他都是安泰和乐的。同样，周敦颐也认为，颜子的乐绝非是因为贫贱本身给他带来的欢乐，而是颜子因为有了良好的道德情操和理论修养，达到了一种超越一般人眼中的富贵贫贱之乐，到达了另外一种精神境界。正因为颜子有了这种精神境界，才不会因为贫贱而忧愁，也不会因为他人的富贵而羡慕，无论何时何地，都处于一种和乐气象而怡然自得。

北宋著名文学家黄庭坚在《豫章集·濂溪诗序》中称赞周敦颐：“人品甚高，胸中洒落，如光风霁月。”由此看来，周敦颐也确实追寻到了颜子的精神境界。在周敦颐看来，颜子所说的“乐”便是一种超越道德的精神境界的追求，周敦颐则要少年时

---

① 《周敦颐全书》卷三，南昌：江西教育出版社 1993 年版，第 143 页。

的二程继续追寻“孔颜乐处”中的“乐”。程颢继承了周敦颐所说的“乐”，他说：“学至于乐则成矣。笃信好学，未知自得之为乐。好之者，如游他人园圃；乐之者，则已物尔。然人只能信道，亦是人之难能也。”①

在程颢看来，为学的主要目的并不只是单一地追求外在知识，而是在知识之中去寻求乐的精神境界，这才是学习的真正目的所在。学习他人的经验知识，不是自得，就好比在他人之园游玩，他人花园虽美，但园中的一切并非己有。如在游玩的同时能真正体验到其中的乐趣所在，这样才能成为自家之物。那么，在程颢看来真正地“乐”又是指什么呢？他说：“学者须先识仁。仁者，浑然与物同体。识得此理，以诚敬存之而已，不须防检，不须穷索。若心懈则有防，心苟不懈，何防之有？理有未得，故须穷索。存久自明，安待穷索？此道与物无对，大不足以名之。天地之用皆我之用。孟子言万物皆备于我，须反身而诚，乃为大乐。若反身未诚，则犹是二物有对，以己合彼，终未有之，又安得乐？”②

周敦颐认为，颜子之“乐”并不是因为贫贱本身能带来所谓的“乐”，这也就是说颜子所提到的“乐”针对的并不是某种具体的感性对象，而是提高到了某种精神境界。程颢继承了周敦颐对乐的这种理解，认为只要提高到了一定的精神境界，才能感觉到乐。那么，这种精神境界又是什么呢？程颢认为孟子所说的“万物皆备于我”，是“浑然与物同体”的精神境界，就是儒者所说的“大乐”。程颐在一次授课中，曾经问弟子们：“孔子、颜回

① 程颢、程颐：《二程集》，北京：中华书局2004年版，第127页。

② 程颢、程颐：《二程集》，北京：中华书局2004年版，第16—17页。

到底所乐何事?”弟子们百思不得其解，于是便有了下面的一段对话：鲜于侁问（伊川）：“颜子何以不能改其乐?”子（伊川）曰：“知其所乐，则知其不改。谓其所乐者何乐也?”曰：“乐道而已。”子曰：“使颜子以道为可乐而乐乎，则非颜子矣。”①

二程所乐的并不是一种具体事务，而是一种精神境界。如果是以“道”为乐，这里所说的“道”同样也会成为一种具体的事物。所以，程颐并不同意“乐道”的这种说法。他认为颜子之所说的“乐”乃是因在“道”中才得以自有其乐，并不是心中有了一个大富大贵的“道”来给“乐”一个定义，脱离了精神境界，这个乐就毫无快乐可言。

所以说对于周敦颐“孔颜乐处”之“乐”，程颢、程颐有深刻的继承，但与周敦颐所理解的“乐”又略有些差异。这种差异就使得二程在人生价值实践的过程中显现出与周敦颐的不同气象。与周敦颐相比，程颢显得更加和乐。程颐在《明道先生行状》里对程颢的人品做了一个很好的概括：“视其色，其接物也，如春阳之温。听其言，其入人也，如时雨之润。”② 二程的弟子谢良佐说：“明道先生坐如泥塑人，接人则浑是一团和气。”③ 与程颢相比，程颐则显得更加严肃，《河南程氏外书》载：“伊川直是谨严，坐间无问尊卑长幼，莫不肃然。”④

综上所述，二程学术师承周敦颐的观念是正确的，主要是思想上的继承与发展，特别是自二程十四五岁之时，所学内容包括

① 程颢、程颐：《二程集》，北京：中华书局2004年版，第1237页。

② 程颢、程颐：《二程集》，北京：中华书局2004年版，第637页。

③ 程颢、程颐：《二程集》，北京：中华书局2004年版，第426页。

④ 程颢、程颐：《二程集》，北京：中华书局2004年版，第442页。

寻“孔颜乐处”对他们的学术思想影响很大。

三、《太极图说》确立新儒学的宇宙本体论

关于《太极图说》出自何人之手，历来是有所争议的。朱震在《汉上易解》中描述了一个太极图说的渊源系统，他说：“陈抟以《先天图》传种放，放传穆修，穆修传李之才，之才传邵雍。放以《河图》《洛书》传李溉，溉传许坚，许坚传范谔昌，谔昌传刘牧。穆修以《太极图说》传周敦颐，敦颐传程颢、程颐。”他认为《太极图说》是由种放传给穆修，再由穆修传给周敦颐。

陆象山也赞成朱震的说法，他在《象山先生全集·与朱元晦》中说：“朱子发谓濂溪得太极图说于穆伯长，伯长之传出于陈希夷，其必有考。希夷之学，老氏之学也。”在朱震和陆象山看来，周敦颐所创立的《太极图说》及其易学思想的理论渊源是出自穆修。至于《太极图说》是否为周敦颐所作，陆象山更表怀疑，他在《象山先生全集·与朱元晦》中坚持说：“《太极图说》与《通书》不类，疑非周敦颐所为。不然，则或是其学未成时所作。不然，则或是传他人之文，后人不辨也。”他认为《太极图说》绝非周敦颐的作品，即使是，也不是他的成熟之作。

而朱熹则力辩《太极图说》应是周敦颐所作。他说：“至于先生，然后得之于心，而天地万物之理，巨细幽明、高下精粗，无所不贯，于是始为此图，以发其秘尔。”① 他在《文集·答张敬夫》中认为周敦颐之所以作《太极图说》，根本目的就是以“图”去“尽古人之意”，即“太极图说立象尽意，剖析幽微，

① 《朱文公云集》卷七十六，《四部丛刊本》，第1398页。

周敦颐不得已而作也”。为何不得已而作《太极图说》呢？是因为《周易》中所蕴含的宇宙本源以及衍化过程，很难用语言描述，只有借助于图像才能表述出来。于是，周敦颐便以道家的先天图和无极图作为蓝本，再融合佛家思想，创造出属于自己的太极图。①

一切关于《太极图说》来源的争议都来自儒家学子们的一种自觉，这也说明儒学在北宋时期的开创与佛道理论是分不开的。太极图虽有所本，而《太极图说》应是周敦颐独创，这种独创就是对儒释道的综合创新。那么，周敦颐的《太极图说》的独创之处又在哪里呢？

《太极图说》实际上就是对《周易》基本原理的一个形象阐释，描述的就是宇宙生成乃至人类社会的生成之道，以及人类如何成贤成圣之道，既展示了宇宙生成论，也展示了人道论。

《太极图说》分为五部分，从上往下看，第一部分是一个空白的圆圈，是“无极而太极”。在《周易系辞上》有一句“易有太极”。“无极”是道家的常用语，最早出现于《老子》第二十八章“复归于无极”。周敦颐将它引入了《太极图说》，提出

---

① 《太极图说》：无极而太极：太极动而生阳，动极而静，静而生阴，静极复动。一动一静，互为其根。分阴分阳，两仪立焉。阳变阴合，而生水火木金土。五气顺布，四时行焉。五行一阴阳也，阴阳一太极也，太极本无极也。五行之生也，各一其性。无极之真，二五之精妙合而疑。乾道成男，坤道成女。二气交感，化生万物。万物生生，而变化无穷焉。惟人也得其秀而最灵。形既生矣，神发知矣。五性感动，而善恶分，万事出矣。圣人定之以中正仁义而主静，立人极焉。故圣人与天地合其德，日月合其明，四时合其序，鬼神合其吉凶。君子修之，吉；小人悖之，凶。故曰：“立天之道，曰阴与阳。立地之道，曰柔与刚。立人之道，曰仁与义。”又曰：“原始反终，故知死生之说。”大哉易也，斯其至矣。

“无极而太极”以及“太极本无极”的命题，就是认为“无极”要先于“太极”，是先于天地而存在着的实体。这与道家“有生于无”的本体论思想是一致的。

第二部分即第二圈的中央是一个小白圆圈，为太极之体；此圈左边为阳动，右边为阴静。离中有坎，坎中有离，为坎离互含之象，即坎离、动静、阴阳互为其根。此处周敦颐图解了《易·系辞上》的生化模式：“易有太极，是生两仪”以及“动静有常，刚柔断矣”。这两句话所解释的就是太极到阴阳两仪的宇宙衍化过程。

第三部分是由金、木、水、火、土所组成的五个小圆圈组成的五行图，还有一个空白的圆圈在土的下面，分别与木、火、金、水相连。《太极图说》在说明这个图像的时候，说：“五行，一阴阳也；阴阳，一太极也；太极，本无极也。”就是说金、木、水、火、土五行以及八卦的根源就是阴阳二气，这阴阳二气起源于“太极”的动静。周敦颐认为金、木、水、火、土五行都各有自己的特性：“五行之生也，各一其性。”

第四和第五部分都是空白的圆圈。第四图的空白圆圈，表示的是阴阳二气和有自己特性的五行经过神妙结合而化生成男女，即所标示的乾道成男，坤道成女。第五图的空白圆圈，是由男女交感化生万物，其标示万物化生。在化生的万物中，又以人为万物最灵。从对第四和第五部分的说明可以看出，该图实际上就是对《易·系辞下》“天地氤氲，万物化醇，男女构精，万物化生”这句话的图解。

以上便是《太极图说》的基本内容。为人们展示的就是宇宙生成论，肯定了人类是一个特殊性存在的特殊客体，从而否定了人是由神创造的神学说教，这就为儒学回归人学本色在理论上迈开了重要的一步。接下来认为人与外物虽同根同源，但不属于一样的物类，人比他类更灵更秀。原因就是人有思想意识、有道德观念，这是别的物类无法比拟的。人不只是一般物质性的存在，而是一种普遍性的精神存在，人由此便变成一个主体性的存在。除此之外，人类还有赖以生存和发展的人类社会。

《太极图说》不仅是哲学著作，也是伦理学著作。从人类如何起源以及给人以万物之灵的定位，再从圣人立人道直至天道，就这样环环相扣并层层推进，围绕的就是人在万物中排的是何种位置而展开。这不单是先秦儒家的传统，同时也是北宋新儒家对人的重新定位的共同思路。前半部分是从“无极而太极”到“五性感动而善恶分，万事出矣”，即天道部分。后半部分阐述的是人道之所以成立的根据。最后以“圣人定之以中正仁义”而结束。周敦颐提倡的就是“惟人也得其秀而最灵”的命题，人之所以秀，是因为人有仁、义、礼、智、信，这是与五行相对的五常之性，人由此可以通诚。毫无疑问，这句话对理学的建构起着承上启下的作用，也是对《周易》的发展。

四、《通书》乾元立诚：《易》与《中庸》结合

《通书》是一本将《太极图说》的性命之学进一步展开，阐发《周易》的义理之书。正如朱熹在《朱子语类》中所说的：“太极图得《通书》而始明。”与《周易》的义理相比，《通书》有两大特征：一是“因经以明道”。文章不是对《周易》逐字逐句地简单解释，而是从《周易》中找寻共通的基本原理后，融合《中庸》《大学》《论语》中的重要观点，再经过发挥，形成了自己的观点而成书。二是虽是对《周易》的发挥，在内容上阐释的是乾卦、复卦、益卦、家人卦等十一卦的卦义，但并不具体分析

各卦的卦爻象和筮法之数，也不涉及对卦象的凶吉判断，只是从中发掘易道的精髓和要理。

《通书·圣第四》说："诚、神、几，曰圣人。"而诚、神、几中又以"诚"为本。《通书·圣第四》说："诚者，圣人之本。'大哉乾元，万物资始'，诚之源也。'乾道变化，各正性命'，诚斯立焉。纯粹至善者也。故曰：'一阴一阳之谓道，继之者善也，成之者性也。'元、亨，诚之道；利、贞，诚之复。大哉《易》也，性命之源乎！"周敦颐将此句与《中庸·治国》的"诚"联系了起来："诚者，不勉而中，不思而得，从容中道，圣人也。诚之者，择善而固执之者也。"由此可以看出，《中庸》提到的诚，已经初步涉及了天道、人道以及天人合一之道。周敦颐在《通书》中以诚为中心，将诚做了进一步的发展和扩充，认为诚是内圣外王之道。将《中庸》中本体意义的"诚"贯通到《通书》中万物之最灵的人的性命中去，这就使得人道有了天道作为依据。

"诚"作为一个道德概念，对宇宙自然而言，是"天之道"，而对于人类社会而言，是"人之道"。《周易》将"诚"作为天之道的根源是乾卦的"元"德，是万物资生的根源。对于天道而言，诚是乾元之本，性命之源。而从人性来看，诚便是人的中正、中和，其品质是"纯粹至善"的。从天道至人道，就是转化人的本性，即"善"。它来源于太极的一动一静，阴阳变化。这与《易·系辞》的"一阴一阳之谓道，继之者善，成之者性也"是同一个道理，与《中庸》的以诚论性、以中论性的基本思路也是一致的。

周敦颐将"诚"作为乾元之本、性命之源，"诚"便是他的本体哲学的最高范畴，宋代新儒学与佛教在哲学上的对立与融合由此得到体现。儒学要用“诚”的实在性对抗佛教的“性空论”。“诚”就是北宋新儒家表达出的承认世界真实存在的恰当范畴。一是因为它是以《易》《礼》的上古文献作为根据，二是可以由天的本体哲学直接引向人的道德哲学，由天之道的实有之诚来说明人之道的本性的真实不伪。

黄宗羲在《宋元学案·濂溪学案》中说：“周敦颐之学以诚为本。从寂然不动处，握诚之本。”这句话中的“寂然不动处”就是周敦颐将易道与《中庸》的诚道相贯通的重要环节。《系辞》有曰：“易无思也，无为也，寂然不动，感而遂通天下之故。”周敦颐则做了进一步发挥说：“寂然不动者，诚也。感而遂通者，神也。动而未形，有无之间者，几也。诚精故明，神应故妙，几微故幽。诚、神、几曰圣人。”① 这句话对诚、神、几做了一个解释。三者中是以“诚”为本。易道指的就是诚，而诚是本体，也就是人的本性。神是与天道分不开的，是天道之妙，同时也是人的主体精神之妙。几微则是指诚体的显现过程。

《周易》说，“诚”为天之道。从天道来说，诚根源于乾卦的“元”德，即是太极，是乾元，是万物赖以资始生长生生不息的根源。从人性来说，也就是天道之“诚”转化为了人道之“诚”，诚即是圣人所应具有的仁义中正，是“纯粹至善”的人性之本，是人用以指导一切言行的根本。《中庸》所说的“天命之性”，就相当于《系辞》的“继善成性”。周敦颐认为，《系辞》所说的“一阴一阳之谓道，继之者善，诚之者性也”所讲的也是这个意思。而这个继善成性的过程，周敦颐便用乾卦元、亨、利、贞四

① 《周子通书》之《师友上》（第二十四），北京：中华书局1986年版，第483页。

德对“诚”的功能加以解释。“元、亨，诚之通；利、贞，诚之复。”那么，何谓通？何又谓复呢？朱熹在《太极图说解》中认为诚通、诚复便为太极的动静流行：“其动也，诚之通也，继之者善，万物之所资以始也。其静也，诚之复也，成之者性，万物各正其性命也。动极而静，静极复动。一动一静，互为其根，命之所以流行不已也。”① 在这里，朱熹把诚与太极相等同，认为通是万物的资始，复是性命的形成，诚也就是流行的天命。然后又在《通书》第一章的解释中说：“通者，方出而赋予物，善之继也。复者，各得而藏于己，性之成也。②”按照儒家性善论的观点，“诚通”，即通者，善之继也，是继天道之善。“诚复”，即复者，性之成也，既是成人性之本，也是成人性之善。这也说明，诚通宇宙万物一般经历了形成、发展以及变化的过程。

《乾卦·彖辞》说：“大哉乾元，万物资始。”讲的就是万物始出，是天道之通。周敦颐认为：“‘大哉乾元，万物资始’，诚之源也。”这便使得源于乾元的“诚”具有了宇宙本体的意义。利是指顺利，贞是指正，只有顺而正才能形成人与万物。《复卦·彖辞》说：“复，其见天地之心乎！”复卦是怎样看到天地的用心，而这个心指的又是什么呢？北宋儒者胡瑗对这句话是这样解释的：“天地以生成为心，故常任阳以生成万物。今复卦，一阳之生，潜于地中，虽未发见，然生物之心于此可得而见也。③”

---

① 湖南省濂溪学研究会整理：《元公周先生濂溪集》，长沙：岳麓书社2006年版，第7页。

② 湖南省濂溪学研究会整理：《元公周先生濂溪集》，长沙：岳麓书社2006年版，第55页。

③ 胡瑗：《周易口义》，载文渊阁5四库全书6第8册，台北：台湾商务印书馆1986年版，第290页。

复卦是一阳之生而处于五阴之下。《象》曰：“雷在地中，复。先王以至日闭关。”它象征着冬至到来的时候，阳气潜藏于五阴之下。也就是指一年之中生物还没有到生成的时间，但生物的功能却蕴藏在大自然中。这个生物之心就是天地生成万物之心。而“诚复”就是恢复其生物的本能而成物、成人、成性。

周敦颐把元、亨、利、贞分为两个阶段来进行概括。“元、亨”是指事物的发展阶段，指的是“诚之通”。就是说事物的发展过程要像大自然一样自然发生顺畅发展，这才能称之为“诚”的发展，由此便可以证明“诚”的存在。而“利、贞”是指事物的成熟阶段，指的是“诚之复”。就是指事物发展的结果看其是否无目的而能合目的性，无功利却能有益于世，还能做到无为而无不为。自然万物由生到死是不包含任何目的性的，虽无目的，却又万物化生，这是因为按照自然地发展自然会有这样的结果出现。这里所指的“复”便是一种回报，是“诚”的外在成果的体现。任何生物在大自然中自然完成生命过程，这就表明生命存在的本身就是目的。周敦颐用“诚通”“诚复”诠释易道，并将“继善成性”的性命之道贯彻在整个的《周易》思想中。

周敦颐从以下三个方面进一步阐述了易道也即诚道的基本内涵。第一方面是，诚是静无动有的宇宙实在及其运动。诚是“寂然不动”的，而神是“感而遂通”的。在这里的“诚”是与太极同位的道。但太极只能说明宇宙的物质本源的存在形式，而诚则能进一步说明宇宙本源的本质。这里提到的“神”，就是指“阴阳不测之谓神”。因而《易传·系辞》中说：“唯深也，故能通天下之志。唯几也，故能成天下之务。唯神也，故不疾而速，不行而至。”周敦颐用诚、神、几三个概念将诚的实在性拓展开来。这三个概念中的诚是贯通有无虚实的存在，而神是其阴阳不测的妙用。至于“几者，动之微”，就是开物成务的运动趋向。由诚到几，就是从无声无息的宇宙本体向纷繁复杂的世界展开的过程。

第二方面是“无妄则诚”。他在《通书·家人睽复无妄第三十二》中说：“诚心，复其不善之动而已矣。不善之动，妄也。妄复，则无妄矣。无妄，则诚矣。故《无妄》次《复》，而曰‘先王以茂对时育万物’，深哉。”周敦颐认为“无妄”所体现的是天命之正。天上打雷下雨，是天地的正常运动，万物因此才能生长发育。“无妄”就是指自然运动的“不妄乱”，就是有规律地进行。程颐在《程氏易传》中说：“无妄者，至诚也。至诚者，天之道也。”① 这个说法与周敦颐解释“无妄”的思想是相同的。意思就是不妄乱而有规律就是天命之诚。周敦颐说的“不善之动”就是妄。从天道的那一方面来说，天地是无妄的，也就是没有不善之动的。从人道的那一方面来说，人有“不善之动”的妄，但人能够改过迁善，只有做到“复其不善之动”就能达到“无妄”之诚。在这里周敦颐提倡的是“诚心”，也就是人在道德上的真诚、忠诚与诚信。

第三方面是“生生不息”。他在《通书·乾损益动第三十一》中说：“君子乾乾不息于诚，然必惩忿窒欲、迁善改过而后至。《乾》之用其善是，《损》《益》之大莫是过，圣人之旨深哉!”程颢在《宋元学案·明道学案》中说：“生生之谓易，是天之所以为道，继此生理者只是善也。”“成之者性也，成却待它万物自成其性须得。”二程少年时期曾拜周敦颐为师，在思想上自然也传承了周敦颐的衣钵。“乾乾不息于诚”说的就是天道之诚是生

① 程颢、程颐：《二程集》，北京：中华书局2006年版，第822页。

生不息，人要想继承天道就要有一个自强不息的迁善改进的过程。

周敦颐将《乾》卦与《损》《益》二卦相结合论述，其目的就是把“生生不息”与“继善成性”的道德修养结合在一起。《损》卦下兑上艮，其《象》曰：“山下有泽，君子以惩忿窒欲。”也就是说君子应压抑怒气，节制自己的欲望。只有这样，才能是真正的君子。《益》卦下震上巽，其《彖》曰：“益动而巽，日进无疆。天施地生，其益无方。”其《象》曰：“风雷，益。君子以见善则迁，有过则改。”震为雷，象征着动。巽为风，象征的是谦逊。这主要表现在君子“见善则迁，有过则改”的行为。从《乾》卦的“乾乾不息于诚”至《损》卦的“惩忿窒欲”，最后到《益》卦的“改过迁善”。易道之诚成为儒学日新其德的进德之方。

朱熹将诚解释为实理，又把太极解释为众理的总合，创建了一个属于自己的理本论的哲学体系。与周敦颐不同的是，朱熹的理与气是分立的，理则失去了生生不息的创化功能。与朱熹同时代的张栻对太极诚体的解释也有所不同。他在《太极图说解》中说：“太极天地之性。”“唯有太极，故生生不穷。”“至于乾道变化，各正性命，则是本体之流行发见者，故曰诚斯立焉。”张栻认为太极为宇宙生生之源，把诚解释为本性即本体的流行。与朱熹的解释相比，张栻的解释便更合乎周敦颐的本意。

周敦颐的《通书》共有四十章，他把“诚”列为第一，说：“诚者，圣人之本。‘大哉乾元，万物资始’，诚之源也；‘乾道变化，各正性命’，诚斯立焉。纯粹至善者也。”周敦颐的诚不但是宇宙本体，同时也是圣人之本。乾元就是诚的别名，二者互为一体。朱熹也说："诚者，圣人之本，物之终始，而命之道也。其动也，诚之通也，继之者善，万物之所资始也。"[①] 宇宙本体向万物衍化的过程就是诚为命之道，太极之动为诚之通，继之者善。这里的诚是"物之终始"的保证，宇宙本体生化万物与诚互为一体，相互贯通。

《太极图说》所说的"五行，一阴阳也；阴阳，一太极也；太极本无极也"及《通书》所说的"二气五行，化生万物。五殊二实，二本则一。是万为一，一实万分"都体现了太极下贯而为万物，万物与太极同属一体。"是万为一，一实万分"便是周敦颐一体万物的思想，这种思想也直接影响到了二程及朱熹"理一分殊"的思想。所以，朱熹解释说："是合万物而言之，为一太极而已也。自其本而之末，则一理之实，而万物分之以为体。故万物之中，各有一太极，而小大之物，莫不各有一定之分也。"[②] 这就是说，五行展开而成万物，当然万物又是五行；五行展开能成阴阳，所以五行又是阴阳；太极展开能成阴阳，那么阴阳也就是太极。事物的多样性可称展开为"万"，统一为"一"，万物虽多却能将其统一，本原为一却又可分为千差万别的万物。

周敦颐著作的目的就是为传统的儒学伦理纲常作哲学上的论证，同时也为传统儒学寻找本体上的依据。周敦颐将所创造的宇宙论与传统儒学的道德本体论相结合是创新的。范立舟先生曾做过如下分析：周敦颐的宇宙生成论与本体论是一体的，既可以顺向下推，从"无极—太极—阴阳—五行—万物（人）"的过程来

---

① 周敦颐：《周敦颐集》，北京：中华书局2014年版，第4页。

② 《通书·理性命注》，转引自萧箑父、李锦全：《中国哲学史》，北京：人民出版社1983年版，第71页。

看，论证的是人性的合理性。认为仁义不仅是人性的引申，同时也是无极太极的展现，这就为仁义寻找到了本体论的根据。另一方面，又可以逆而反溯，即通过“万物（人）—五行—阴阳—太极—无极”的过程追溯事物的宇宙本体根源，认为人心能从无极至太极，认识践履体现太极无极的仁义，也就是认识践履无极太极。这也就是说，宇宙生成论本身包含着本体论，而本体亦存在于宇宙过程之中。

作为理学开山，周敦颐的学说上承孔孟正统，下开宋明理学，确立了建构理学的逻辑进路，不仅系统论证了宇宙的生化过程，而且将儒家仁、义、礼、智、信等道德规范作为理论依据，使得生生不息的宇宙变化过程和儒家伦理的准则、道德、境界、修养方法合为一体，这样就将儒家道德与终极关怀、伦理秩序与安身立命之道达到统一了，这才是周敦颐的首创之处。

第二节 周敦颐的生态伦理思想

周敦颐作为宋代道学开创者，其主要的思想是以关系论即天人关系、心物关系和内圣外王关系作为主线，建立起自己的伦理价值体系。他为北宋新儒学开拓了一个新的研究领域，将本体思维体现于他的著作中，更为儒家伦理道德找到了哲学宇宙论基础。他建立了以“太极”为本源的系统宇宙论、以“诚”为本体的生态道德论、以“立诚”为核心的生态价值论；并以圣人作为中介，将天道与人道贯通一体，在追求圣人境界的同时对天人合一的思想进行了论证，表现出一种生态伦理意境。

一、以“太极”为本源的系统宇宙论

1. “无极而太极”：化生万物的宇宙生成论

周敦颐对“太极”化生万物的阐释，集中于《太极图说》。《太极图说》提出“无极而太极”。“太极”是指的最高极限，“无极”是指存在的无穷无尽和无边无际。周敦颐在这两个含义的基础上将无极和太极都作为宇宙的本源，把“无极而太极”作为世界演化的最初根基，宇宙的起点首先是无极，接下来是太极。太极和无极的区别便是，太极包含了阴阳两重性质，而无极则没有。阴阳是如何产生的呢？周敦颐说：“太极动而生阳，动极而静，静而生阴，静极复动。一动一静，互为其根，分阴分阳，两仪立焉。”① 这说明动与静或阴与阳并不是相互包容的关系，而是相互衔接而此起彼伏。

“阴阳”二气在万物化生的过程中相辅相成。阳因动而变迁，阴因静而凝结。正因为阴阳的这两种不同性质，才形成了不同物性的水、火、木、金、土“五行”，而“五行”在时间上的分布产生了春夏秋冬“四时”。五行四时造就了万物的生生不息。这样，就建立了周敦颐宇宙生成论的系统思想。周敦颐的宇宙生成论就是一个宏大深远具有深刻内涵的体系，是一个关于万事万物的起源、结构及其过程的想象。《周易·系辞》提出了宇宙推演思想：“易有太极，是生两仪，两仪生四象，四象生八卦。”老子在《道德经》提出了宇宙生成的学说：“道生一，一生二，二生三，三生万物。”“天下万物生于有，有生于无。”在这两种说法

① 周敦颐：《周敦颐集》（卷一），北京：中华书局2009年版，第4页。

中，对于天下万物如何产生，并没有做出具体的解释。周敦颐的宇宙生成论将《老子》思想融合于《周易》，将宇宙生成的过程解释得更加具体和明确。

周敦颐的宇宙生成论，认为在世界万物的构成和变化中，阴阳、五行具有不同的属性，是构成世界万物的最基本的元素。阴阳的属性"阳变阴合"、相反相成，它们之间相互作用才会有"二气五行，化生万物"①，才产生出了不同性质的世界万物。周敦颐论述世界万物和人类社会的产生、发展和变化时，汲取了古代关于阴与阳、柔与刚、动与静、始与终、生与死、善与恶等一系列矛盾对立统一的朴素辩证法思想。他将"无极"和"太极"糅合在一起，建立了一个由太极（无极）—阴阳—五行—万物的循环往复主动模式，"天道行而万物顺"的普遍法则，组合成一个优美和谐的宇宙生成系统。也引起了有关太极、道器、理气等哲学问题的大争辩，为后代儒学继续探索研究宇宙生成论指明了一个新的方向。

2. "以太极立人极"：天人合一的道德本体论

《太极图说》继承了《易传》和《中庸》的天人合一的思想传统，并吸收了佛、道二家的思想养料，以"太极"立"人极"，以天学论人学，形成新的天人合一道德本体论。

周敦颐阐述天道并不是为了探索自然，而是为了寻求人生存的根源与根据。以"太极"立"人极"，是《太极图说》的主旨。《周易·文言》说人之所以能"与天地合其德"，在于他是二气五行的灵秀之气所成。人有善恶观念，也是从天道阴阳发源而

① 周敦颐：《周敦颐集》（卷一），北京：中华书局2009年版，第6页。

来的。《通书·顺化》说："天以仁育万物，以义正万民，天道行而万物顺。"① 仁义来自天道，圣人确立"中正仁义"这个准则，"立人极焉"。圣人的行为是仿效天道，从而儒家的伦理道德体系就有了永恒的天道根据。周敦颐《太极图说》提出以太极立人极，也为后代儒学将人的价值与宇宙自然终极价值统一开启了一个新的方向。这种统一使宋代新儒学的伦理思想带有生态伦理的特征。在这里，周敦颐赋予"天人合一"两种内涵：一是人来源于宇宙。而领悟万事万物的本源，是提炼人生修养的根据和方法。天道与人道具有一致性、关联性与包容性。二是人要"与天地参"。随着人的自身能力的不断提高和发展，不再与自然对立而是与自然达到了统一，这便是"赞天地之化育"。在这里，既没有人类中心主义的自大，也没有非人类中心论的妄自菲薄。人类也在积极地"用天"和"护天"，并在这个过程中不违背天道。系统宇宙论是天人合德论的基础，它决定了人与宇宙万物不可分割的关系。天人合德精神是在使人感受环境的时候，能够体察万物、圆融无碍，进而体会到人道与天道的合一，这种合一将成为人生修行的最高境界，使生活充满了希望，将人生引向无限的自由，是新儒学生态道德伦理的最佳体现。

二、以"诚"为本体的生态道德论

1. "诚"：乾元本体的根本属性

"诚"是周敦颐的思想精华，不但是天人合一之道，也是内圣外王之道，是人生的最高境界，也是道德的总源头。而乾元是

① 周敦颐：《周敦颐集》（卷二），北京：中华书局 2009 年版，第 23—24 页。

“诚”的总源头、建立的根据，是纯粹至善的。由此看来，乾道即天道。

周敦颐在《太极图说》中说五行的产生，是因为天道变化引起的“阳变阴合”。五行产生后又因为“各一其性”，使万物得以“各遂其性”。周敦颐结合《周易》的思想，对“诚”有了进一步的发挥：“诚者圣人之本。大哉乾元，万物资始，诚之源也。‘乾道变化，各正性命’，诚斯立焉。纯粹至善者也。故曰：‘一阴一阳之谓道，继之者善也，成之者性也。’”“元、亨，诚之通，利、贞，诚之复，大哉《易》也，性命之源乎！”[①] 这段话，对“诚”做了系统解释，丰富了《中庸》“诚”的思想。他将“诚”与“乾元”相联系，为人的道德情感找到了本体论依据。乾道变化完全是万物的自然运行、自因转化，是外物各遂其性、各得其命的一个过程。诚在乾道变化中确立起来，这种万物生生不已的样态就构成了纯粹至善。在这里，周敦颐将“诚”视为人道之“太极”。对于现实的人而言，只有体认到“道”且能够真正的“继善成性”，才算是达到了“诚”。

周敦颐把“元、亨、利、贞”四个阶段概括成了两个阶段。“元、亨”指的是事物的发展阶段，也就是“诚之通”，像大自然或者宇宙本身那样自然发生，顺畅发展，就是“诚”的发展，证明“诚”的存在；“利、贞”指的是事物的成熟阶段，也就是“诚之复”。自然界的万物繁盛，本身并不是自然界的目的，只不过是自然过程的自然展现和发展。这说明生命存在本身就是目的。

① 周敦颐：《周敦颐集》（卷二），北京：中华书局2009年版，第13—14页。

周敦颐对“诚”的作用有以下解释：“诚，五常之本，百行之源也。”① 这就是说，“诚”是天道，也是人道，是一切道德规范与道德行为的根据。行为的根源如果不是出于“诚”，就不是道德的行为。“诚”作为“天地之德”，赋予了人道德情感，人因此而“性善”，成为天地之灵秀者。②

2. “诚”：性命之道的基本范畴

周敦颐引用《周易》的话来论证自己对“诚”的理解，将其天道观中的核心范畴与“太极”相对应，确立了“诚”的本体地位。孟子对“诚”的认识是真实无妄的心理状态，《中庸》“诚者天之道”则超越了孟子对“诚”的认识层面，将其提升为本体范畴。周敦颐吸收了这种思想，在《中庸》论证的基础上发展了“诚”的内涵，将这种天道即人道思想作为了自己理论的依据，成为阐述新儒学性命之道的基本范畴。周敦颐论及的“诚”包含三个方面的内容：

诚是真实。王夫之说“诚为实有”，表示客观世界的真实性。既是本质的真实，也是现象的真实，本质与现象不能分离。太极是不能离开阴阳之气的，诚也是不能离开天地万物的。这种真实是生态系统的真实。“物则不通，神妙万物。水阴根阳，水阳根阴。五行阴阳，阴阳太极，四时运行，万物终始。混兮辟兮，其无穷兮。”③ 神是诚的运动形式。“寂然不动者，诚也。感而遂通

① 周敦颐：《周敦颐集》（卷二），北京：中华书局2009年版，第15页。

② 傅小凡：《宋明道学新论》，北京：社会科学文献出版社2005年版，第7—9页。

③ 周敦颐：《周敦颐集》（卷二），北京：中华书局2009年版，第27—28页。

者，神也。”[①] 诚—神—通，是宇宙的生态存在。

诚是无妄。周敦颐说：“无妄则诚矣。”[②] 妄是乱，无妄是不乱，有秩序、有条理。这种秩序条理是生态系统运动变化的秩序条理。所以说“故《无妄》次《复》，而曰：‘先王以茂对时育万物’，深哉”[③]。复指复卦，也指“诚心，复其不善之动”[④]。诚心能够克服不善之动而恢复无妄的秩序条理。只有无妄，才能茂育万物。它既是一个道德命题，也是一个生态学意义的哲学命题。

诚是生生不息。诚是万物“资始”之源。“至诚则动，动则变，变则化。”诚是世界变化的内在动力。《太极图说》：“二气交感，化生万物，万物生生而变化无穷矣。”[⑤] 生生不息的变化，是生命的宇宙，有机的宇宙。人是宇宙的有机组成部分。因此关爱自己的生命，与关爱他人与万物的生命是天道之诚的应有之义。

三、以“立诚”为核心的生态价值论

1．“诚”与“中”：人性与天道的统一

周敦颐说：“圣人之道，仁义中正而已矣。”[⑥] “仁”“义”

① 周敦颐：《周敦颐集》（卷二），北京：中华书局2009年版，第17页。

② 周敦颐：《周敦颐集》（卷二），北京：中华书局2009年版，第39页。

③ 傅小凡：《宋明道学新论》，北京：社会科学文献出版社2005年版，第40页。

④ 周敦颐：《周敦颐集》（卷二），北京：中华书局2009年版，第39页。

⑤ 周敦颐：《周敦颐集》（卷一），北京：中华书局2009年版，第5页。

⑥ 周敦颐：《周敦颐集》（卷二），北京：中华书局2009年版，第19页。

“中”“正”“公”为“诚”的主要内容，只有做到了才能达到圣人境界，体现诚的本性。圣人将诚确立为自己的本性，并自觉遵守和实践，将其推广到宇宙万物，与天地相参，到达统一至善。

周敦颐的人性观以阴阳五行学说为基础，融合了孟子的性善论和荀子的性恶论，认为“五行之生，各一其性”，进而提出了性有刚、柔、善、恶、中的观点。“性者，刚柔善恶中而已矣。”“惟中也者，和也，中节也，天下之达道也，圣人之事也。故圣人立教，俾人自易其恶，自至其中而止矣。”① 周敦颐认为，“刚柔善恶中”五性，“中”是“喜怒哀乐之未发”和“发而皆中节”的状态，是人性的本真自然，中的品性是最好的，只有圣人才能“致中和”。周敦颐说：“故圣人作乐以宣畅其和心，达于天地，天地之气，感而太和焉。天地和，则万物顺，故神祇格，鸟兽驯。”② 这里的和心、太和、天地和，就是“中”的真正体现。圣人作乐就是以“中”为人性修养的根本原则和终极目标。

“中”与“正”也是互相联系的。“中”就是指人们的言论行动要完全符合仁、义、理、智、信五常。“正”是“乾道变化，各正性命”之正，是指人性所应当表现的状态，是天命使然，亦是指人性的本真状态，在中正的基础上展开仁与义等道德规范。“仁”是“诚”的最高道德规范，居圣人之道之首。周敦颐以诚说仁，仁是天道之诚的展开或表现形式。从这种天人合一价值观出发，人对天地自然有敬畏之心，而且人自觉地承担天所赋予的

---

① 周敦颐：《周敦颐集》（卷二），北京：中华书局2009年版，第20页。

② 周敦颐：《周敦颐集》（卷二），北京：中华书局2009年版，第30页。

使命。“天以阳生万物，以阴成万物，生，仁也；成，义也。故圣人在上，以阳育万物，以义正万民。”① 以天道立人道，是对前代儒学“仁民爱物”伦理观的进一步发展。仁学的道德内涵在这里得到进一步扩展。仁不仅是对人与万物生命普遍的关爱与同情，也指生物之道。“仁”表现在人与自然的普遍的生命联系。对人的终极关怀，也就是对自然万物的终极关怀。

“义”，在圣人之道中仅次于“仁”。由天道而言，“仁义”是太极化生万物的大德，“生，仁也；成，义也”；② 从人道而言，“爱曰仁，宜曰义”。“仁”即爱人，《论语·雍也》说“己欲立而立人，己欲达而达人”；义者宜也，指一个人在社会中应该遵循的义务并践行得恰到好处。圣人法天而得性之中、正，“以仁育万物，以义正万民”③，周敦颐借易之道以阐明“诚”的性命本体。《系辞》曾说：“《易》无思也，无为也，寂然不动，感而遂通天下之故。”“寂”“感”体现了易即体即用的本体特征。同时也是对性命之道的阐述。从诚到中，是人性的具体展开。

那么，何谓“公”呢？周敦颐在《通书》第十六讲说：“天地至公而已矣。”它表现在人们的言语、表情和行动中。人只有自己做到“无私”，对他人起到表率作用，有“善”于已，才能责人之“善”。在这里，“公”便是“圣人之道”“天地之德”，是诚与中的天道人性的自然延伸。

---

① 周敦颐：《周敦颐集》（卷二），北京：中华书局2009年版，第23页。

② 周敦颐：《周敦颐集》（卷二），北京：中华书局2009年版，第23页。

③ 周敦颐：《周敦颐集》（卷二），北京：中华书局2009年版，第23页。

天道是天地万物的正常运动，人道是人与社会的正常运动。而“诚”则作为最高原则，使天道与人道得以贯通，并表现出“仁”“义”“中”“正”“公”五大特性。五大特性也成为中国古代自然哲学关于万物生成的理念。万物的生生不息就是“仁”，万物完成各自的使命就是“义”，人性修养的最佳效果就是“中”，人性表现的最好状态就是“正”，道德范畴的最佳体现就是“公”。

“仁”“义”“中”“正”“公”五个方面，概述了周敦颐的道德取向，从有机宇宙论的观念看，确立了宇宙生生不息的运动规律与人类道德的仁爱、正义的原则，这对于维护万物的生存与发展都有积极意义。这种观念与现代的生态伦理观念有着异曲同工之妙。

2.“诚”与“圣”：人道贯通的完美体现

周敦颐根据人道与天道相通的理念，认为“人极”之道应该是纯善的。只有“诚”才保持了这一自然之理，称之为“纯善”。人的“仁”“义”“中”“正”“公”五大特性是“诚”从“自然”转到“人道”的体现，这也正是纯善之性的条件。这种条件只有圣人才与生俱有。其他的凡人因本身的局限，如刚善、刚恶、柔善、柔恶，而具有不善之性。人是可以通过教化和修养来加强自身的素质，建立“仁”“义”“中”“正”“公”这一良性社会公共准则的。这也是社会伦理规范的目标。这个目标也是人们设立的一个天人合一的人格典范。这也是生态系统的选择过程。

“圣”是这五常的真正体现。周敦颐说：“圣，诚而已矣。”①

① 周敦颐：《周敦颐集》（卷二），北京：中华书局2009年版，第15页。

“诚”是“天之道”，是成圣的根本。在世间修行也就是“修诚”。人通过自身的不断修身养性，将成圣的理念作为自己的人生追求，不断地学习和修炼，才能达到人生修养的最高目标，即成圣。周敦颐认为“圣可学”：“圣可学乎？”曰：“可。”曰：“有要乎？”曰：“有。”请问焉，曰：“一为要。一者，无欲也。无欲则静虚动直。静虚则明，明则通；动直则公，公则溥。明通公溥，庶矣乎！”[①] 在这里，“诚”，纯粹至善，也可作为一种功夫来将一切不善的行为变为善。当人无私无欲的时候，会达到有与无相统一的状态，即“静虚动直”。在这种状态中，便能与天地之道相合一，与万物为一体，表现为明、通、公、溥。明、通是指自我实践建立在道德人格完成的基础之上，公、溥便是天人合一的体现，是符合自然规律，让万物各得其所的状态。

宋代著名文学家黄庭坚在《豫章集·濂溪诗序》中评价周敦颐的一生“人品甚高，胸怀洒落，如光风霁月”。这个评价是十分中肯的。周敦颐在《爱莲说》中说莲花“出淤泥而不染，濯清涟而不妖”，“中通外直，不蔓不枝，香远益清，亭亭净植，可远观不可亵玩焉”。[②]《爱莲说》通过将君子之德形象化、具体化，讲的是君子要有自己独立的人格，坚持自己的处事原则，文中的莲花体现的就是儒家的一种生活态度，是一种从“主静”思想发挥至“无欲”的境界，也是周敦颐自身人格的真实体现。他告诉我们，一个人只有做到“无欲”，才能成为具有高尚品德之人，

① 周敦颐：《周敦颐集》（卷二），北京：中华书局2009年版，第31页。

② 周敦颐：《周敦颐集》（卷三），北京：中华书局2009年版，第53页。

而这种圣人君子的体现便是以“中通外直”为修养目标。即使身处俗世，也要做一个“出淤泥而不染”的圣人君子。

周敦颐注重的是清白的人生心态，关注的是人与自然的和谐，强调的是精神与道德的统一。他的诗文展示了他丰富的内心世界。如《同石守游》诗曰：“朝市谁知世外游，杉松影里入吟幽。争名逐利千绳缚，度水登山万事休。野鸟不惊如得伴，白云无语似相留。旁人莫笑凭栏久，为恋林居作退谋。”① 在松杉林中浅吟低唱，在山水田园中陶冶心灵，在大自然中感受人生快乐，人世间的纷纷扰扰都被抛之脑后，他由此感到无比的快乐与舒畅。周敦颐向往大自然的山水，在大自然中体会人生，在观山乐水中追寻宁静悠远的心境和一种宁静祥和的心态，向往的是恬淡自然的情感生活。并在诗文中通过树木、山水、野鸟、白云表达出了自己对大自然的无比向往和留恋，强调个体的人格和自由。

他将儒家的“天人合一”的生态理念运用于自己的人生，既有寻求自己生命归宿的理念，又有求得精神自由的渴望，对天地生生不息的由衷赞叹，对儒家圣贤仁格的高度礼赞，对天地万物的追求和体悟。从中体现了仁者与万物一体的圆融、自在宽舒的气象，开拓了宋明理学的理论方向，为儒学的再度崛起奠定了坚实的理论基础，也表达了新儒学所追求的生态伦理意境。

① 周敦颐：《周敦颐集》（卷三），北京：中华书局2009年版，第73页。

第三节　周敦颐“寻孔颜乐处”的生态价值观

“孔颜所乐何事”的问题由周敦颐明确提出后，一直贯穿宋明理学的研究始终，并引发了诸多关于“孔颜乐处”的问题。《通书》主要是说“立人极”。它讲的是：什么才是圣人，如何做才能成为圣人，达到何种条件才能成为圣人。于是，“孔颜乐处”便成为了成贤成圣，进而达到圣人境界的标志。就这样，探寻“孔颜所乐何事”的问题便成为了成圣的重要问题。

周敦颐把“寻孔颜乐处”的思想传与二程。《宋史·周敦颐传》说：“掾南安时，程珦通判军事，视其气貌非常人，与语，知其为学知道，因与为友，使二子颢、颐往受业焉。敦颐每令寻孔颜乐处，所乐何事，二程之学源流乎此矣。故颢之言曰：‘自再见周茂叔后，吟风弄月以归，有‘吾与点也’之意。”程颐也说：“昔受学于周茂叔，每令寻颜子、仲尼乐处，所乐何事。”①这里的“寻颜子、仲尼乐处，所乐何事”提出的就是如何解决人生困惑以及人生价值问题。

一、“道充为贵，身安为富”

周敦颐在《颜子第二十三》说：“颜子‘一箪食，一瓢饮，在陋巷，人不堪其忧，回也不改其乐’。夫富贵，人所爱也，颜子不爱不求，而乐乎贫者，独何心哉？天地间有至富至贵可爱可求，而异乎彼者，见其大而忘其小焉尔。见其大则心泰，心泰则

① 程颢、程颐：《二程集》，北京：中华书局2004年第2版，第16页。

无不足，无不足则富贵贫贱处之一也；处之一则能化而齐，故颜子亚圣。”颜子生活如此贫困，不但不觉得苦，反而引以为乐。那么，颜子为何不爱一般人所追求的富贵名利，而以贫穷为乐呢？在他的心中真的是以贫穷为乐吗？如果不是，他乐的又是什么呢？就如朱熹所言：如果是没有任何原因地凭空而乐，也是没有意思的，颜子所乐，一定另有深意。周敦颐在《通书·富贵第三十三》中说：“君子以道充为贵，身安为富，故常泰，无不足，而铢视轩冕，尘视金玉，其重无加焉。”在周敦颐看来，富贵是人们共同追求和向往的对象，古今中外，莫不如此。但是这个世界上还有比富贵名利更加重要和可爱的东西存在，并值得我们去追寻。这种东西称之为“大”。在颜子的眼中，常人所爱所求的富贵、轩冕、金玉，他都可以将其视作犹如铢、尘之小，而他心中“至富至贵、可爱可求”的“大”却比这些常人所追求的东西重要得多。人达到了“大”，自然就可以忘却“小”，这样内心就可以实现一种安宁、充实、平静，那么快乐就会随之而来。

由此看来，颜子并不是因为生活贫贱而感觉有什么“快乐”，而是他达到的那种至贵至乐给他带来了精神上的快乐，这种快乐不是因为某种感性对象的满足而引起的，而是一种超越物质的理性的精神享受，是一种内心的和谐与安宁，人生所寻求的最高境界就是如此。达到了这种境界，人自然会超越对功名利禄的庸俗追求，转而寻求一种高度持久的精神快乐。所以说，颜子乐的不是那种贫困生活，不是以苦为乐。他之所以乐是因为达到了孔子所说的“知天、事天、同天”的那种精神境界。

古今中外的人大多以富贵为乐，以贫贱为苦。富贵名利能给人的生活上带来极大的享受，能满足人的欲望贪婪。这样，就会常有人为了富贵铤而走险，为欲望奔波劳累。毕竟，资源是有限的，能最终达到大富大贵之人少之又少，大多数人就在追逐的过程中或终身辛劳，或铤而走险，或不得善终。周敦颐所提出的“孔颜乐处”就是给大家一个反思的机会，对富贵贫贱的一种重新思考。

颜回的这种安贫乐道、快乐逍遥的意境，到底是如何达到的呢？这应归功于颜回的老师——孔子。孔子在贫困的时刻，又是怎样做的呢？《论语·子罕第九》记载孔子处于贫困时依然不改初衷，并快乐地生活。“子欲居九夷。或曰：‘陋，如之何？’子曰：‘君子居之，何陋之有？’”孔子在《论语·述而第七》中说：“饭蔬食饮水，曲肱而枕之，乐亦在其中矣。不义而富且贵，于我如浮云。”《论语·卫灵公第十五》说：“在陈绝粮。从者病，莫能兴。子路愠见曰：‘君子亦有穷乎？’子曰：‘君子固穷；小人穷斯滥矣。’”在大多数人的眼中，荣华富贵才是人们的最终追求。所以，一直以来人们也是以享受富贵为荣，以贫贱生活为耻。孔子和颜子为什么却能在贫贱的生活中自得其乐，依然快乐地生活？这是因为孔子和颜回懂得：在这个世界上真正的财富并不是人们所向往的物质上的充裕和占有，而是精神上的一种满足。也就是说，在这个世界上，还有超越金钱、财富、名利的东西存在，而这种东西比财富更可爱可贵。

既然荣华富贵在儒者的眼中不算是富贵，不是他们所追求的东西，那么，儒者所追求的真正的“富贵”又是什么呢？周敦颐说：“君子以道充为贵，身安为富，故常泰，无不足，而铢视轩冕，尘视金玉。其重无加焉尔！”[①] 在这里，周敦颐所提到的道即是天道。而道充，指的就是天人合一，是天道和人道的统一。这

① 周敦颐：《周子通书》之《富贵第三十三》，上海：上海古籍出版社2008年版，第52页。

里所说道充即是身安。人如何才能做到身安呢？周敦颐说："乐者，本乎政也。政善民安，则天下之心和。故圣人作乐以宣畅其和心，达于天地，天地之气感而大和焉。天地和则万物顺，故神祇格，鸟兽驯。"① 周敦颐认为，只有政善民安，天下才能大和。气通天、人，并与周围的环境保持和谐一致，这是一种生态文明的和谐，也是人应该追求的精神境界。这样，人才能保持心安与身安。也就是说，在周敦颐的眼中，所谓的尊贵就是以大道充盈来作为标准，所谓的财富便是健康和谐。而一个人所占据的社会财富和地位并不能作为衡量财富的标准，只有道充和身安才能使人做到泰然自若。只有这样，人才能做到与天地合一，最终找到自己的归属。

荣华富贵是世人所追求和向往的，但是世间的富贵具有很大的机遇性，即使靠自身的努力寻求，也不一定能够获得。即使获得了也很容易失去，带有很大的不确定性。所以，富贵带给人的快乐并不持久，反而会让人更加不安宁。没有时想得到，得到了怕失去，这样就会让世人殚精竭虑，心灵一刻都得不到安宁。只有道充和身安才能给人真实而持久的亲切和安慰。所以说，只有加强人生的修行，保持身安的境地，人才能算是真的获得了财富。

在周敦颐看来，什么才是真正的"富贵"呢？他说："天地间至尊者道，至贵者德而已矣。至难得者人；人而至难得者，道德有于身而已矣。"② 道德修养境界是北宋儒学家探讨"孔颜乐

---

① 周敦颐：《周子通书》之《乐中》，上海：上海古籍出版社 2008 年版，第 128 页。

② 周敦颐：《周子通书》之《师友上第二十四》，上海：上海古籍出版社 2008 年版，第 43 页。

处”问题的主旨。而道和德的统一相合则是天人合一的境界。人得天地之秀而最灵，如人能得道与德，即能达到儒家的道德准则要求。《通书·慎动第五》说：“动而正曰道，用而和曰德。匪仁，匪义，匪礼，匪智，匪信，悉邪也！邪动，辱也。甚焉，害也。故君子慎动。”周敦颐认为要想至尊至贵，就要有道义在身；要想道德深厚，就要教化无穷。这样才能达到与天地参而四时同。孔子和颜回当然不是以自己生活贫穷而得到什么快乐，更不是以富贵来作为自己生活的乐趣，而是他们拥有道和德，并以此为乐。所以说，这里的道德是超越了世人所说的物质上的富有和享受，而是精神上的乐趣。有了这种情趣，即使生活困苦，却可以达到超然入世的境界，并以此为乐。所以说，在检验一个人是否真正得道或行道的时候，并不是看他是否拥有人间多少的财富，而是在他贫贱的时候是否能安贫乐道。

孔子在《论语·子罕第九》中说“岁寒，然后知松柏之后凋”，孟子则在《孟子·滕文公下》中主张“贫贱不能移，威武不能屈”，这样才是真正的圣人。在此基础上，周敦颐提出了圣人的修养境界。“孔颜之乐”是儒者所追求的境界，一旦儒者有了此“乐”，就不是一个普通的儒者，而是一个与孔子、孟子齐一的圣贤。得到此乐的儒者不仅能安贫守道，更重要的是能乐道。也就是在任何境遇下都可以达到豁达洒脱、从容不迫的境界。

二、“处一”为乐

周敦颐将“孔颜乐处”上升到了一个最高的层次，认为如果与“诚”完全融为一体就可达到一种新的境界。这就是“道”“德”之大。周敦颐认为颜子在逆境中可以安然处之、泰然自若，其根本原因是“见大心泰”。他在《通书·师友下第二十五》中说："天地间，至尊者道，至贵者德而已矣。至难者得人，人而至难得者，道德有于身而已矣。"这样，道与德是超越了天地间一切的平凡富贵的东西而上升到了一个新的境界。人如果能"见其大"，就会"忘其小"，这样才能"心中安泰"而满足。这样，在处于贫困乃至祸福降临时能"处一"，在心灵深处能有一种高度的充实、满足和愉悦感。这在物欲横流的今天仍然有教育意义，能启发人们去思考什么才是真正的幸福，幸福的意义究竟是什么，我们应该如何度过此生才算是幸福的。

道与德不仅仅能给人带来快乐，也可以使人变得尊贵。为什么颜子能称之为亚圣呢？周敦颐认为颜子是"见其大则心泰，心泰则无不足。无不足则富贵贫贱，处之一也；处之一则能化而齐。故颜子亚圣"①。人来到这个世界上，最重要的是要有一颗知足常乐的心。如有，对任何事情都会坦然处之。在这里，人只要拥有道和德，就如同拥有富贵一样能使人知足。不仅如此，颜子甚至能与天地同体，与万物相齐。这种心态就是处于一种"处一"的状态，从而达到了消解富贵贫贱差别的境界。

"处一"的原因就存在于万物的起源之中。周敦颐说无极生太极。那么，无极和太极又是什么呢？周敦颐说无极是宇宙生成的本源。由于无极是无，才能是万事万物可能的活动场所；而太极是气，则生成了无极中活动的混沌元气。正因为有了无极这个活动场所，才产生了太极。在《太极图说》中，周敦颐对太极与无极、动静与阴阳、五行与太极也做了详细说明："五行之生也，各一其性。无极之真，二五之精，妙合而凝。"五行正是由此产

① 周敦颐：《周子通书》之《颜子第二十三》，上海：上海古籍出版社2008年版，第43页。

生，各具其性。这里的“真”指无极，也是一种真实存在。意味着宇宙万物都含有“无极之真”和“二五之精”。“乾道成男，坤道成女，二气交感，化生万物，万物生生而变化无穷焉。”男指父，意味着刚劲；女指母，意味着柔顺。乾坤二气交感则意味着男女交合，这样才能化生万物，这样才能使得万物生生不息，这便是宇宙万物的生成过程。

人的善恶就在宇宙生成过程中得以产生。周敦颐说：“惟人也得其秀而最灵。形既生矣，神发知矣，五性感动而善恶分、万事出矣。”人与万物同是二气交感化生。但人与动物所不同的是，人秉承了天地之灵气，因而最灵。人一旦有了这种灵气，自身就有了感性和悟性。人虽与天地万物一样具有五行，但所占比重是有区别的。只能“各一其性”。就是只以一行为主，所以个人的属性也不相同。人虽各有不同的五行，但五行并无善恶之分。《荀子·性恶》说：“不可学，不可事而在天者，谓之性。”周敦颐认为人的属性并无善恶之分，只有相互感化才能分出善恶而产生万事。人之所以有灵感，主要是心有灵气。一方面能分辨气感及其结果；另一方面是可以对气感直接反应，并能感应出善恶，即应感而动。这两方面的反应可以直接体现出善与恶。

所以，人的善恶并不是先天所有，而是五气交感的结果。善恶既然是气感交化产生的结果，就不是无缘无故的存在。换言之，人的快乐幸福也应是气感交化的结果。周敦颐对善恶的分析，也能使人们反思自己的困惑与烦恼，并从中寻得解决之良药，快乐之源泉。所以，“处一”应是“化一”。从天道来看人道，实际上就是一个由太极—阴阳—五行—男女—万物的过程。世间的自然万物不过是大化流行，气聚而生，气散而尽。如此说来，世间的富贵贫贱也并无区分，只要能“处一”，人就会无忧无虑地生活在天地之间，也不会患得患失，而是畅游天地境界，享受乐境。朱熹在《朱子语类·论语·雍也》中对“孔颜乐处”所做的评价是：“颜子‘不改其乐’，是私欲既去，一心之中浑是天理流行，无有止息。此乃至富至贵之理，举天下之物无以尚之，岂不大有可乐?”用“天理”之理来为人处世，这就是达到了天下的“至富”与“至贵”，能达到如此境地，怎会不乐？所以，要想获得此“乐”，要做到以下两点：一是人们要懂得世间的万事万物都是平等的，都起源于天道化生。顺境与逆境、高潮与低谷、幸福与痛苦、吉祥与灾难等都是天道的自然流向，它们之间也可能相互转化，犹如祸福相依。人在一生都会有所得失，不可执着。二是人们应该以“天理”来作为人生最高价值所在。因人生是广阔的，在人的一生中，是富贵贫贱也好，是祸福寿夭也罢，只要能做到泰然自若，怡然自足，就会对人生的存在有必然性的接受，对自身的生存有必然性的把握，就如同孔子在《论语·述而第七》中对颜渊说：“用之则行，舍之则藏，惟我与尔有是夫!”就是要保持一种这样的平常心，才能在人生中进退自如，到达一种圣人的达观境界。这种境界就是懂得万事万物各得其所，各归其命，这样才能使得天下和谐顺畅。这就是“使万物莫不遂其性”。一旦到达了这种生态意境，有了对人生生存必然性的把握，才能进而到达精神之大快乐之中，从而形成一种与天合一生态价值观。

三、“参同”之乐

颜子能做到处一为乐，进而与天地化而齐，但周敦颐仍然评价他为亚圣。很显然，周敦颐认为颜子之乐和圣人孔子之乐是有一段差距的。那么，这一段差距又体现在何处呢？周敦颐说：

“道德高厚，教化无穷，实与天地参而四时同，其惟孔子乎！”① 毫无疑问，孔子与颜子能称之为圣人，本身都是具有道和德的。他们之间的区别就是孔子与天地参同为乐，在这一点上颜子是没有做到的。这主要体现在两个方面，一是顺化为乐。周敦颐说：“天道行而万物顺，圣德修而万民化。”② 圣人的境界就如同天道一样，参天地以化万民，以仁义育正万民，使天下万民能变得和谐顺畅，幸福快乐。但这种教化终究是对人心的潜移默化，这种变化悄无声息，使人在不知不觉中符合其中的规律，有如“润物细无声”。这种乐属于行天道之乐。二是参同为乐。生存与天地之间，与天地同在，与万物自然而然地共存。无论是顺化，还是与天地同存，都是参同为乐。在大自然中去体味人生，从容不迫地面对现实生活，荣辱贵贱统统置身身外，与天地始终保持和谐，只有这样，才能无处不顺畅，无处不和谐，无处不快乐。《中庸》说：“素富贵，行乎富贵；素贫贱，行乎贫贱；素夷狄，行乎夷狄；素患难，行乎患难。君子无入而不自得焉。”参同为乐就是圣人对生活的一种达观态度，是人心进入一种平常心的高超境界。

《论语》记载了孔子与弟子谈论各自的理想和境界这一画面：“子路、曾点、冉有、公西华侍坐，孔子问他们的志向，曾点曰：‘莫春者，春服既成；冠者五六人，童子六七人，浴乎沂，风乎舞雩，咏而归。’夫子喟然叹曰：‘吾与点也！’”此时的孔子并不

① 周敦颐：《周子通书》之《孔子下第三十九》，上海：上海古籍出版社2008年版，第55页。

② 周敦颐：《周子通书》之《顺化第十一》，上海：上海古籍出版社2008年版，第30页。

是在政坛上叱咤风云，也不是在讲台上展现胸中经纶，而是远离了一切世间尘嚣，在春暖花开之际，与三五好友一起随意而行。在碧波中徜徉，在春风中舒展，然后唱着歌，尽兴而归。这是一幅充分享受人生的恬淡欢快的生活画面。

“吟风”“弄月”“观物”，最后“悟道”，这种志向与孔子的形象是有区别的。但这也正是孔子所赞叹的一种人生境界。人们的一生可能遇到各种不可预测的状态，有富贵，有贫贱，有悲喜，有祸福。但人无论处在何种状态中，都要始终与“天理”合一，带着一颗平常心，忘记一切忧愁，在自然中寻求自己的快乐。这样才能与天道合一，得到各得其所的妙处，从而寻得一种自然之乐。

周敦颐追求的是一种虚空高远的世外生活，追求的是一种宁静悠远的心境。他把心中所向往的“孔颜乐处”描写为莲花的境界。周敦颐说：“水陆草木之花，可爱者甚蕃。晋陶渊明独爱菊。自李唐来，世人甚爱牡丹。予独爱莲之出淤泥而不染，濯清涟而不妖，中通外直，不蔓不枝，香远益清，亭亭净植，可远观而不可亵玩焉。予谓菊，花之隐逸者也；牡丹，花之富贵者也；莲，花之君子者也。”

这篇短文清新隽丽、意境高远，表达的就是周敦颐如莲花一般的君子之心，是洒脱的人生境界和人格理想的追求。

周敦颐在《爱莲说》中将莲花隐喻为一颗“孔颜乐处”的平常心，称之为“花之君子”。莲花的“出淤泥而不染”，是指莲花在贫贱的生活中不被世俗外物所熏染。他将牡丹比喻为“花之富贵者”，牡丹则是世间权贵的代表。可他却独“喜莲”，喜欢的就是莲花那种身在世俗，却不被世俗所污染的中直清高品格。在这篇短文中所体现的实际上就是以儒家圣人君子修养的目标，这也是他人格理想的一个真实写照。

周敦颐一生清贫正直，骨格清高。这在封建社会的官场上必然受挫。他的一生曾九任地方官，大多是因为举荐而升迁。他首先采取的是积极入世的态度，拟用理学来改变这个世界，最后却淡于世俗，欲隐退，选择在庐山脚下得以避世。从他写下的诗文中就可以领会到这点："书堂构其上，隐几看云岑。倚梧或欹枕，风月盈中襟。或吟或冥默，或酒或鸣琴。数十黄卷轴，圣贤谈无音。窗前即畴圃，圃外桑麻林。芋蔬可卒岁，绢布足衣衾。饱暖大富贵，康宁无价金。吾乐盖易足，名濂朝暮箴。元子与周子，相邀风月寻。"① 周敦颐晚年时转而爱菊，是因为他也是爱其为"花中隐逸者"。但他独独不曾爱过牡丹，是因为他认为牡丹为"花中富贵者"。这说明他始终慎守莲花君子般的品德。他犹如同莲花之香远益清，令世人缅怀。

周敦颐追求的是"心泰"，是"处一"，是"参同"的境界，也是一种生态和谐的境界，这种境界如同莲花般进退自如、荣辱不惊。这种自然而恬淡的人生境界清新脱俗，如同行云流水一般，展示的就是一代儒宗的高洁人格和人生价值追求。周敦颐不是努力地去合乎天德，而是很安然地享受大自然的恩赐，并因此而快乐逍遥，达到最佳人生状态。

① 清人何焯曰："元公自为诗：'名濂朝暮箴'，则濂溪之义，当如苏诗黄序矣。"转引自清人冯应榴《苏文忠诗合传注》。

第四节　“万物和顺”的“中和”之境

周敦颐的“寻孔颜乐处”，不但表达了他所追求的人生目标和人生乐趣，也表达了他“圣希天、贤希圣、士希贤”的天人合一思想。为实现这一思想，他提出：“志伊尹之所志，学颜子之所学。”① 就是要像伊尹那样致力于造福民众和国家，像颜回那样去学习圣人之道。

一、“天道行而万物顺”

周敦颐的“孔颜乐处”不只是限于一种精神修养，同时也是与“博施济众”和顺万物的圣道实践紧密结合在一起的。周敦颐的“孔颜乐处”强调了天道生生不息：“天道行而万物顺，圣德修而万民化。”“四时行焉，百物生焉。”② 正是因为天地具有仁德之心，万物才得以生成；人类也正因为有了万物的生成，吃穿住行才得以保障，才得以生存在天地中。而人类也只有顺应万物的“生生之道”，不“杀鸡取卵”“涸泽而渔”，不取之无度，人类的繁衍生息才能得以保证。如不能使“万物各得其所”，不能保证万物的生生不息，人类的生命都难以维系，“乐”就根本无从谈起。周敦颐的《太极图说》既彰显了人处于万物中心地位的优越性，又阐明了人与自然融为一体的统一性。人只有与大自然和谐相处，才会从心底感受到祥和之乐，感受到与天地万物和谐

---

① 周敦颐：《周敦颐集》，北京：中华书局1990年版，第21—22页。
② 周敦颐：《周敦颐集》，北京：中华书局1990年版，第40页。

共生而产生的天地之乐。人们在一个和谐的理想世界里，内心所感受到的不是个体的“独乐”，而是与万物相通、共生共荣得出的人生之乐，是一种具有生态意境的大乐。

周敦颐所说的与天合一之乐不是处在一种以天为一玄虚的空想中，而是建立在政善民安的人为努力的基础上。他说：“政善民安，则天下之心和，故圣人作乐，以宣畅其和心。达于天地，天地之气感而大和焉。天地和，则万物顺。故神祇格，鸟兽驯。”① 圣人作乐的条件是政善、民安、天地大和。如果不知“中”与“和”，“乐”便无从谈起，整个世界便会陷入一片混乱。首先“天地和”，然后才能“万物顺”“鸟兽驯”。由此内心才能获得长久的安宁和喜悦，找到真正的乐趣所在。

周敦颐的“孔颜乐处”是与“诚”一体，与“生”“成”合一的“乐”，与“诚”一体即与伦理道德规范合一，与“生”“成”一体即与天道合一。这是一种超越道德规范，万物各遂其性的体验。周敦颐“寻孔颜乐处”的过程，就是一个追求身心和谐、人与环境和谐不断上升的过程。身心和谐是乐的出发点和最后归宿。人与社会、自然和谐则是寻“乐”的过程。

二、立“诚”与乐道

儒家的“寻孔颜乐处”实际上宣扬的就是一种高尚精神境界的追求。而周敦颐的“寻孔颜乐处”思想为儒家添加了同天之乐的道德境界，认为只有做到身心与天地同流，才能实现乐的境界。这种精神生活的“真乐”，不同于佛教追求的“极乐世界”，也不同于道教宣扬的“神仙之乐”，是一种完全超越世俗的享受。

---

① 周敦颐：《周敦颐集》，北京：中华书局1990年版，第63页。

周敦颐认为“孔颜乐处”的实质是一种“见大心泰”的身心和谐境界。要想达到这个境界，就要在道德修养与人间富贵之间作出一个孰大孰小的人生价值的判断与选择。颜回为何能在逆境中处之坦然？其根本原因就是真正体会到了仁、义、礼、智、信或仁、义、中、正才是真正的“至富至贵”之“大”者。在儒家思想中，仁、义、礼、智、信被认为是“天爵”，“身安”被认为是“天禄”。“道充”之人就是一个有着完全道德的圣人，理所当然就是“天爵”中的至尊者；圣人自然言而无忧，行而无悔，这样才能做到“心泰”“身安”。只有做到这点才能成为周敦颐所说的“至富至贵”者是有“道”有“德”之人。所以说，懂得“孔颜乐处”的真正所乐之人，就是懂得仁、义、礼、智、信等道德之大者。

周敦颐将孔子推为圣人，认为孔子和颜子才是圣人的代表。他说：“惟（颜）子睿性通微，实几于圣。”① 所以说“孔颜之乐”应该为“圣人之乐”，到达了这种快乐，就离成贤成圣这种理想境界不远了。周敦颐又说：“诚者，圣人之本。”②“圣，诚而已矣。”③ 他认为判断一个人是否成圣的标准就是看他是否达到了“诚”的境界，如果达到，则达到了圣人境界。周敦颐还认为“圣同天”，即把“诚”与天融为一体达到天人合一的境界，这就是把“诚”齐的“天人合一”看作是圣人之境界也就是“同天”境界。由此可见，周敦颐的“孔颜之乐”也就是“乐”在

---

① 周敦颐：《周敦颐集》，北京：中华书局出版社1990年版，第335页。

② 周敦颐：《周子通书》之《诚下第一》，上海：上海古籍出版社2000年版，第4页。

③ 周敦颐：《周子通书》之《诚下第一》，上海：上海古籍出版社2000年版，第5页。

“诚”中。

周敦颐将《周易》与《中庸》相结合起来论述了作为天道的“诚”的属性。首先，诚是“继善成性”。周敦颐在《诚下第一》中说：“一阴一阳之谓道，继之者善也，成之者性也。元、亨，诚之通；利、贞，诚之复。”可见“诚”包括两个方面，即诚能化生万物，而万物最终又回归于诚，它们之间相互循环。从上往下时至善化生万物，但从下至上时便是万物对至善的继承。因此，“诚”之“继善成性”便是生生不已。周敦颐说：“天地之大德曰生。”这就是对《周易》进行的形而上解读。

其次，“诚”是“无为”。周敦颐在《诚几德第三》中说：“诚无为，几善恶。”什么是“无为”呢？“如恶恶臭，如好好色，直是出乎天而不系乎人”，“天道无为”，只要是天所为，即使天翻地覆之动也是“无为”。《周易》曰：“易，无思也无为也。寂然不动。感而遂通天下之故。”这里的易代表的就是“天之道”，而“天之道”就是“诚”，所以周敦颐说“诚无为”。

那么，“诚”与“孔颜乐处”的境界又有何关联呢？周敦颐将“诚”的属性与“乐”的特征结合在一起，提出了“孔颜乐处”的三个特征：一是虚明。周敦颐认为“无事”“无思”“无为”即是“诚”的属性。二是通直。周敦颐认为：“至正”便是通直。“诚”是“无为”的，就是没有任何私意，只是完全顺天循理而为。周敦颐在《周敦颐通书》之《诚下第一》中说：“非诚，非也，邪暗塞也。”能做到“至正”通直，自然就不会有“邪暗”，没有“邪暗”自然就能达到“明”。有“邪暗”只能“塞”，不能通达，只有做到“至正”才能通达。这里所指的“至正”便是“直”，即通直。“明达”便是没有“邪暗”后，才称之为“通”。三是公溥。周敦颐说：“‘大哉乾元，万物资始’，诚之源也。‘乾道变化，各正性命’，诚斯立焉。纯粹至善者也。”[①] 这里所说“纯粹至善”的“诚”指的是“天之道”，“善”就是“天之道”，而“继善”也就是继承“天之道”。那么，何为“天道”呢？这里所说的“天道”便是“溥万物而无心”。周敦颐说：“天以阳生万物，以阴成万物。生，仁也；成，义也。故圣人在上，以仁育万物，以义正万民。”[②] “公”是育万物以仁，“溥”是正万民以义，这就在成己的基础上可以“生物”“育物”“成物”。《周易·系辞》说：“与天地相似，故不违；知周乎万物而道济天下，故不过。”天能做到“四时行焉，百物生焉”，而圣人就要做到“以仁育万物，以义正万民”。如不行，则与天地不相似，如与天地不相似那么天必违之，如此下去，忧患必至。如果能“育万物”“正万民”，以道济天下，就可以做到“不违”“不过”。“不违”“不过”就是指中正，只有中正才会无不顺，无不顺才会达至无忧。

周敦颐认为“诚”的属性便是天之道，除此之外还有“同天”境界。二者与“孔颜乐处”的“乐”存在着内在联系。在此，圣人境界的“乐”的特征被周敦颐进一步进行了论证。周敦颐在《圣学第二十》言：“圣可学乎？”曰：“可。”曰：“有要乎？”曰：“有。”请问焉，曰：“一为要。一者，无欲也。无欲则静虚动直。静虚则明，明则通；动直则公，公则溥。明通公溥，庶矣乎！”那么，如何才能学圣呢？周敦颐说，圣人与凡人最大

① 周敦颐：《周子通书》之《诚下第一》，上海：上海古籍出版社2000年版，第31页。

② 周敦颐：《周子通书》之《顺化第十一》，上海：上海古籍出版社2000年版，第482页。

区别的标志是内在境界的不同。那么，达到圣人的最高境界又在哪里呢？周敦颐认为儒家的最高境界便是“孔颜乐处”。周敦颐为什么会这么认为呢？我们可以从以下几点得出结论：

孔颜之所以能乐，讲究的就是一个心境。

首先，从心而言。“孔颜乐处”的特征有以下三点：第一是虚。虚是指心中没有欲望。一个人如果没有欲望，心里自然就谈不上悲、怨、淫、伤，只是“淡且和”而已，心里平淡才能达至中和。第二是直。“直”就是心里达到了率性而为，“从心所欲，不逾距”的程度，指的是心里充满了仁、义、礼、智、信之道，任何矛盾、冲突都无法产生，一切都是符合“正道”。第三是公。周子在《公第三十七》中说：“圣人之道，至公而矣。”或曰：“何谓也?”曰：“天地，至公而已矣。”这里所说的“直”是指顺天之理，循天之道，“公”便是与天地合二为一。虚与直这两个特征强调的是个人自身。第三是公。提出除公于已外，还要公于人，也就是要公于自己之外的一切人物。公于己，只是成己；而公于物，却能成物。故而周敦颐不除窗前草，以至于窗前杂草丛生而自认为“庭草交翠”，所追求的就是庭前绿草所体现出的生生之意，这就是他“对时育物”之情，“至公成物”之心的真实写照。“对时育物”“至公成物”体现了周敦颐的一种尊重自然、热爱自然的生态意蕴。这种生态价值观也融合在他的人生价值观中。

其次，从境而言。也具有三个特征：第一是明。这里所说的明就是泾渭分明。一个人如果心里少了私欲的遮蔽，那么他内在一切的本质都可以被清楚地看到。同样，如果“万物各得其理”，天理昭然，何谓大者、高者、尊者，何谓小者、低者、卑者也都可以被清楚地分开，这就是泾渭分明。第二是通。“诚”对于自然万物而言应是“纯粹至善”，是自然而然而且真实无妄。达到了“诚”就能顺应天道而自然无为。所以当人也达到这样的修养时，人与万物便可以相通。同样，自然无为、真实无妄也是天道，所以人的修养只有做到自然无为、真实无妄这样的层次时，人不仅可以与万物相通，甚至能与天地相通。第三是溥。天地万物只有做到相通，人才能得其所，人类才能得其生，万物才能得其长。“四时行焉，百物生焉”这句话所描述的便正是这种万物生生不息的情形，体现的就是具有中国文化特色的生态文明。

二程学于周敦颐，周敦颐每令二程“寻孔颜乐处”。《二程全书·遗书》：“昔受学于周茂叔，每令寻颜子、仲尼乐处，所乐何事。”① 什么是“孔颜乐处”？周敦颐认为“孔颜乐处”的“乐”就是与天地万物的“诚”合为一体而展现出的“乐”。颜子、仲尼的这种“乐”如何体会呢？周敦颐认为，只有将个体完全融入自然界，并与天地万物的“诚”合二为一，通过心性涵养的境界体会出来，既有“生生不息”之意，也有“吟风弄月”之闲，更有“成人”“成物”之志。从中蕴含的是一种以“诚”为中心的高尚人格。

周敦颐“在其所著《通书》里，除去标题，正文共有‘诚’字20处，可见对诚的重视”②。“诚”成为周敦颐用以沟通天人，将道德属性赋予天道的重要范畴；“诚”既是周敦颐哲学思想体系的核心，又是其“乐”的主要内容。

---

① 程颢、程颐：《二程集》，北京：中华书局1981年版，第16页。
② 蔡方鹿：《周敦颐对儒家经学的创新——以〈易传〉〈中庸〉为中心》，《湖南大学学报》2009年第6期。

三、如何达到“孔颜乐处”

周敦颐认为，要想达到“孔颜乐处”的境界，就要做到以下几点：

一是“虚明”。周敦颐在《通书·圣学第二十》中说：想要达到圣人的做法就是要做到“无欲”，而“无欲”是至圣的根本功夫，就是对大富大贵没有任何欲望，这样才能清静虚明，能做到这点的才能是圣人，这就获得了“孔颜乐处”的第一步。那么，什么才称之为“无欲”呢？周敦颐在《通书·诚上第一》里说，“治之至”便是：“中”“淡且和”，圣人之心也是“中”是“和”。在这里，周敦颐所指的“无欲”并不是灭欲，不是完全与欲望决裂。只要不过分，能有所节制，并能满足正常的要求。由此看来，周敦颐所说的“无欲”并不是没有任何欲望，实际上就是一种中和的思想，只要没有“私欲”，就可以达到“孔颜乐处”的第一步，即“虚明”。

二是“通直”。周敦颐在《通书·礼乐第十三》中说：“礼先而乐后。”就是说先达到礼，后才有乐。如果一个人没有“私欲”，心中自然安宁。人心在一种安宁的情况下才会安静下来，那么他的认识便不会有所遮蔽，可以清楚地认识到以“诚”为本原的“五常”，“无欲”即可明理，明理后才能达到自明，这样才能循理。循理后才能做到“从心所欲不逾矩”，这就达到了在《爱莲说》中所提到的“中通外直”，也就是“通”。所谓的“通”就是“顺”，只有“通直”才能顺利达到“乐”，这就到达了“虚明”之境界。

三是“公溥”。周敦颐在《通书·礼乐第二十一》中说：“公于己者公于人。未有不公于己，而能公于人也。”这就是说，首先要公于己才能公于人。“成己”后才能“成物”，自己回复到的“至善”，才能使民止于至善，“成己”便是至“公溥”的基础。但是，“成己”就能达到“公溥”吗？这当然是不够的。接下来要我们如何去做。那么，怎样做才能达到“以仁育万物，以义正万民”的“公溥”呢？他在《通书·治第十二》中曰：“纯其心而已矣。仁义礼智四者，动静言貌视听不违之谓纯。”意思是说若要亲自去教有十户人家的小村子里的每一个人，都不可能做到，更何况要教天下如此广大的民众呢？周敦颐说，要想通过教导使得天下的人都能达到动静视听自然不违仁义礼智，即“正万民”之功，这是不可能做到的。如何不教而能使天下民众的心能做到“纯”呢？

周敦颐认为，有以下的方法可以使得天下民众做到心中纯净。首先就是复古礼、兴古乐。周敦颐认为古乐是“淡且和”，对民众能起到教化的作用。他在《通书·乐中第十八》说：“淡则欲心平，和则躁心释……谓古乐不足听也，代变新声，妖淫愁怨，导欲增悲，不能自止，故有贼君弃父，轻生败伦，不可禁者矣。呜呼！乐者，古以平心，今以助欲；古以宣化，今以长怨。不复古礼，不变今乐，而欲至治者，远矣！”在这里，周敦颐认为古乐“声淡”“辞善”，认为是可以平欲心、释躁心的良药。不仅如此，“声淡”和“辞善”还可以达到致中、致和的功效，如果能达到这种功效，自然就可以达到“风移而俗易”的效果，使得民众做到心中纯净。所以说，要想使得人心纯净，民风淳朴，就要变今乐而兴古乐，即先复古礼，这样才能达到乐。因为礼与乐是有一定的先后关系的。《通书·礼乐第十三》曰：“礼，理也；乐，和也。阴阳理而后和。君君臣臣，父父子子，兄兄弟弟，夫夫妇妇，万物各得其理然后和。故礼先而乐后。”从上面可以看到，周敦颐所说的“理”或“礼”有本性、条理、秩序和名分、通顺的意思。“阴阳理”是指阴阳有条理，通顺。而“万物各得其理”的“理”是指本性、名分。所以只有人人都做好与自己的等级、角色相一致的事，各守其分，这样整个社会才能有秩序，阴阳才通顺，和乐才可能。

但是，如果有人不遵这些“礼法”，我们应该怎么办呢？周敦颐说要对不遵守的人，圣人应对他进行“告之”和“劝之”，如在“告之”和“劝之”之后仍不能自止的，则会导致“天恶之”。然而圣人还是会死的，那么圣人死后如何使得“仁”“义”之德能够做到代代相传呢？周敦颐认为圣人之所以能成为圣人，并不是天生的，而是通过后天的学习而达到的。也就是说，圣人的“仁”“义”之德也是通过师友的教育和从书中学来的。所以圣人不仅要以“义正万民”，还要著书立说，使得“仁”“义”之德能够代代相承。

周敦颐的一生就如同当时人给他的评价一样，人品高洁，有如光风霁月。他不仅自己的一生到达了最高的人生境界，也给后人指明了寻“乐”的道路。他说：“圣人之道，入乎耳，存乎心，蕴之为德行，行之为事业。”① 且有诗为证：“久厌尘坌乐静缘，俸微犹乏买山钱。徘徊真境不能去，且记云房一榻眠。”② “野鸟不惊如得伴，白云无语似相留。”③ 周敦颐留下的这些诗文中无不体现了作者清新脱俗的一种洒脱之乐，也是一种具有生态意境之乐。

---

① 周敦颐：《周子通书》之《陋第三十四》，上海：上海古籍出版社 2008 年版，第 53 页。

② 《周濂溪集》之《宿山房》，北京：中华书局 1985 年版，第 79 页。

③ 《周濂溪集》之《同石守游》，北京：中华书局 1985 年版，第 81 页。

第二章　北宋生态文化与新儒学生态伦理思想

北宋时期是新儒学伦理思想开创时期。道学由周敦颐开创，二程、张载为其奠基者，最后由二程将其成为完备形态。二程道学是以“天理”为道，后人又将其称为理学。

陈谷嘉认为：“道学伦理思想首先在理论上建构了一个新的天人关系理论系统，在哲学与伦理相融合的前提下，将宇宙本体论和道德缘起论重合在一起，使得一个新的‘天人合一’模式得以形成。其次，在人性论上也有理论上的突破，提出了天命之性和气质之性的二重人性结构理论，解答了长期存在性齐又不齐的理论难题。再次，将儒家传统义利之辨提升到理欲关系的理论层次，对天理人欲以及二者的关系作了全面系统的阐发。”① 在“天人合一”的哲学模式里，从宇宙观到人性论、道德论，北宋新儒学都贯彻了人与自然和谐共存的原则，可以称之为生态伦理思想。

---

① 陈谷嘉：《宋代道学伦理思想系统》，长沙：湖南大学出版社 2006 年版，第 181 页。

第一节　二程在北宋新儒学中的核心地位

二程是北宋著名的理学家、政治家、教育家，也是宋代理学的创立者。二人开创的洛学成为道学的主流思潮，对后代中国文化的各个领域产生了极为深刻的影响。

程颢，字伯淳，出生于宋仁宗明道元年（1032），卒于宋神宗元丰八年（1085），后人称之为明道先生。程颐，字正叔，出生于宋仁宗明道二年（1033），卒于宋徽宗大观元年（1107）。后人称之为伊川先生。二人均出生在父亲当时的任所黄陂（今湖北省黄陂县）。后来全家迁居到洛阳居住。后人称其所创立的学派为“洛学”。

二程受学于周敦颐，周敦颐教年幼的弟子寻“孔颜乐处”，二程说：“昔受学于周茂叔，每令寻颜子、仲尼乐处，所乐何事。”[①]“寻孔颜乐处”的人生哲学，蕴含了一种与自然和谐的生态价值观。

二程在接受传统儒家孔孟之道的同时，也接受了佛道思想。二程将佛道思辨哲学融合进孔孟儒学中，形成了一个全新的儒学体系。最后由南宋的朱熹集其大成。后人将这个新的儒家思想体系称为理学。

一、程颢的学术生平

宋仁宗嘉祐二年（1057），程颢考中进士。与此同时，张载

① 程颢、程颐：《二程集》，北京：中华书局2004年版，第16页。

也中举。二人相识在京城，一起讨论易学等学术问题。第二年，程颢作《答张横渠张子厚先生书》，与张载共同讨论了人如何定性的问题，指出认识论和修养论之间的相互关系。后人称之为《定性书》，是性理学的重要文献之一。此后的三年，程颢调到京兆府任鄠县主簿，开始了他的政治生涯。《理学・程颢传》说，程颢从政期间“甚为忙碌，无论断案、治役皆有方，折疑狱如神”。充分展现出他在政治上的独特才能。

宋仁宗嘉祐五年（1060），程颢被调往江宁府上元县（今江苏省南京市）任主簿，后代行该县县令，任职时间为三年。任职期间，政绩突出，深得民众的好评。虽然公务繁忙，但从未放弃过对学问的研究。常与江东转运判官谢景温探讨《春秋》和《易》的义理，继续他的学术研究活动。

程颢在 34 岁时，北调泽州晋城（今山西省晋城县）县令。在任职三年间，程颢体恤民情，以民为本，采取了一系列措施为民办事，赢得了民心。主要体现在以下几点：一是兴办教育。为提高民众的文化素质，程颢以儒家伦理道德教育乡民，使“诸乡皆有校，暇时亲至，召父老与之语。民以事至邑者，必告之以孝弟忠信，入所以事父兄，召父老而与之语”[①]。程颢不仅在各县各乡都兴办学校，并在闲暇之时安排时间亲自讲授。一旦乡民有了纷争，程颢便向他们传授孝悌忠信的道德伦理。为提高教育质量，发现不称职的教师他会立即更换，保证了当时的教学质量，使得几百年来无人登科的晋城在熙宁、元丰年间登科者有十余人。当地盛兴读书之风，这个成绩应归功于程颢对当地教育的重视。

---

① 程颢、程颐：《二程集》，北京：中华书局2004年版，第632页。

熙宁三年（1070），程颢由御史中丞吕公著推荐，出任太子中允权监察御史里行。这使他由地方官吏进入中央官吏的行列。程颢的广博学识受到了宋神宗的重视，被多次召见。程颢在数月之内上疏十余章，诸如论君道、论王霸、论养贤、论修学尊师等。在奏章中，程颢站在反对王安石新法的反对派一边。这样的后果是被作为保守派受到打击，无法继续在朝廷任职。程颢只有辞去在中央的职务，政治生涯仅为九个月。熙宁三年（1070），程颢重新回到地方，任书镇宁军节度判官。

宋神宗熙宁五年（1072），程颢回到洛阳时，已是四十岁。居住在履道坊，"日以读书劝学为事"[①]。当时，"士大夫从之讲学者，日夕盈门，虚往实归，人得所欲"[②]。程颢、程颐兄弟二人广收门徒，潜心学问。当时的程门弟子众多，有谢良佐、游定夫、刘立之、邢恕、吕大临、吕大忠、吕大钧、杨时、刘绚、邵伯温、李端伯等人，很多弟子成为了洛学学派的中坚力量。他们学成后，又将洛学向外传播，让更多的人了解洛学。程颢是以多种方式来传授学问的，书信的形式、面授的方式、讨论的方式等。其中最多的是以书信的方式来答复他们提出的问题。如：宋神宗元丰二年（1079），蓝田吕大临问学于二程，该书内容被记载于《程氏遗书》卷二上《元丰乙未吕与叔东见二先生语》中，"学者须先识仁。仁者，浑然与物同体。义、礼、知、信，皆仁也"[③] 的名句就载于此书中，这便是著名的《识仁篇》。宋神宗元丰四年（1081），李端伯问学于程颢，该书内容记载在《程氏

① 程颢、程颐：《二程集》，北京：中华书局2004年版，第329页。
② 程颢、程颐：《二程集》，北京：中华书局2004年版，第329页。
③ 程颢、程颐：《二程集》，北京：中华书局2004年版，第16页。

遗书》的首卷《端伯传师说》中，“‘生之谓性’，性即气，气即性，生之谓也”① 的名句也载于该书中。宋神宗元丰五年（1082），刘绚拜见了程颢，该内容记载在《戌冬见伯淳先生洛中所闻》之语录中，程颢提出的“万物有对”“阴阳消长”的辩证法思想出现在该语录中。

元丰八年（1085）六月十五日，程颢病逝，终年五十四岁。程颐在《明道先生行状》里对程颢有如下评价：“先生资禀既异，而充养有道；纯粹如精金，温润如良玉；宽而有制，和而不流；忠诚贯于金石，孝弟通于神明。视其色，其接物也，如春阳之温；听其言，其入人也，如时雨之润。胸怀洞然，彻视无间；测其蕴，则浩乎若沧溟之无际；极其德，美言尽不足以形容。”②

程颢一生大部分时间是以潜心学问、广收弟子、传道授业为主，通过与其弟弟的共同努力，共同创建了“洛学”学派及其思想。范祖禹在《门人朋友叙述》中说：“先生以亲老，求为闲官，居洛阳殆十余年，与弟伊川先生讲学于家，化行乡党。……士之从学者不绝于馆，有不远千里而至者。先生于经，不务解析为枝词，要其用在已而明于知天。其教人曰：‘非孔子之道，不可学也。’盖自孟子没而《中庸》之学不传，后世之士不循其本而用心于末，故不可与入尧、舜之道。先生以独智自得，去圣人千有余岁，发其关键，直睹堂奥，一天地之理，尽事物之变。故其貌肃而气和，志定而严厉，望之可畏，即之可亲，叩之者无穷，从容以应之，其出愈新，真学者之师也。成就人才，于时为多。”

① 程颢、程颐：《二程集》，北京：中华书局 2004 年版，第 10 页。

② 程颢、程颐：《二程集》，北京：中华书局 2004 年版，第 637 页。

二、程颐的学术生平

程颐的一生，虽历尽磨难，却始终未放弃学术追求，与其兄一起共同建立了一个新的理学体系，把中国哲学往前推进了一大步。

宋仁宗嘉裕元年（1056），二十四岁的程颐因父亲官职调遣到京师，有机会至国子监读书。当时的天章阁伺讲为胡瑗。有一次，胡瑗以《颜子所好学论》为题试考学生。程颐在文中提出了心性有别，性情对立的观念。主张“凡学之道，正其心，养其性而已。中正而诚，则圣矣”①。胡瑗见后大为惊异，立刻给他“处以学职”。这样，程颐便有了招收学生的资本而开始接受学生讲学。程颐的第一个弟子便是权贵吕公著的儿子吕希哲。自他以师礼从学于程颐后，“四方之士，从游者日益众”②。在以后的三十年中，程颐主要进行三方面的活动，一是从事学术、教育活动；二是在各地游历讲学，与其他学者如张载讨论学术问题，并收了游定夫、吕大临、周纯明等为弟子；三是代替一些权贵起草奏章和表文，参与议论朝政。这样程颐便奠定了道德性命之学的基本纲领，并为自己所创立的学派打下了理论根基。

程颐任过西京国子监教授、崇正殿说书等官职。因为朝廷内的党派斗争，他被“放还田里”。绍圣四年（1097），程颐被送涪州编管。在流放期间，完成了《伊川易传》，并为之作序。《伊川易传》为宋代理学的重要著作之一，展现了程颐丰富深刻的理学思想和思辨哲学，对后世的影响也极大。元符三年（1100）四

① 程颢、程颐：《二程集》，北京：中华书局2004年版，第577页。

② 程颢、程颐：《二程集》，北京：中华书局2004年版，第388页。

月，程颐收罗从彦为弟子。同年十月，程颐再次为通直郎权西京国子监。此时，又收张绛、孟厚、周孚为弟子。崇宁二年（1103）四月，范致虚奏疏称：“程某以邪说行，惑乱众听，‘著’书非毁圣朝。”有旨追毁出身以来文字，其所著书，令监司觉察。[①] 建中靖国元年（1101）五月，在旧党的一再打击下，程颐被免职，退居于洛阳龙门之南耙楼山下（今高县程村）。

大观元年（1107）九月，程颐病死住所，终年七十五岁。宋宁宗嘉定十三年（1220）赐谥正公。在程颐的一生中，他的政治生涯虽倍受打击，但他的思想和书籍，却经过一代又一代人的保存，到了南宋时期被确立为社会意识形态的指导思想，由朱熹将其发展成为中国封建社会后期的统治思想。

二程留传下来的著作经中华书局点校，出了新版的《二程集》。该书将程颢、程颐的著作合编在一起，包括《遗书》二十五卷、附录一卷；《外书》十二卷；《文集》十二卷；《遗文》一卷，附录一；《易程传》四卷、《经说》八卷；《粹言》二卷共六个部分。《二程集》成为了后人研究二程哲学思想的重要资料。

三、二程在宋代道学中的奠基作用

二程与周敦颐、张载同为北宋道学奠基者，周敦颐、程颢、程颐、张载、邵雍被后人称为北宋五子。

周敦颐之所以被推为道学的开山鼻祖，原因有以下几点：一是对于外来佛教文化的挑战，采取的回应方式不是韩愈、宋初孙

① 李焘：《续资治通鉴长编》卷，北京：中华书局2004年版，第473页。

复以及李观等人的简单的批判拒斥方法，而是将儒、佛、道的思辨哲学理论和宇宙生成模式进行吸收，并将其适应现实社会的需要的知识体系也进行吸收，为创建新的理论体系打下了基础。二是周敦颐在融合《易传》《中庸》以及佛道思想的基础上，使一系列新的核心话题或哲学范畴得到了论证。论证的核心便是关于“性与天道”的奥妙，周敦颐对其进行了深入的发挥，使之成为宋明道学探讨的重要话题。三是提出成德成圣的标准便是“立人极”，以及要想成为圣人所应具有的内涵、道德修养功夫等，而成为当时的“道学宗主”。

使周敦颐开创的道学及伦理思想日益完备的是北宋道学家张载和二程。其中二程所做的最大贡献是提出了天理论，深化了周敦颐开创的宇宙观，将人性论和人伦道德之学向前更推进了一步。其具体表现为以下几点：一是二程不是从周敦颐的太极中寻绎出人伦之意，而是自悟出“天理”，构成了由天道与人道之间的“天人本无二，不必言合”的道理，真正体现出“天人一体”，并把宇宙论和道德缘起论融为一体。二是二程提出了一个较为系统的道德修养学说。提出修养主旨是“识仁定性”，修养途径是“敬以直内，义以方外”以及敬义夹持等。三是二程将义利理欲之辨提高到了一个新的发展阶段，与当时现实生活中存在的“人欲横流”现象挂上钩，这样义利之辨便更有时代感和针对性，极大地影响了后世的学术思想。同时，将人性论作为儒家人伦道德学说的理论基础，深化了儒家“性善论”的伦理思想。

二程作为道学的奠基者，他们所创立的洛学和张载所创立的关学成为了道学的典型理论形态，标志了道学的正式成型，道学从此成为一种时代性的思潮受到大家的关注。

如果张载的“气质之性”为人性论中“恶”产生的疑难问题

提供了一个理论上的解析，那么二程发明的“天理”则从理论上对该疑难问题进行了解析和回答，不但使宇宙本体和道德本体融合为一，建构了由二程创立的“天人本无二，不必言合”的新的“天人本一”的道学体系，也使哲学与伦理学相互融合，达到了在道学中与张载的“气质之性”有同样重要的理论意义的高度。

“理”在古代典籍中早有记载，北宋五子中的周敦颐在《易通》、邵雍在《观物》以及张载在《正蒙》中均提到了“理”，但二程将天理作为宇宙本体进而作形而上的论争的道德本体，这是前人未曾做到的。二程认为“天理”不但有超越性、根本性和内在性的本体论的特征，而且具有鲜明的价值取向，这种价值取向就是为人提供一个安身立命的场所，也就是在对宇宙、人生、社会价值取向等理性问题追问的基础上，建立人类的生存信念，寻求人生的终极真理和人生存的终极价值，从中获得人生的最大意义。程颢自己体贴出了“天理”二字。这种“自家体贴”并不是突发奇想，而是当时在与佛学的比较与争论中所说的言语。就像程颐在《河南程氏遗书》中所说：“只为已（儒）道实无所得。”在儒学与佛学争锋之时，在“智穷力屈”的情况下，力疾如斯体贴出“天理”，这也就是说，“天理”是二程在与佛学的比较，即在佛学与儒学的争锋的情况下获得的启示和自悟。“天理”是道学的最高范畴，在提升了儒学的理论层次的同时，也将儒学发展到一个新阶段。这个阶段是道学阶段的重要理论标志，有着极为丰富的内涵。

在探索自然、社会、人生的理论基础上，“二程的‘性即理也’‘格物致知’‘知先行后’‘天理人欲’‘德性之知’与‘见闻之知’‘理一分殊’‘心统性情’‘虚气相即’等，都成了宋明道学的基本范畴和原理"[1]。朱熹在《朱子语类》赞扬说："伊川'性即理也'，横渠'心统性情'一句，乃不易之论。"伊川"'性即理也'，自孔孟后无人见得到此。"朱熹将程、张的话视为"颠扑不破"的真理，在确定其在道学哲学逻辑结构中的地位的基础上，也确定了其在孔孟"道统"中的位置。又如他在《朱子语类》卷4中说："诸子说性恶与善恶混，使张、程之说早出，则这许多说话，自不用纷争。故张、程之说立，则诸子之说泯矣。"朱熹认为，张、程在"天命之性"与"气质之性"的关于人性论的系列讨论"极有功于圣门，有补于后学"。

张立文认为："张载和二程将道体形上学与伦理学相融合，使伦理道德得到形而上学的支撑和论证。'性'（伦理人性）即是'理'（形而上学本体），或'天'（形而上学本体）与'人'（伦理人性）合一之学，构成了道德形上学这个宋明道学的中心课题。"[2] 二程特别强调"仁者，浑然与物同体"[3]。将"仁"和"义、礼、知、信"视为同一个体系，即伦理。并以"仁"作为统一天地万物的纽结，"仁者，以天地万物为一体，莫非已也"[4]。把自然、社会、人生与"仁"相会通成为一个整体。这种"合内外之道"体现了道学的生态伦理精神，却造成了天理与人欲的紧张。在对佛、老思想如何吸收、改造以及如何批判、扬弃的问题上，二程与张载所讨论的侧重虽有不同，但二者却能互补，为道学奠定了一定的基础。朱熹继承和发展了程颐的理论

① 张立文：《宋明道学研究》，北京：人民出版社2002年版，第24页。
② 张立文：《宋明道学研究》，北京：人民出版社2002年版，第26页。
③ 程颢、程颐：《二程集》，北京：中华书局2004年版，第16页。
④ 程颢、程颐：《二程集》，北京：中华书局2004年版，第15页。

体系。程朱理学成为宋以后道学的正宗，二程在新儒学中的地位更加彰显。

第二节　北宋的生态问题与生态文化

二程及北宋新儒学的生态伦理思想与当时生态环境的变迁以及生态保护文化的形成有密切的关系。

一、自然灾害频发彰显生态问题

从 960 年至 1127 年的北宋时期，自然灾害频繁暴发。据《宋史·五行志》记载，北宋的 167 年间就暴发了各类灾害 900 余起。自然灾害的频繁暴发，给人民带来巨大的危害，使当时社会生活的正常发展受到严重的制约。

北宋生态自然环境恶化和自然灾害频繁暴发与当时社会的大规模开发活动密切相关。北宋初期，生产力发展水平有限，为了生存，人们对自然进行了无节制的破坏性的开发，一旦超过了自然界能承受的程度，自然界便以灾害的形式对人类进行报复。

对自然过度开发表现在如下几个方面：

1. 滥垦乱伐使森林减少

一是开垦荒地。将当时不宜开垦林区改为良田进行耕植，使得当时的许多林区毁于一旦。二是刀耕火种。将当时的森林资源进行焚毁改为耕田，严重破坏了当时的植被生长环境，经过这种方式改成的耕田不仅产量极低，也难以恢复地力，对森林的毁坏也极其严重，是一种极为粗放的土地垦殖方式。三是扩大耕田。耕地的扩大无疑会使森林的覆盖减少。四是火耕畬田。对林深草茂的东南丘陵地区采取火耕畲田的耕作方式开垦后，本是茂盛的森林瞬间消失。

与此同时，在经济利益的驱使下，森林遭到了前所未有的破坏性砍伐。当时的秦岭山区，人们居住房屋的建筑材料就是木材。人们为了取得这些建筑材料，不怕山高路远，到深山老林去砍伐千年古木。也有的为了经济利益，将砍伐区域深入到沿江五十里以外的区域，然后将砍伐的大量木材结成巨大的木筏运到外地出售。三峡地区的沿江两岸，在唐代时还长着非常茂密的森林，到了宋代后，森林都遭到了巨大的破坏和砍伐。

森林遭到砍伐的直接后果便是：山地失去了植被森林的保护。当山洪来临时，泥沙无所依附阻挡，水夹带着土大量流失，或流向长江流域，或流向黄河流域，使水域也受到很大的影响，造成河流截流或者改道。

由于普遍的毁林开荒，山区的森林急速锐减。长江、黄河两岸植被几乎消失殆尽，两岸的水草无所依附，河流含沙量激增，水土流失严重。人们在山区毁林开荒，虽在短期内解决了人们的一时所需，但给生态环境带来的负面效应是难以估量的。由此引发的问题宋人自己已有很深切的认识。如宋人魏岘在《四明它山水利备览》一书中叙述："四明水陆之胜，万山深秀，昔时巨木高森，沿溪平地竹木蔚然茂密。虽遇暴水湍激，沙土为木根盘固，流下不多，所淤亦少。近年以来，斧斤相寻，靡山不童，而平地竹木亦为之一空。大水之时，既无林木少抑奔湍之势，又无包揽以固沙土之积，致使浮沙随流而下，淤塞溪流，……由是舟楫不通，田畴失溉。"人们已经很清楚地明白毁林开荒是影响生态的一个重要原因，水土流失和诸如水灾和旱灾等自然灾害正是无度砍伐山林带来的恶果。

2. 围湖造田使湖泊缩小

为了增加粮食，宋人除了在原有土地上精耕细作以外，开始盗湖围田来满足需要。这样做的直接后果就是使大量湖泊面积缩小。如大中祥符年间始至宣和二年（1120），越州境内的鉴湖水面面积就减少了 2200 多顷。曾经蓄水量最大，灌溉能力最强的湖泊面积大为缩小，乃至于宋人惊呼："湖废尽矣。"① 当时占湖盗田的队伍还比较庞大。有豪族大家，也有流民百姓。本来长江中下游的湖泊星罗棋布，可以及时调节水旱灾害。可随着湖泊的缩小，这种调节的功能也随之越来越小。长江中下游水旱灾害频繁发生，使得农田就如宋人李光在《庄简集》所说的"涝则水增溢不已，旱则无灌溉之利"。宋人对自己因围湖造田而引起的后果也有一定的认识。如沈遘曾在《西溪集》慨叹说："鉴湖千顷山四连，昔为大泽今为田，庸夫况可与虑始，万年之利一朝毁。"在他看来，湖泊的调蓄水量的作用是"万年之利"，而这种盗湖围田的行为是没有远虑必有近忧的庸夫所为。

3. 军队开垦使植被遭到破坏

北宋时期，战争和军队对自然环境的人为破坏作用尤其严重，主要表现在以下三个方面：

其一是对植被的毁坏。当时军队驻扎营地，必定需要屯田。所谓屯田，便是宋人刘才邵在《溪居士集》所说的"用兵以耕，名曰屯田"。北宋时期的西北沿边地带是宋朝与辽夏国间的争夺地带。为解决军队的粮草问题，北宋政府便允许军队在这个地带

① 庄绰：《鸡肋编》，《文渊阁四库全书》，台北：台湾商务印书馆影 1983 年版，第 18 页。

开垦荒地，以备战时所需。这样，北宋的军队在从东往西驻扎的河北、河东一带大兴垦殖荒地，将其变为可用的良田。这样对土地的开发人数也日益增多，如对号称“膏腴”之地的木瓜原上进行开垦的人数竟高达 18000 余人，这个数目在当时是很惊人的，被开垦的土地面积更是难以估计。在元丰初年，绥德、米脂一带开垦田地的数量更多。这样，环庆道、镇原道、镇戎军、德顺军也陆续加入了开垦荒地的范围之中。以至于渭河上中游地带、兰州附近、兰州以东的定西一带的荒地均被开垦成了良田，面积竟达到了一二万顷。而渭河上中游地带几乎全被开垦为耕地。北宋军队驻扎区大部分集中在沿边地带，该地属于黄土高原丘陵沟壑区，被开垦的耕地遍及这个区域。

军队大面积开垦荒地，对自然有很大的破坏性。一是军队开荒种地不过是为了满足一时之需，一旦军队换防调动，改变驻扎地点，被耕耘过的土地就会变为荒地，以后都很难恢复，后患无穷。因为军队对土地是一种掠夺性的开发，他们绝对不会珍惜利用自己开垦的土地，而是采取很粗放的耕作方式，只会加剧对植物的破坏，加速水土的流失。

此外宫廷与达官贵人大兴土木，也是森林大量消失的原因。

自然灾害的频繁暴发使当时的百姓饱受其苦。人们痛定思痛，开始寻求办法来保护自己。北宋初期的有识之士便开始关注大自然的变化，懂得了只有保护大自然才是保护人类自己的唯一办法。于是，保护自然万物的生态思想开始日渐形成。

二、生态保护与生态文化

生态问题带来的严重后果，终于使得宋代人开始觉醒，并产生了强烈的生态保护意识，这在从君王到平民百姓的日常生活中均得到了较为充分的体现。北宋政府开始意识到，要想维持生态平衡，首要的办法就是要保护野生动植物资源。在生态平衡得以维护后，人们才能有可利用资源。

1．对林木资源的保护

北宋初期，朝廷设立了一个中央机构，专门用于保护山泽和林木。这个机构隶属于工部，称为虞部。《宋史》卷163记载："宋代工部掌天下城郭、山泽、苑囿、河渠之政。"其所属"虞部郎中、员外郎，掌山泽、苑囿、场冶之事，辨其地产而为之厉禁"。按当时的条例分工，虞部掌管当时的山泽、苑囿、场冶之事，保护山林及野生动物资源和矿产资源。

宋人认为，王政是最大的，要想兴山泽之利，就要听从朝廷的指挥。故朝廷规定县里设置一位官员，专门管山泽和林木一事。如果县里所管辖的人口较少，也要设置县丞一员，兼管山泽和林木一事。

宋政府为保护林木资源不被随意砍伐，其制定的法律是很严格的。宋制规定：禁止砍伐林木。如有不按流程砍伐林木者，按盗窃论处。同时《宋刑统》卷二十七规定："剥人桑树，致枯死者，至三功绞。不满三功及不致枯死者，等第科断。"宋代初期订制的此类法律、诏令称得上比比皆是。建隆初年，宋太祖即在《宋会要辑稿》诏令："桑枣之利，衣食所资，用济公私，岂宜剪伐？如闻百姓斫伐桑枣为樵薪者，其令州县禁止之。"《宋史》卷一百七十三中规定："民伐桑枣为薪者罪之；剥桑三工以上，为首者死，从者流三千里；不满三工者减死配役，从者徒三年。"因毁坏他人种植的桑树而被判死刑，这便足以见得宋代法律对毁林与违法伐木者惩罚是相当严厉的。自此以后，宋代的各代帝王均下达过诸如此类的诏令。可见，宋代政府对保护林木资源是相当重视的，他们不但制定诏令对森林资源进行保护，还提倡、鼓励植树造林。这对保护林木资源具有深刻的意义。

宋朝初立之时，百废待兴。为改变这种贫穷局面，宋太祖认为多栽种树木，特别是经济林是件利国利民的大好事。于是，太祖在建隆元年（960）下诏命令多种树，并在下达的诏令中将树木的等级、数目、品种以及方式在《宋史》卷一百七十三做了一个规定，说："课民种树，定民籍为五等，第一等种杂树百，每等减二十为差，桑枣半之。"

宋代的历代帝王，都常颁布保护经济林的诏令。为了将植树造林的诏令彻底贯彻下去，宋政府一边将民间种树作为法律规定，一边也要求地方官员也积极投入到种树的行动之中，不仅自己种树，也带领地方的子民一起种树。并将栽种树木的多少作为一项考评的业绩，并赏优罚劣。该活动也成为了地方官员在地方上所作的主要政务之一。如宋太祖就曾在《宋会要辑稿》下令："劝课种艺，郡县之政经。缮完未息于科徭，刊伐虑空于林木。自今应沿河州县除旧例种艺桑麻外，委长吏课民别种榆柳及所宜之木。所在长吏，告谕百姓：有能广植桑枣，劝课栽植，岁减一选者，加一阶。"照此说来，种植树木的多少竟成了地方官员是否尽职尽责的考评方法之一了。这种做法在以往的各个朝代并不多见。

2. 对动物资源的保护

动物是人类最好的朋友，在调节生态平衡方面无疑具有重要的作用。北宋政府在野生动物的保护方面，是采用了很多办法的。诸如：粉壁诏书。即将皇帝要求保护野生动物资源的律令和诏书均涂写在各个重要交通要塞的墙壁上，禁止老百姓违时捕猎，猎杀野生动物。太祖建隆二年（961）的《宋会要辑稿》刑法诏曰："王者稽古临民，顺时布政，属阳春在候，品汇咸享。鸟兽虫鱼，宜各安于物性；置果罘罗网，宜不出于国门。庶无胎卵之伤，用助阴阳之气。其禁民无得采捕虫鱼，弹射飞鸟。仍永为定式，每岁有司具申明之。"该诏书强调的是：为了要对自然资源进行合理与合时相结合的利用，并合乎鱼虫鸟兽繁殖生长的自然规律，在春夏之际，鸟兽鱼类一般都孵卵怀孕，不能在这个生长期和成长期捕猎虫鱼和弹射飞鸟。太宗太平兴国三年（978）四月，也发布了内容相似的诏书。宋真宗大中祥符三年（1010）二月，《宋史·太纪》诏曰："禁方春射猎，每岁春夏所在长吏申明之。"北宋初年这些诏令的发布，起到了一定的效果，使许多的非法捕猎之举有了一些限制。

北宋时期的生物保护法律与以往各个朝代相比，是极为全面而系统的。在这一系列的措施中，不仅有对森林、草原的保护，也有对野生动物资源的保护。而且这些保护措施并不是一纸空谈，而是落实到了实践中。特别是在对森林和草原的保护方面，在保护的过程中还出台了防治病虫灾害的方法，更从舆论方面进行宣传，从法制政策上着手，采取了奖励耕植稻谷、栽培树木、在河道上修筑护堤林、提倡种植军事防御林等许多的具体措施。这样便使生态系统的保护措施不仅治表，也能治里，使环境保护措施真正落实到了实处。

3．对水土资源的保护

水土资源是人类生存的根基，要想保护好水土资源，就要加强对其合理的保护和利用。北宋时期，宋人饱受水土资源开发不当所带来的危害，认识到只有合理兴修水利，才能对其进行有效的利用和开发。当时兴修水利遍及各地，其中以山西、河北、江苏、浙江、福建为主。在对水利的兴修时注重将水土的治理综合在一起，先治理水再治理土，水土结合，将水害变为水利。

宋代时北方的河流携有大量的泥沙，使得河床也随之升高，这就造成了决堤和河水泛滥的危险。当时的政府便对易发灾害的河流如黄河、漳河、御河等河流进行疏导和筑堤进行防范，并在河边开挖了很多的河渠和水道疏导河水。这样做不但使河水不再四处泛滥，还使周边的农田得到了灌溉。

河道在被疏导的同时，宋人也变废为宝，将河水携带的泥沙和养分淤积到田里，借此改良土地的肥力。这就是淤泥造田。北宋大科学家沈括在《梦溪笔谈》中说："淤灌后的土壤产量可增加四、五倍。"北宋文学家郑獬在《郧溪集》中说："谁谓一石泥数斗，直是万顷黄金钱。"

宋代的南方河流湖泊都较多，当时主要的治理措施便是筑堤、修坡、筑塘、围堰，用以排涝和蓄水。当时兴修了许多重大的水利工程，有的对现在都在起着很大的作用。宋人注意筑田围垦发展湖田。相隔数里开挖一个横塘，利用挖得的泥土修筑堤岸，然后将其作为泄洪排涝的水塘。这样就形成了一个比较完整的水利系统，使河流湖泊周围的田地能旱涝保收，成为了"鱼米之乡"。

宋代的生态保护措施有政府主导，表现在各级官吏的意识和行为中，落实到整个社会的老百姓身上，形成了一种生态文化，反映在当时的学术文化和思想理论中。程颢在任地方官时，就下禁令禁止地方任意捕鸟。程颐在给宋神宗讲学时，就说春天柳树发芽时不能毁柳枝，以免伤"和气"。这种生态文化意识的形成，是北宋新儒学生态伦理思想形成的社会文化基础。

第三节　二程与北宋新儒学的生态伦理思想

新儒学讲天道性命之学，把人性的本原归之于天道，是一种天人合一的哲学，同时也是强调人类与自然和谐共生的生态哲学。

一、“天人合一”的生态哲学

“天人合一”“阴阳有序”的思想是北宋儒者认识自然界的体会。正式提出“天人合一”命题的是北宋五子之一——张载。他在《正蒙·乾称》说：“儒者因明致诚，因诚致明，故天人合一。”在他看来，“天人合一”便是人与天地万物一体的理想境界，是天道与人道相通的信念，是生态万物平等的生态价值观，是传统的生态哲学理念，也是处理人与人、人与社会、人与自然的最基本准则。

二程把“天人合一”的生态价值观更推向了极致，提出“天人本一”论，程颢说：“天人本无二，不必言合。”① 在他看来，天与人本就是一体，根本不必去讨论它们是否相合的问题，人与自然界就是本体的统一。

北宋初期，生态环境开始有了较为明显的变化，宋代道学家认识到了这点，开始关注生态环境的发展，并在前人的研究基础上，有了许多关于生态环境的认知。比如如何协调人与自然的关系，如何保持生态平衡，如何合理利用生物资源。“天人合一”

① 程颢、程颐：《二程集》，北京：中华书局1981年版，第81页。

的学说便是这种观念形成的体现。在对自然万物的不断认知中，“天人合德”“仁民爱物”“民胞物与”“生生之仁”“万物平等”“赞天地之化育”等思想范畴，成为了北宋道学家们生态伦理思想的基础，这些思想对规范人的行为，保护生态平衡，处理人与自然的关系，保护人类生存的家园，具有重要的作用。

“天人合一”的世界观，起源于商周的天命神权思想，萌发于春秋战国，形成于汉代，在宋代新儒学中形成系统的理论。二程所讲的“仁者以天地万物为一体”认为人便是天地自然的一分子，人与自然相通相联。自然与人类长期和谐发展，才会有风调雨顺、五谷丰登的祥和景象，这便是人长期以来不断追求的天人和谐的目标。宋代道学家注重人与自然的和谐共生，为中国传统的生态文化奠定了坚实的哲学基础。

在宋代道学家的生态思想中，“中和”哲学观有着重要意义。“中”作为一种哲学术语，最早出现在《易经》中，表示时间与空间的概念。“中”作为哲学方法论，则出现在《论语》中的“允执其中，四海困穷，天禄永终”。著名哲学家张岱年先生在《中国文史百科·总序》中认为：“允执其中的中，是儒家的基本概念和道德准则。”与“中”相连接的哲学方法论范畴有“中和”“中庸”“中道”等。

二程对“中”的讨论，是在前人的基础上进行了发展。《中庸》说：“喜怒哀乐之未发，谓之中；发而皆中节，谓之和；中也者，天下之大本也；和也者，天下之达道也。”二程继承了《中庸》的中和思想，把它作为儒家思想的核心观点。程颐说：“中和，若只于人分上言之，则喜怒哀乐未发、既发之谓也，若致中和，则是达天理，便见得天尊地卑、万物化育之道，只是致知也。”[①] 在这里，程颐将“中和”的理论提高到了一个很高的境界，认为“中和”才是天下的正道，只有到达“中和”的境界，才能领悟“天理”的真正意义，上升到最高境界。这样才能达到人与社会、人与自然的和谐。

“中庸”是无过无不及的常道。程颢以“中”为人之本，说：“中之理至矣，独阴不生，独阳不生，偏则为禽兽，为夷狄，中则为人。中则不偏，常则不易。惟中不足以尽之，故曰中庸。”[②] 程颐更深一步地阐述了“中庸”的涵义。他说：“中者，只是不偏，偏则不是中。庸只是常。犹言中是大中也，庸者是定理也。定理者，天下不易之理也，是经也。”[③] 这就是说，世间的万事万物在不停变换的过程中，要遵循“中”的法则。中庸观便成为了判断人言行的美德标准。这种标准不但适合人类社会、人类本身，也适合整个自然界。

宋代的道学家认为，“中庸”是处理人与人、人与社会、人与自然相互关系的伦理指导思想。他们认为只有做到从客观实际出发，顺其自然，才能达到中庸的境界而处事和谐。

“父子兄弟和则福”，是人与人的和谐；“社会上下和则安”，是人与社会的和谐；“自然万物和则喜”，是人与自然的和谐。这便是中和之道。

中庸之道的核心是平衡与和谐。宋代道学家在日月运行和四时变化过程的基础上，认为阴阳有序便是事物自身的客观发展过程。所谓的“阴阳有序”，便是具有规律性的自然变化；所谓的

① 程颢、程颐：《二程集》，北京：中华书局2004年版，第160页。
② 程颢、程颐：《二程集》，北京：中华书局2004年版，第122页。
③ 程颢、程颐：《二程集》，北京：中华书局2004年版，第160页。

"阴阳失调"，便是违反自然界的正常变化的反常现象。同样，这种"阴阳"理论也可以运用到处理人与自然的关系等方面，是处理人与自然关系的道德原则和行为规范。只有处理好"天道"的原则，达到中庸之道，才能顺应阴阳达至和谐。

二、顺应自然与保护自然的生态伦理

主张人与自然的相互和谐，是宋代道学家们的生态思想主题。在这里，宋代道学家们更进一步发展了前人在生态伦理观中的和谐思想。和谐不仅是人处理与自然关系的准则，也是对待自然万物的行为规范。他们眼中的与自然和谐，表达的是以下几种意义：一是要把自然万物当做自己的朋友，人类和自然之间要像朋友一样相互友爱；二是人要关心和保护自然万物，维护天地万物的和谐与进化，就像维护自身的身体一样。三是人应把自然万物看做是自己的同类，进而达到泛爱万物；四是承认自然万物与人类一样，也有自己的生存价值和应享有的权利，人类无权将其剥夺；五是人类应全面认识尊重自然客观规律，使人与自然相互和谐，相互融合；六是人类不应以自然界的主人自居，而应将自己视为与万物平等的一员。

二程说："人者，位乎天地之间，立乎万物之上；天地与吾同体，万物与吾同气。乾坤，天地也，万物乌有出天地之外者乎？万物之成，父者我之所自生，帝者生物之祖。"① 宇宙就是一个大家庭，我们与天地万物共处于宇宙这个大家庭中，天地是父母，而我们就是天地的儿女，人与自然万物就是同胞兄弟。人与自然万物应该是平等的，人类的存在与发展也与自然密切相关。

① 程颢、程颐：《二程集》，北京：中华书局 1981 年版，第 668—669 页。

我们要像对待自己的亲人一样对待自然，同处于大自然的这个大家庭中，对天地始终怀有同呼吸共命运的心态，才能与天地达到“和谐”的境界。

既然我们是大自然的一部分，就要像关心自己一样来关心大自然。在社会中要守“人伦”，在自然界中要循“物理”。“天人一体”体现的不仅仅是一种道德规范，更是一种社会责任。我们要带着平和的愿望来“顺其自然”。二程认为，“天地之道，至顺而已矣”，“观天地运化，阴阳消长，以达乎万物之变，然后颓然乎顺，浩然乎归”。[①] 人只有遵循自然万物生生不息的规律，顺应天地的变化，在生存的过程中，不是为了征服自然，而是改善自然，与自然万物和谐共存，人由此才能维护自身的生存，自然万物也才能各得其所而蓬勃生长。人与自然万物的生存环境才会达到和谐。

程颐听说皇帝漱口时避开蚂蚁，大为赞赏，希望皇帝能以此仁和之心推至四海，爱惜天地万物，芸芸众生。程颐撰写了一篇《养鱼记》，借以表达自己爱护小动物的思想。并从养鱼推广到“养物而不伤”“乐其生，遂其性”的生态伦理原则。

宋代道学家们的生态保护意识，不仅是一种当时文明的进步，更是一种科学精神的体现。二程将“仁”作为生生之性，以天地之心生爱，将其作为形而上学之根据，这应是儒学得以成为新儒学最重要的一笔，体现的是一种时代精神。

三、二程生态伦理与道学性命之学

宋代新儒学是以伦理学为中心的人生哲学。因为作为伦理学

---

① 程颢、程颐：《二程集》，北京：中华书局 1981 年版，第 503 页。

重点的天人合一宇宙观，被伦理学赋予了人与自然的必然联系，这种联系将天人关系紧密联合，成为生态伦理关系。生态伦理便成为了新儒学伦理的有机组成部分。

新儒学之所以称为道学，因为它是探究天道性命之学。在二程的哲学理论里，“道”与“理”是一致的。他说：“其体则谓之易，其理则谓之道……一而已矣。”① 天地常久之道，天下常久之理，非知道者孰能识之？② 理便是天道也。③

“理”便是“道”。“常久之理”也是“常久之道”，这么说来“道”与“理”就圆融为一了。从价值上说，“道”与“理”都是“正”而“大”者。“大者既壮，则利于贞正。正而大者道也，极正大之理，则天地之情可见矣。天地之道，常久而不已者，至大至正也。正大之理，学者默识心通可也。”④《周易》认为：“大壮卦，乾下震上，四阳爻并列，乾刚而震动，为阳在壮盛之象。”因此，程颐说“道”是“正大”，“理”也是“正大”，“道”与“理”相同；从行为上说，“道”与“理”之间是相互联结，默识相通。“《书》言天叙、天秩。天有是理，圣人循而行之，所谓道也。”⑤ 因圣人循“理”而行，圣人循的这个“理”也称为“道”。“理”与“道”具有共性。

《易经·系辞》认为：“形而上者谓之道，形而下者谓之器。”若如或者以清虚一大为天道，则（一作此）。乃以器言而非道

---

① 程颢、程颐：《二程集》，北京：中华书局2004年版，第1170页。
② 程颢、程颐：《二程集》，北京：中华书局2004年版，第862页。
③ 程颢、程颐：《二程集》，北京：中华书局2004年版，第90页。
④ 程颢、程颐：《二程集》，北京：中华书局2004年版，第870页。
⑤ 程颢、程颐：《二程集》，北京：中华书局2004年版，第74页。

也。[1] 在这里，“道”被视为形而上者。二程认为张载将形而上、下的区别相互混淆了。张载将“清虚一大”作为“气”，认为“清虚一大”即为“天道”，二程则认为这个“道”便是“气”（“器”），并不是形而上的“道”。程颢说：“道，一本也。或谓以心包诚，不若以诚包心；以至诚参天地，不若以诚体人物，是二本也。知不二本，便是笃恭而天下平之道。”[2] 如果在“形而上之道”以外再立“清虚一大”（“气”）为“道”，在“心”之外，又立“诚”，就会重复。“离了阴阳更无道，所以阴阳者是道也。阴阳，气也。气是形而下者，道是形而上者。形而上者则是密也。”[3] 为此，二程便在“阴阳”（“气”）的形而下的基础上，设立了一个形而上的“道”就是“理”的世界，使得“道”“气”之间有分合，有超越，也有内在。

程颐说：“夫道恢然而广大，渊然而深奥，于何所用其力乎？”[4] 他认为“道”恢然宏达深奥无形。恢然是说渊然而又无穷，这是对“道”的玄妙莫测的一种描绘。由此，“道”便是一个超乎形器的无形状者。他说：“有形总是气，无形只是（一作有）道。”[5] 又说：“有形皆器也，无形惟道。”[6] 在二程看来，形而下的“器”包括“气”“阴阳”，是有形象的，也是可以言说的。形而上的“道”则在形器之上，是无形的。无形的广大深奥，有形的占有空间却很有限。“道”世界在“器”之外、之上，

① 程颢、程颐：《二程集》，北京：中华书局 2004 年版，第 118 页。
② 程颢、程颐：《二程集》，北京：中华书局 2004 年版，第 117—118 页。
③ 程颢、程颐：《二程集》，北京：中华书局 2004 年版，第 162 页。
④ 程颢、程颐：《二程集》，北京：中华书局 2004 年版，第 1174 页。
⑤ 程颢、程颐：《二程集》，北京：中华书局 2004 年版，第 83 页。
⑥ 程颢、程颐：《二程集》，北京：中华书局 2004 年版，第 1178 页。

是一个理念世界。然而，二程并没用将形而上、下的联系割断，这是和佛教相区别的一面。他说："佛氏之道，一务上达而无下学，本末间断，非道也。"[①] 这就是说使形而上的"道"与形而下的"器"发生隔断的不是二程所说的"道"。这便是二程哲学和佛学之间的差别。

"道"是能发生变易的。二程说："知变化之道，则知神之所为也。……'以动者尚其变'，动则变也，顺变而动，乃合道也。"[②] 又说："易，变易也，随时变易以从道也。"[③] 二程利用《周易》中的变易来解释"道"，并赋予"道"以随时顺变而动的属性。他说："凡天地所生之物，虽山岳之坚厚，未有能不变者也，故恒非一定之谓也，一定则不能恒矣。惟随时变易，乃常道也。"[④] 运动是恒久而无穷的，即使像山岳那样坚厚的东西，也是在随时发生变化的，所以"随时变易"，这是很平常的道理和法则。"夫变易之道，事之至大，理之至明，迹之所著，莫如四时；观四时而顺变革，则与天地合其序矣。"[⑤] 如果能顺从变易之"道"，便可以做到与天地合其序。所谓的"变易之道"便是宇宙间普遍的法则，自然界的"至大""至明""至著"都是"变易之道"的体现，就如同四时的变化，与天地变革的次序是相符合的，强调的是顺其自然规律的变动。

二程将"天地之道"与"观念之道"融合为一。一方面，将形而上学的"道"包涵了"天地之道"；另一方面，将"天地之

① 程颢、程颐：《二程集》，北京：中华书局2004年版，第1179页。
② 程颢、程颐：《二程集》，北京：中华书局2004年版，第1030页。
③ 程颢、程颐：《二程集》，北京：中华书局2004年版，第1200页。
④ 程颢、程颐：《二程集》，北京：中华书局2004年版，第862页。
⑤ 程颢、程颐：《二程集》，北京：中华书局2004年版，第952页。

道”提升为形而上者。他说：“形而上曰天地之道，形而下曰阴阳之功。”[①] 形而上与形而下，即天地之道与阴阳之功的关系。[②] 天道与人性是相通的，北宋道学探讨天道问题，同时也是探讨人性问题，所以道学又称性命之学。

性命之学即生命哲学。它追问人生命的本源，也探索人的生命的意义和价值。性与天道的统一，就是人生意义与宇宙系统存在的统一。人的生命的意义，在于整个世界都有意义。它自然而然地通向“赞天地之化育”的生态伦理。东方美认为：“中国的哲学从春秋时代起便集中在一个以生命为中心的哲学上，是一套生命哲学。这生命不仅是动植物和人类所有，甚至于在中国人的幻想中不曾承认有死的物质和机械秩序。所谓的原初存在是生命的存在。中国向来是以人的生命来体验物的生命，再体验整个宇宙的生命，则中国的本体论是一个以生命为中心的本体论，把一切集中在生命上。而生命的活动依据道德的理想、艺术的理想、价值的理想，特以完成在生命的创造活动中。”[③] 二程及北宋道学性命之学就是这样一种天人合一的生命哲学，同时也是一种生态伦理特色的伦理学。

新儒学的生态伦理思想是从人的生命、生存到生态三个层面展开的。所谓生命，指人的生命本源、意义与价值。所谓生存，指人的生活环境。它包括人与人、人与社会、人与自然的关系与互动。从人的生存环境出发，最后伸展到人与自然的关系，形成

---

① 程颢、程颐：《二程集》，北京：中华书局2004年版，第707页。

② 张立文：《宋明道学研究》，北京：人民出版社2002年版，第273—281页。

③ 《东方美集》，北京：群言出版社1993年版，第446页。

一种生态伦理思想。

性命之学是从生命与人性问题展开的哲学伦理学。《中庸》提出的"天命之谓性"，《易传·系辞》提出的"继善成性"，是道学的最早思想资源。从周敦颐到张载、程颢，他们的思想路线都是《周易》与《中庸》相结合的路线。他们要回答的第一个哲学大问题就是：生命的本源是什么？人的本性是什么？周敦颐说："'大哉乾元，万物资始'，诚之源也；'乾道变化，各正性命'，诚斯立焉。纯粹至善也。故曰：'一阴一阳之谓道……'元、亨，诚之通；利、贞，诚之复，大哉《易》也，性命之源乎！"[①] 周敦颐不只是讲人的生命，同时也讲万物的生命之源。这个性命之源是天道乾元，他称之为"诚"，也就是一阴一阳之道。生命的本源来自天命，生命的本源也就是宇宙自然的本源。他既是从自然的角度来说明生命的根源，更重要的是赋予人的生命一种天人合一的永恒的价值。

张载的"乾称父，坤称母"把天人合一变成"天亲合一"，在这种系统论的宇宙观中，个体生命是宇宙生命系统的一个有机组成部分，个体的生命有生有死，这是一种元气的聚与散。而宇宙系统论的生命是永恒存在的。人的生命作为宇宙系统生生不息中的一个环节，人们可以获得一种"死而不亡"的终极价值。所以，张载在《西铭》中说："天地之塞吾其体，天地之帅吾其性。"天地的物质构成我的身体，天地之道就是我的本性。这样就形成了人性中的"民胞物与"的宇宙情怀，也就是生态情怀。不以生死为意，不需要宗教的天国，而能得到一种生命的

① 周敦颐：《周子通书》之《圣第四》，上海：上海古籍出版社 2000 年版，第 31 页。

寄托，在“民胞物与”的生态伦理中，人的生命获得一种永恒的价值和意义。

程颢的“仁者与天地万物一体”“性无内外”的命题，是这种天人一体的生命哲学从实践方面的展开。把儒家的仁爱哲学贯彻到人的生命的价值中，同时继续向生态伦理的方向延伸。从生命到生存、生态，从内到外，从抽象到具体，三个层次互相关联、互相呼应。

生存要解决人与社会的问题，在人与社会的矛盾中，儒家宗法伦理提供了一套现成的解决模式，这就是张载《西铭》中的从天人合一落实到“天亲合一”。人的生存同时要解决人与自然的矛盾。作为自然万物平等的一员的我们，只有承认自己与自然界的生物一样享有相同的权利和价值，不以自然界的主人自居，我们才能正确解决人与自然之间的相互矛盾。二程认为：“仁者浑然与物同体。”① “仁者以天地万物为一体，莫非我也。”② 这正说明人与万物是一个血脉相连的整体，万物的生命与人类的生命之间的联系，如同人的头、脑、心、肺、四肢之间的关系一样，是紧密相连的。也就是说自然界如受到损害，人就会感同身受，也有切肤之痛。因为，自然万物与人一样都是天地父母所生，天地孕育了自然万物，人是自然万物的一员，是天地万物的同胞兄弟和同伴朋友。所以人类只有像关心自己的头、脑、心、肺、四肢一样来爱护自然万物，才是仁的真正体现。

二程说：“乾坤，天地也，万物乌有出天地之外者乎？人者，

① 程颢、程颐：《二程集》，北京：中华书局1981年版，第16页。

② 程颢、程颐：《二程集》，北京：中华书局1981年版，第15页。

位乎天地之间，立乎万物之上；天地与吾同体，万物与吾同气。”① 在他们看来，人与自然界合成一个有机的整体，人作为自然界的一部分，其产生、存在和发展是与自然万物紧密相连的，人类在这个自然界中长大，关心自然就是关心人类自己。人作为自然的一部分，只有将自然环境意识与伦理道德观念相互融合，才能做到像保护人自身一样来关心和保护天地万物。在这里，“天人一体”则由一种认识上升到了一种责任，一种道德规范。

那么，道德规范如何从人上升到自然万物呢？这是因为从人的生存环境进入生态关怀是一个自然的程序。人性与物性具有相通的一面，人要守“人伦”，自然万物则循“物理”。人与物相同，是由阴阳之气孕育而成。而作为天地中最灵之物的人与物是相同的，人与天地中物的区别便是大小不同而已。人与天地万物具有同样的特性，内在结构也是相通相同的，所以人与天地是可以相通相应、相互推想的。这么说来，天地万物像人类社会一样，同样具有伦理道德规范。

既然天地万物也有与人共通的伦理道德规范，宋代道学家们就开始意识到，运用道德手段来协调人与自然的和谐关系，并发挥儒家在生态保护方面的教育作用，达到人与自然的和谐，即人道主义最高理想的融合。只有这样，生态系统才会向着更有利于人类生存和社会发展的方向转变。与此同时，他们在环境保护实践方面也作出了一些努力。

人类活动在改变了人类生活方式的同时，也使得生存环境发生了一系列的变化。宋代道学家们在理论和实践中都有一种对人

① 程颢、程颐：《二程集》，北京：中华书局 1981 年版，第 668—669 页。

与自然和谐的追求，对生态系统渐趋失衡的忧患意识，进而想通过自己的努力来改变或拯救生态环境变化。不管他们的生态保护思想是有意识还是无意识的，他们留给我们的有益的一面，对于我们在如何保护好现在的生态环境，维护社会的可持续发展方面都有着不可低估的实用价值。

第三章　二程的生态伦理思想的理论来源

二程生态伦理思想的理论来源，一是对传统儒学的继承和发展；二是对佛、道、玄学思想的批判与吸收；三是对周敦颐天道性命之学的发展与弘扬；四是与同时代的学术流派的交流与吸纳。

第一节　对传统儒学的继承与发展

一、对《周易》思想的继承与发展

《周易》是儒家经典中最早阐述“天人合一”思想的，它包含的丰富的生态伦理思想，也极大地影响着中国文化的生态思想。二程通过对《周易》的阐释而展示出自己的生态思想。如程颢在深入解读《周易》和易学思想后，为我们展示的是一个充满了盎然生机的宇宙图景；将道德中的“仁”升华为天道性命之本，为仁的思想赋予了生态宇宙观的底蕴；将宇宙本体论和道德本体论合二为一，为我们展现的是一幅赋予了仁的整体宇宙图景。

二程对易学都高度重视，程颢说：“圣人用意深处，全在《系辞》。”① 他认为《系辞》所展现的正是天道的奥妙。程颐更是用了毕生的精力来研究易学，将易学作为载道之书，认为天地之道的奥秘便包含于其中。程颐说：“圣人作《易》，以准则天地之道。《易》之义，天地之道也。”② 他认为《周易》所说的天地之道，既是天地万物的普遍规律，也是人伦法则，即为人处世的起码原则。

程颐将《易经》中的义与天地之道相等同，认为：“《易》之义，与天地之道相似，故无差违，相似，谓同也。”③ 也即是说《周易》也是属于儒家的圣人之道，而天地之道则是《周易》和易学所研究的对象。二程阐述和发展《周易》的观点，主要体现在以下几点：

1. 阴阳和谐

《周易》的核心思想就是阴阳和谐。阴阳是气，是物质，阴阳又是代表宇宙的根本属性。《系辞上》所说的“一阴一阳之谓道”是指阴阳的和谐观念。它说明宇宙万物就是由阴阳组成，阴阳的相互作用才产生了生命。《周易》以阴阳和谐为基础构建了一个阴阳和合生物的宇宙模式。阴阳和合才能产生万物，其前提是阴阳有序，自然界和人类社会相处的秩序便是天与地、上与下、君与臣、刚与柔、善与恶、父与子、夫与妻等，他们之间的关系是相存于互补对应的和谐关系。不论是自然万物，还是人类

---

① 程颢、程颐：《二程集》，北京：中华书局2004年版，第13页。
② 程颢、程颐：《二程集》，北京：中华书局2004年版，第1028页。
③ 程颢、程颐：《二程集》，北京：中华书局2004年版，第1028页。

社会，只有贯通阴阳和谐，才能达到生态的和谐，从而人的存在才能称之为合天道。这便是《周易》所追求的最高境界。

程颐认为，无论是自然界还是人类社会，都有理贯通其中，这其中的理也包含阴阳在内。如此与彼、上与下、质与文等。程颐将阴阳的对立来作为万物万事变化发展的动力，将其称为生生之本。他对《周易·贲卦彖词》中讲的“文明以止”是这样解释的：“理必有对待，生生之本也。有上则有下，有此则有彼，有质则有文，一不独立，二则为文。非知道者，孰能识之？天文，天之理也，人文，人之道也。”① 他认为无论是天地万物还是人类社会都是生生不已而存在的。其原因便是“道”或“理”中有阴阳对待的存在。日月星辰、寒暑相异是天之“文”，即天之理；人伦社会秩序是人之“文”，即人之道。都是阴阳对待而又和谐的关系。程颐又说：“道二，仁与不仁而已，自然理如此。道无无对，有阴则有阳，有善则有恶，有是则有非，无一亦无三。”②

程颐认为天下任何一物均处在阴阳对立之中，有了阴阳的对立，才会有生生不已的变化。阴阳的相互作用，正是天地万物生生不已的不竭动力和源泉。而且阴阳之间同时产生也同时消失。为什么阴阳之间能导致宇宙的生生不息呢？这是因为阴阳本身就因为力量的不平衡而在性质上相反。阳代表着主导的一方，而阴则代表着被支配的一方，这种力量的平衡始终处在不平衡的运动过程中，这种运动的过程表现在以下两点：一是事物的生生不息；二是事物的发展和变化。天地人也正是因为阴阳的此消彼长而生生不息。

---

① 程颢、程颐：《二程集》，北京：中华书局，2004年版，第808页。
② 程颢、程颐：《二程集》，北京：中华书局，2004年版，第153页。

2. 天人本一

《周易·序卦》中言："有天地，然后万物生焉；盈天地之间者，唯万物。……有天地，然后有万物，有万物，然后有男女，有男女，然后有夫妇，有夫妇，然后有父子，有父子，然后有君臣，有君臣，然后有上下，有上下，然后礼义有所错。"

《周易》探索出的天地人三才之间的关系便是：天地相互作用后产生万物，作为万物之一的人产生后组成家庭进行繁衍，最后有了家庭和君臣关系的生成。这种关系为我们展示的是一个自然界与人相和谐的秩序。

《乾卦·彖辞上传》言："大哉乾元，万物资始，乃统天。"《坤卦·彖辞上传》言："至哉坤元，万物资生，乃顺承天。"乾，天也，故称乎父，坤，地也，故称乎母。《泰卦·彖辞》说："则是天地交而万物通也。"《咸卦·彖辞》说："天地感而万物化生。"

《周易》指出的是：天为乾父，母乃地坤，天地相互交感而化生万物，万物产生后才有了男女、夫妇、父子、君臣、上下、礼仪之别，天地作为万物的总父母，造就了整体大宇宙。于是，天地人相互连接，形成一个无限宏大的有机生命共同体。

二程将《周易》天人和谐的思想进一步发挥。程颢强调了天与人的共同存在，认为"天人本无二，不必言合"①。认为天人之间不仅有相互连接的作用，更认为它们本是一体，无所谓"合"。因为一旦说合，就说明天与人不是"一本"。程颐的"天人合一"思想与程颢相类似，但对"天人合一"的描述比程颢更具体。他

① 程颢、程颐：《二程集》，北京：中华书局2004年版，第81页。

认为人与天合就是体和，而不只是认识上的相合。他在《遗书》卷二中说："心欲穷四方上下所至，且以无穷，置却则得。若要真得，须是体合。"他所说的"体合"就是消除了主客观差异而达到精神上的同一。人如何做到与天地合一？他在《遗书》卷三中说："圣人之心，未尝有在，亦无不在，盖其道合内外，体万物。"圣人之所以能成为圣人，就是因为能达到与天地万物的"体合"。

3. 道器之辩

道器是中国哲学的一对重要范畴。《周易·系辞》说："形而上者谓之道，形而下者谓之器。"第一次将"道"与"器"赋予了哲学本体论的意义。"形而上者"就是万物的变化过程，是无形的精神本体。"道"的意思正是表示宇宙万物进退的过程；"形而下者"就是事物的存在状态，是宇宙万物有形的存在，"器"的意思是事物的存在状态。无穷的天道是不具有具体的形态的，所以用"形而上"来表示。暂时的有形器物有自己的形态，即存在状态。所以具体之"器"则都是暂时的。在中国哲学史上，道器的关系问题是一个很重要的问题。历代的思想家都从各自不同的角度论述了这个问题。唐代孔颖达在《周易正义》中说："道是无体之名，形是有质之称。凡有从无而生，形由道而立，是先道而后形，是道在形之上，形在道之下。故自形外已上者谓之道也；自形内而下者谓之器也。"这个解释对后来有一定的影响。

到了宋明时期，理学家们将其作为建立本体论的基础之一，对道器关系又赋予了新的涵义，从而对宋代的哲学产生了深远的影响。程颢从理本论的角度对道器关系进行了解释："《系辞》曰：'形而上者谓之道，形而下者谓之器。'又曰：'立天之道曰阴与阳，立地之道曰柔与刚，立人之道曰仁与义。'又曰：'一阴一阳之谓道。' 阴阳亦形而下者也，而曰道者，惟此语截得上下最分明。原来只此是道，要在人默而识之也。"[①] 程颢认为道器的关系就是形而上和形而下的关系。形而上是超出形体以外的抽象的东西，看不见也摸不着；而形而下却相反，是没有超出形体的具体的东西，指的是具体的事物。道器的关系与道和阴阳的关系也是一致的。道是看不见的精神存在，而阴阳则是气，是形而下的存在。从哲学的角度来说，形而下的东西都是物质的、具体的东西，是"器"；而抽象、普遍的东西则是形而上的东西，是"道"。如：天与地、阴与阳以及自然万物都是能看见并感受得到的东西，则称之为"器"。而事物的规律、本质、精神上的东西则属于形而上的"道"。但是，程颢并没有将道器真正分离开来，只是在思维逻辑上将其区分开来。他认为道的发育流行无处不在，道器相即而不相离。他说："故说神，'如在其上，如在其左右'，大小大事，而只曰'诚之不可掩如此夫'。彻上彻下，不过如此，形而上为道，形而下为器，须著如此说。器与道，道与器，但得道在，不系今与后，己与人。"[②] 这就是说道器虽有形上与形下之分，但实际上，道器是相即而不相离的。器中有道，道中也有器。道作为形而上的概念，与时间、空间无关，人们可在思维中将道器相分，但在实际中，道器是浑然一体、不可分离的。道是万物产生和存在的根据，其存在不受时间和空间的任何限制。这种道器观对后世的影响也很大。程颐认为道器的关系也就是理气的关系。在宇宙论中也提出了"有理则有气"的观点，

① 程颢、程颐：《二程集》，北京：中华书局2004年版，第118页。

② 黄宗羲：《宋元学案》卷十三，北京：中华书局1996年版，第549页。

认为理气是不可分离的。但理气也有先后的问题，先有理然后才有气。他说："有理则有气。"[1] 程颐所确立的宇宙生成模式便是"理—气—万物"。他在本体论思维方式的基础上提出理能生气，气又能生万物。理蕴含在万物之中，是万物存在的根据。二程的这种道器观点实质上是相通的。他们的道器观对后世的影响也很大，引发了后来学者道器之辩的争论。

二、对孔孟儒学的传承与发展

孔子开创了儒家学派，孔子之后儒学分为八派，最著名的有孟子与荀子。宋代新儒学特别推崇的是孔孟儒学。

1. 对"礼"的传承

孔子继承"周礼"，宣扬"仁义"和"礼乐"，主张实行"德治"和"仁政"，将伦理与政治结合起来，较为正宗地接受了殷周文化的传统，反映了中国古代宗法社会的客观需要。孔子提出以"礼"为核心的思想学说，目的是为了恢复周礼。儒家的"礼"不仅体现了仁的生态实质，也具有生态方面的意义。孔子的《论语》说："尔爱其羊，吾爱其礼。"这句话并不是说儒家将爱局限于人，而是对礼所维持的秩序，是对和谐的固守和维护。儒家的"礼"是理性的，是因为这种"礼"对人类的欲望有一定的限制。这种限制所依据的原则就是要人们遵循天时，遵循自然万物的生长规律，从而使资源达到合理分配而处于可持续的状态。儒家认为圣王只有顺天而治，才能使天地万物各遂其性而达到天下和顺的目的。儒家的"礼"带有很大的规范性，体现着儒

① 程颢、程颐：《二程集》，北京：中华书局2004年版，第1030页。

家的“仁”，这样社会才能维护正常的秩序，达到和谐。“仁”决定着“礼”的本质，并靠“礼”来完成。也就是说一个人即使有着善良的本性，如果没有“礼”对其进行约束和调理，这个人也很容易走向不好的一面。如果人有了“礼”的规范，发挥他在自然万物中该起到的作用，对自然万物也能起到一定的保护作用。这便是先秦时期“礼”的生态性。

2. 对“仁”学的继承与发展

“仁”作为儒家思想的基本观念，在儒家思想中占有重要的位置，影响也极为深远。最初的“仁”在先秦的典籍中出现，指的是人的善良的德行和美好的品性。到了春秋时期，随着敬德思想的盛行，仁的概念有所扩展，成为了为人处世的美好德性的体现。作为儒家创始人的孔子，仁则成为了主体的自觉意识和人的最高德性。孟子在《孟子·告子上》上也提出：“仁，人心也。”即将仁与心相连接，使仁义礼智成为性的内涵，进而提出性善论。

孔子在《论语·雍也》中提倡“爱人”“己欲立而立人，己欲达而达人”。他在“克己复礼”中提到的仁，既蕴含各种道德行为和精神品质的总体，又是人的一种道德生活方式和人生境界，是人在道德实践中的最高标准。孔子的仁学思想自西周以来，以强调天命和提倡敬德作为背景，倡导的是以仁义之心善待他人，肯定人生的个体生命价值和践履。

仁学思想在孟子那里得到了进一步发展，孟子将孔子的仁义观念与义、礼、智、信相互整合，论证了仁学思想的道德根基，将仁德恻隐之心融入仁学之中。在《孟子·告子上》中指出“仁义礼智非由外铄我也，我固有之也”，在《孟子·尽心上》中提出“仁义礼智根于心”，认为仁便是人生最可贵的善的根源，这就为仁提供了伦理根基，肯定了个体生命的价值。

到了宋明发展时期，“仁”也成为了新道学的讨论话题。周敦颐说：“爱曰仁。”张载在《正蒙·天道》中说：“仁之至也，爱道之极也。”“以爱己之心爱人则尽仁。”由此看来，孔子“仁者爱人”的观点对他们的影响是很大的。张载在《张载集》的《横渠易说·系辞》中认为：“天体物不遗，犹仁体事无不在也。”“仁以敦化为深，化行则显。”由此看来，他已经将仁道与天道相贯通。

二程道学也接受了以孔孟为代表的儒家“仁”学的传统，在孔孟“仁学”思想基础上，将以“仁”为主的包括仁、义、理、智等的儒家伦理上升到了天理，仁义道德变成了天理内容，天理变成了仁义的根据。程颢正式提出“学者须先识仁，仁者浑然与物同体”①，“仁”由作为伦理的概念变成了宇宙本体论的依据。程颢仁学思想继之于孔孟之道，在前儒的基础上，提出了异于前人的不同解释，将仁德思想进一步丰富和升华，认为仁是道德，但同时也是形上的本原。由此，仁便有了宇宙终极的本体根据和根基，这便是天之为天，万物之为万物，人之为人的理论价值依据。程颢将仁学思想体现在他的宇宙观中，为我们开启了一个活泼的宇宙图景，“仁”在这个充满无限生机、洋溢盎然生意的整体宇宙图景中，体现的是生化不已之仁和道德本体之仁。这便是程颢在“仁”中阐释宇宙生生之意的内涵。

二程在新道学的创立过程中，汲取了佛、道的某些思想源泉和理论，但其主要的来源还是以孔孟儒学为思想源头的先秦儒

① 程颢、程颐：《二程集·遗书·识仁篇》卷二上，北京：中华书局1981年版，第17页。

学，所以二程的新儒学与孔孟之道是一脉相承的。

二程的新儒学对先秦儒学的进一步发展表现在：先秦儒学虽讲人性本善，却没有把儒家伦理与哲学本体论相结合，在思辨哲学作论证上不及宗教思想，这样便使得儒家纲常伦理常受到佛、道的挑战，儒家文化的正统地位也常被动摇。为改变这种局面，二程把对儒学的传承发展作为己任，主要表现在以下方面：一是在继承唐代韩愈宣扬的儒家“道统”说的思想上，以批判佛教为己任；二是在汲取和借用了佛、道精致的思辨哲学、哲学本体论、理事说、心性说等的基础上批判佛老，汲取佛、道的思辨哲学，建立起完整的道学体系；三是以先秦儒家伦理为本位，从哲学的高度来探讨世界的本原和社会的治理等重大问题，将哲学本体论与儒家伦理学统一起来，从而使先秦儒学得到了进一步的发展，将孔孟儒学发扬光大。

三、对汉代儒学的批判与继承

真正使儒家思想成为封建社会主要统治思想的是汉代儒学。汉代儒学之所以能成为显学，一方面是董仲舒提出了“天人感应”和“人副天数”的思想，对儒家的“天人合一”的主旨有承上启下的作用；另一方面，将神学的含义赋予到社会关系中，将封建等级关系神秘化，提出“君权神授”，将阳尊阴卑的等级观念运用到统治阶级的封建等级关系中，将人们不能控制的自然现象说成“神权”。由此将神权与君权连接在一起，为封建统治者的统治找到了合理的依据。

汉武帝采纳了董仲舒“罢黜百家，独尊儒术”的建议，将汉代儒学作为封建政治的意识形态，汉代儒学从此成为了中国封建社会的统治思想。同时，汉代儒学也吸收了各个学派的有益观念，取长补短，逐渐发展成为一门显学，成为中国儒学发展的第二个重要阶段。汉代儒学的代表理论即是董仲舒的“天人感应”论，虽在主观上带有神学色彩，但却为后来儒学的天人合一思想的理论发展打下了根基。

二程对汉代儒学是既有批评也有继承。他们对汉儒的评价不高，认为“汉儒如毛苌、董仲舒，最得圣贤之意，然见道不甚分明。下此，即至扬雄，规模窄狭”①。他们对董仲舒的天人感应论也有所批评，认为：“自汉以来，无人知此。董仲舒说天人相与之际，亦略见些模样，只被汉儒推得太过。亦何必说某事有某应？”②

二程继承汉儒的方面主要是政治观念与伦理观念：一是认为董仲舒的义利观得到了先秦孔孟的精髓，对其进行了充分的肯定和赞扬，二程说：“董仲舒曰：‘正其谊，不谋其利；明其道，不计其功。’此董子所以度越诸子。”③ 二程充分肯定了董仲舒的正义明道不计功利的价值观，并将其作为自己价值观的重要内容之一，开启了宋代道学的义利之辨。二是二程将董仲舒的三纲五常观念和尊王思想纳入自己的道学思想体系。董仲舒在《春秋繁露·基义》中说：“王道之三纲，可求于天。”他将王道之三纲说成是上天的意志，这便为王权提供了神学根据，为建立大一统政治提供了理论基础。程颐指出：“书‘春王正月’，示人君上奉天时，下承正王。明此义，则知王与天同大。”④ 程颐强调的是王奉

① 程颢、程颐：《二程集》，北京：中华书局2004年版，第7页。
② 程颢、程颐：《二程集》，北京：中华书局2004年版，第304页。
③ 程颢、程颐：《二程集》，北京：中华书局2004年版，第324页。
④ 程颢、程颐：《二程集》，北京：中华书局2004年版，第1086页。

天时，与天同大。这与董仲舒的三纲五常观念和尊王思想有异曲同工之妙。

在治学方法上，二程批判了汉儒重训诂疏证而轻义理阐述的疏经注传的儒学。他们倡导的义理之学，实际上是儒学旗号下的思想创新。他们认为他们阐述的天道性命之学是直接孔孟真传的。程颐在《明道先生行状》中说："周公没，圣人之道不行；孟轲死，圣人之学不传。道不行，百年无善治；学不传，千载无真儒。无善治，士犹得以明夫善治之道，以淑诸人，以传诸后；无真儒，天下贸贸然莫知所之，人欲肆而天理灭矣。先生生千四百年之后，得不传之学于遗经，志将以斯道觉斯民。天不慭遗，哲人早逝。乡人士大夫相与议曰：道之不明也久矣。先生出，倡圣学以示人，辨异端，辟邪说，开历古之沉迷，圣人之道得先生而后明，为功大矣。"①

二程对汉代儒学的发展实际上就是将新儒学的义理与儒家经书的研究结合在一起，对重训诂注疏、轻义理的汉学流弊进行了纠正。对汉儒董仲舒在《春秋繁露·深察名号》中的"天人之际，合二为一"进行了改造与升华，将哲学与伦理合二为一，为理学的天人关系论的发展提供了一个重要的理论依据。

① 程颢、程颐：《二程集》，北京：中华书局2004年版，第640页。

第二节　对佛、道、玄学思想的批判与吸收

一、二程的生态伦理思想与佛教

佛教自汉代传入中国，到了北宋时期已经十分兴盛。生活在北宋时期的二程也受到了很大的影响，对佛教是一种既排斥、又吸收的态度，促进了儒佛融合。这种文化走向，有助于宋代道学的产生和发展。

卢连章认为："二程在建立道学体系时，对佛教思想采取批判兼吸收的态度。其中，批评的是佛教的出世主义、轮回报应等思想；吸收的是禅宗、华严宗的本体论、心性论。但二者相较，程颢更多地吸取了禅宗的佛性、真知、本性、本心等本体论、心性论的形式，使他的思想倾向了心本论，程颐则更多地吸取了华严宗的理法界、事法界、理事无碍法界、事事无碍法界等本体论、心性论的形式，从而形成了理事二分的理本论。"①

二程对佛教批判的态度表现为以下两点：

一是对二程对佛教的宇宙观和价值观进行了批判。程颢对佛家"万物之生亦是幻"的观点以及当学禅者"草木鸟兽之生，亦皆是幻"的观点进行了反驳："子以为生息于春夏，及至秋冬便却变坏，便以为幻，故亦以人生为幻，何不付与他。物生死成

---

① 卢连章：《二程理学与佛学思想》，《中州学刊》2004年第1期，第125页。

坏，自有此理，何者为幻?"① 还说："天地之间，非独人生为至灵，自家心便是草木鸟兽之心也，但人受天地之中以生尔。"② 二程认为自然万物是有其生长变化规律的，并不是佛家所说的"空幻"。不以万物生长之道来论性，是寻求不到性命之学真谛的。所以程颢说："圣人以茂对时育万物，各使得其性也。"③ 程颐也说："无妄者至诚也，至诚者天之道也。天之化育万物，生生不穷，各正其性命，乃无妄也。人能合无妄之道，则所谓'与天地合其德'也。"④ 二程均认为佛家将人与自然相分割是错误的，因为人与自然万物本就是同一整体。

二是佛教认为世界的常住直说是不合理的，二程则认为自然界的万事万物不但真实存在，而且是有不断生死变化的历程。二程说佛学"始以世界为幻妄，而谓有天宫，后亦以天为幻，卒归之无"⑤。"释氏言成住坏空，便是不知道，只有成坏，不住空。"⑥ 消长盈亏是事物的唯一变化。曰："成坏则可，住与空则非也。如小儿既生，亦日日长行，元不曾住，是它本理只有一个消长盈亏耳，更没别事。"⑦ 二程认为："生生之理，自然不息。如复言七日来复，其间元不断续，阳已复生，物极必返，其理须如此。"⑧ 又举例说："且如草木初生既成，生尽便枯坏也，他以

---

① 程颢、程颐：《二程集》，北京：中华书局 1981 年版，第 3—4 页。
② 程颢、程颐：《二程集》，北京：中华书局 1981 年版，第 4 页。
③ 程颢、程颐：《二程集》，北京：中华书局 2004 年版，第 121 页。
④ 程颢、程颐：《二程集》，北京：中华书局 2004 年版，第 822 页。
⑤ 程颢、程颐：《二程集》，北京：中华书局 1981 年版，第 408 页。
⑥ 程颢、程颐：《二程集》，北京：中华书局 1981 年版，第 195 页。
⑦ 程颢、程颐：《二程集》，北京：中华书局 1981 年版，第 35 页。
⑧ 程颢、程颐：《二程集》，北京：中华书局 1981 年版，第 167 页。

谓如木之生，生长既足却自住，然后却渐渐毁坏。天下之物，无有住者，婴儿一生，生一日便是减一日，何尝得住？然而气体日渐长大，长的更长，减的自减，自不相干也。”① 认为自然界并不是虚妄的，而自然界中自然万物的自然生成变化规律是自然界的常理，正如他所述：“只如一株树，春华秋枯，乃是常理，若是常华，则无此理，却是妄也。”②

二程对佛教的吸收改造表现为以下三点：

一是对佛教万物平等思想的吸收。佛教中的众生平等的思想对解救人类的生态危机有着不可低估的作用。佛教的轮回思想认为人与动物本源相通，万物之间是相依相存、共生共荣的关系，万物彼此相连成一个不可分离的整体。乃至于每个人都与社会，甚至与自然界的一草一木都紧密相连。人的生存和发展，也离不开与社会和自然界的共存和联系。二程的“万物一体”论在生态思想中也有体现。

在程颢看来，人是自然界的组成部分，不能离开自然界而单独存在。“天地之外，便是不识天地也。人之在天地，如鱼在水，不知有水，直待出水，方知动不得。”③ 这个比喻充分说明了人与自然界的关系就像鱼和水的关系，是生存者与生存母体之间的关系。这也说明，人不能离开的母体就是自然界。人和自然界之间的关系是共生共存的关系。

二是克服个人贪欲，有效利用资源。佛教将“贪”作为损害人类健康的因素，这就是告诉人们不要有太多的欲望。而对于一

① 程颢、程颐：《二程集》，北京：中华书局 1981 年版，第 195 页。
② 程颢、程颐：《二程集》，北京：中华书局 1981 年版，第 408 页。
③ 程颢、程颐：《二程集》，北京：中华书局 2004 年版，第 43 页。

个修行者来说，过多的欲望也会阻碍他的解脱，甚至可能带来灭绝性的灾难。因为欲望无所不在，人很容易被它所控制。为满足自己的欲望，人类往往无所不用其极。佛教把贪欲横流的世界喻之为“火宅”，这到了最后，负担还是会落到大自然身上，因为唯一给我们提供生产资料的是大自然。二程的“存天理，灭人欲”的理欲观也认为，人的欲望要合理合法，不能过度。二程也承认人欲的合理性的一面，但从整体上来看，认为人欲和天理是对立的。而“私欲”有害而无利。所以要从各方面来限制人欲，进而消灭私欲。程颐说：“无人欲即皆天理。”[①] 认为人欲和私欲的膨胀带来的危害很大。人们只有将其消灭，控制自己的私欲，勤俭节约，减少对生产资料的浪费使用，才可以使天理复明。

三是尊重自然，与自然万物和谐共处。佛教中有一条戒律规定：“不败自然相，相应度无极。”自然界的正常运转，才会有生命的生存。人类和生态万物和谐发展相处，整个世界才会在正常的轨道上发展。佛家的缘起论也提到了世界是一个由各种条件组成的结构体，人与自然万物紧密相连。犹如生老病死的轮回和春夏秋冬的更替，都是合乎自然，不是某个最高存在物可以主宰控制的。因此，我们要保护自然界的一切生物，保护自然生态就是保护自己本身。在二程的思想体系中，人与自然的和谐观念就是他们生态意识的主题和目的。在二程看来，尊重自然，与自然和谐共处不仅是一种认识，更应是一种责任和道德规范。二程认为，自然界就是一个有机整体，而人就是这个有机整体的一部分，人关心自然就如同关心自己。在这一点上，二程的生态伦理思想与佛教的生态伦理思想并无二致，都认为关心万物，与自然

① 程颢、程颐：《二程集》，北京：中华书局2004年版，第144页。

和谐共处，才是可取之道。

二、二程的生态伦理思想与道家

道学产生于先秦，流传到汉代产生了道教，道教与道家既有联系又有区别，后人统称之曰道家。儒道两家的生态伦理思想是中国传统生态伦理思想的两个重要流派。它们之间同中有异，相互补充，各具特色。它们的相同点是都坚持“天人合一”的生态观点，认为人类都应尊重自然，主张人与自然的和谐共生，并对人以外的生物给予道德关怀。不同点是儒家的生态伦理观点带有政治伦理色彩，而道家的生态伦理观点则带有自然主义的色彩。

以道为宇宙本体，以及“道法自然”的思想是道家的重要生态伦理思想。二程在创立新儒学的同时，发现旧儒学缺乏哲学本体论作依据，则汲取了道家的思想，在创立天理论哲学体系的同时，又汲取了道家及道教以道为宇宙本体、道生万物的思想。程颐说：“道则自然生万物……道则自然生生不息。”[①]

他认为道作为宇宙万物的本原，道生万物是自然而然产生的。他将道与理相互等同。又问：“‘天道如何？’[②] 曰：‘只是理，理便是天道也。’”[③] 认为理与道同样具有儒家伦理的涵义。“且如五常，谁不知是一个道。”[④] 在汲取了道家、道教哲学的本体论后，二程又将道德内涵注入儒家生态伦理思想中。二程在接受道家、道教的道论时，只是对其哲学本体论的形式进行了汲

① 程颢、程颐：《二程集》，北京：中华书局2004年版，第149页。
② 程颢、程颐：《二程集》，北京：中华书局2004年版，第290页。
③ 程颢、程颐：《二程集》，北京：中华书局2004年版，第290页。
④ 程颢、程颐：《二程集》，北京：中华书局2004年版，第223页。

取，而将儒家伦理作为道的基本内容。

二程一方面批判道家的道与仁义不能并存的思想，另一方面对道家哲学的道本论形式又倍加赞赏。指出："庄生形容道体之语，尽有好处，老氏'谷神不死'一章最佳。"[①] 认为庄子在对道体进行描述时虽然无礼无本，不讲礼义道德，但论述还是比较得体的。并指出其中《老子》"谷神不死"这一章最佳。所谓谷神不死便是认为道（谷神）的精神永恒存在，作为万物产生的总根源，具体事物是有限，而产生万物的道却是无限的。二程对《老子》"谷神不死"这一章的肯定，也就是对道本论哲学的肯定。

除了汲取道家以道为宇宙本体、万物本原的思想外，二程还将老子"道法自然"的思想中的人间伦理与天道自然结合起来，加强了儒家生态伦理思想的客观性和必然性。

二程赞成道家的观点，认为道生万物是自然，所以认为天理也是自然，"天理自然当如此"[②]。认为儒家伦理是自然而然的天理，人们只能尊重自然顺应天理，而不得违背它。

二程赞同道家的自然原则并把它引进天理论，将人类社会的道德规范作为自然界的普遍规律，这种道德规范是不以人的意志而转移，像尧这样的圣人或桀这样的恶人的意志也无法转移，这就使得儒家伦理的自然权威得到加强。儒家伦理作为自然的客观规律，天下之人都在天理的笼罩范围。这比董仲舒的王道之三纲与有意志神学之天的思想前进了一步。儒道思想的融合也就是道教自然之道与儒家伦理的相互结合，这种结合不仅为宋代道学的

① 程颢、程颐：《二程集》，北京：中华书局2004年版，第64页。
② 程颢、程颐：《二程集》，北京：中华书局2004年版，第30页。

确立创造了条件，而且也为中国生态文化思想史上本体论与伦理学、自然与人文的结合开辟了道路。二程汲取了道家的自然思想，但其特点却侧重于伦理，并服从于伦理。

对待道家思想，二程虽不像排佛那样严厉，但也对道家提出了批评，二程说："今异教之害，道家之说则更没可辟，唯释氏之说衍蔓迷溺至深。今日是释氏盛而道家萧索。"①

三、二程生态伦理思想与玄学

魏晋玄学是中国魏晋时期出现的一种崇尚老庄的思潮。他们继承了道家的老、庄哲学，并有所发展，建立了许多不同的学派。但他们有一个共同点便是崇尚自然，并在此基础上完成了天人合一之学，表现出玄学特有的生态意识。二程与玄学的关系也是既有批评又有借鉴的关系。

玄学在魏晋时期兴起，当时的玄学家把老子的"有生于无"、道生万物的宇宙生成论发展成为体用论哲学，试图用该哲学解决宇宙万物的本质和统一性问题。这种哲学对二程也产生了一定的影响。王弼的贵无论思想通过《老子注》指出："天下之物，皆以有为生。有之所始，以无为本。将欲全有，必反于无也。"王弼将道与自然相联系，在崇尚自然的同时，主张"礼法"名教与自然结合，倡导"名教出于自然"，这样便形成了魏晋玄学时期的名教与自然之辩。其争辩的目的是希望能解决儒家的名教与道家的自然之间的相互关系。

先秦时期，孔孟贵于名教，老庄明在自然，这就使得中国文化有了两条发展线索。汉初黄老之学提倡自然，希望这种思想能

① 程颢、程颐：《二程集》，北京：中华书局2004年版，第38页。

为无为政治服务；汉武帝则标举名教，开启了儒术独尊的先河。到了魏晋时期，王弼把道家自然作为儒家名教的依据；嵇康则公开摆脱名教的束缚，以老庄为师，提出“越名教而任自然”的思想，认为儒家名教违背人的自然本性，要求从名教的束缚和压抑下解放出来，以恢复人的自然本性。“越名教而任自然”的思想后来成为魏晋名士“放浪形骸”的依据，形成了魏晋名士们不拘礼节的“放达”之风。裴頠、郭象则提出“名教即自然，自然即名教”的思想，目的是为了调和名教与自然的矛盾，将儒家名教与道家自然熔于一炉，为后来儒、道思想之间的相互沟通与融合，起了先导的作用。这对二程道学思想也产生了深刻的影响。

二程对魏晋玄学废弃礼法的思想提出了批评。程颐说：“秦以暴虐，焚《诗》《书》而亡。汉兴，鉴其弊，必尚宽德崇经术之士，故儒者多。儒者多，虽未知圣人之学，然宗经师古，识义理者众，故王莽之乱，多守节之士。世祖初起，不得不褒尚名节，故东汉之士多名节。知名节而不知节之以礼，遂至于苦节，故当时名节之士，有视死如归者。苦节既极，故魏、晋之士变而为旷荡，尚浮虚而亡礼法。礼法既亡，与夷狄无异，故五胡乱华。”① 程颐认为魏晋名士崇尚浮虚的东西，这也就是批评玄学以无为本的思想；玄学以自然为本，以名教为末，以至于使理法丧失，与夷狄无异，造成内乱纷争，使得各少数民族乘机起兵，使得中原大乱。二程在批评玄学废弃礼法之弊的同时，揭示玄学的产生实际上是针对汉代过度提倡名教，以至于“苦节既极”。二程在批评玄学“尚浮虚而亡礼法”的同时，又要寻找其弊病产生的原因并将其克服。二程吸取道家自然的思想，是在对玄学融合

① 程颢、程颐：《二程集》，北京：中华书局2004年版，第236页。

儒道的借鉴的基础上，将道家自然的思想纳入其天理论的哲学体系之中。唯一的区别便是，玄学折中儒道是以道家自然为主，二程融合儒道是以儒学义理为主。

对于玄学的清淡以致误国的弊端，二程也提出了批评。说："呜呼！清谈甚，晋室衰，况有甚者乎？"[①] 认为清淡玄风脱离实际而误国。这说明二程道学的兴起不是以清淡作为宗旨，而是在反对清淡的基础上，提倡穷经致用以达于政事的。

二程认为魏晋玄学不应用道家的思想对儒家经典进行解释。二程提出："自孔子赞《易》之后，更无人会读《易》。先儒不见于书者，有则不可知；见于书者，皆未尽。如王辅嗣、韩康伯，只以庄、老解之，是何道理？"[②] 程颐对王弼的思想有批评也有继承。批评的是王弼不该以老庄思想解释《周易》的治《易》路数，赞同的是王弼排斥象数的治《易》方法。在汲取了王弼提倡的义理的基础上，提出了"体用一源，显微无间"的易学方法论原则，将理为体，将象为用，理象之间的关系是相互融合又不可分离，体用之间是相互区别又融合为一的。这便是程颐"体用一源，显微无间"的思想。这种思想作为易学方法论的原则，对程颐形成关于理气关系结合哲学本体论的理论框架，立学"以天为本"的本体论产生了极大影响，对理学思想也产生了极大影响。这也是魏晋玄学对中国儒学所起的作用之一。

① 程颢、程颐：《二程集》，北京：中华书局2004年版，第1196页。
② 程颢、程颐：《二程集》，北京：中华书局2004年版，第374页。

第三节　对周敦颐天道性命之学的发展与弘扬

一、对周敦颐太极诚体道德本体论的发展

周敦颐是宋代道学的开山鼻祖，二程作为周敦颐的学生，直接继承、发展与弘扬了周敦颐的天道性命之学。程颢所开创天理论与周敦颐有更多的相通之处。①

周敦颐在《太极图说》中提出“以太极立人极”。刘蕺山解释说：“惟人得之以为人，则太极为灵秀之钟，而一阴一阳分见于形神之际，由是殽之为五性。而感应之涂出，善恶之介分，人事之所以万有不齐也。”② 周敦颐在太极化生过程中对“人”的环节的贯通开启了对人道、人极的新的论述。由人的化生而逆推到阴阳、五行、太极乃至万物。太极之道则因人的化生而彰显出来。

“太极”是化生、统摄天地万物的本原，“人极”则是个体道德追求的最高理想。周敦颐的“人极”即将人性定义为诚，对“诚”之性进行了本体层面的描述。二程对周敦颐太极与诚的思想有继承也有发展，主要体现在天理本体论和“天人一体”论上面。

① 二程传周敦颐道学，南宋朱熹和张载已经提出，后人从不同的角度对此问题有怀疑者。陈谷嘉《宋明理学史》和杨柱才《道学宗主》二书对此考辨甚详，均认为朱张的说法基本上是成立的。

② 《周敦颐通书·附录·太极图说》，上海：上海古籍出版社 2000 年版，第 49 页。

周敦颐用“诚”来贯通天道人道。《中庸》虽将“诚”提升到性与天道的层面，但它对性与天道如何统一以及统一的具体环节并未作出详细说明。周敦颐在论述过程中，将“诚”与“乾元”相联系，认为“乾元”出就是太极，也就是“一阴一阳之谓道”中的“道”。乾道即天道。“诚”源于作为天道的乾元。“‘大哉乾元，万物资始’，诚之源也。”①“诚”因此被赋予了宇宙本体的意义。

周敦颐认为，在社会生活中，只有遵守了仁、义、理、智、信的具体道德规范的行为才能称之为“诚”。如与“诚”相背离，则意味着这样不仅违背了人的本性，还意味着与天道逆行。周敦颐通过这样的解释以“诚”为媒介把“性”与“命”连接起来，这样，儒家伦理道德便由此而上升到绝对至上的天道位置，同时又是对人的本性的追问。

二程在前人的基础上对“诚”做了进一步的探讨。他们赞同张载关于宇宙本体是“实”的观点，却反驳了张载提出的“气”是宇宙本体的这一观点。他们认为气既有聚也是有散的，并没有定式，也不可能成为绝对的宇宙本体。认为只有“理”才是宇宙的本体。“天地之化，自然生生不穷，更何复资于既毙之形，即返之气，……自然能生，往来屈伸只是理也。”② 理者，实也，本也。③“理”为宇宙之本，理相似于周敦颐的诚，但更强调其规律性。

周敦颐提出“无妄则诚”，程颢也用“无妄”来释诚：“无

① 周敦颐：《周敦颐集》，北京：中华书局2009年版，第14页。

② 程颢、程颐：《二程集》，北京：中华书局2004年版，第148页。

③ 程颢、程颐：《二程集》，北京：中华书局2004年版，第125页。

妄者至诚也，至诚者天之道也。天地化育万物。生生不穷，各正其性命，乃无妄也。”① 天地万物的产生和变化有其自身的变化规律，这种规律就是无妄。将“诚”派生万物的能动性与客观规律性结合在一起，形成了程颢的天理论，所以他把诚称之为“实理”。

“诚”是“天之道”，程颢说：“道则自然生万物。今夫春生夏长了一番，皆是道之生，后来生长，不可道却将既生之气，后来却要生长。道则自然生生不息。”② 天道的发育流行本是一个自然而然的过程，理学家们将这种按规律流转运动的过程所具有的自然属性称为“诚”，并将其伦理化。朱熹的高足陈淳在《北溪字义》上说：“诚字本就天道论，‘维天之命，于穆不已’，只是一个诚。天道流行，自古及今，无一毫之妄。暑往则寒来，日往则月来，春生了便夏长，秋杀了便冬藏，元亨利贞终始循环，万古常如此，皆是真实道理为之主宰。如天行一日一夜，一周而又过一度，与日月星辰之运行躔度，万古不差，皆是真实道理如此。又就果木观之，甜者万古甜，苦者万古苦……万古常然，无一毫差错，便待人力十分安排撰造来，终不相似，都是真实道理，自然而然。”从周敦颐到二程再到后来的理学家，都坚持阐述“诚”的天道本体意蕴。

天理作为宇宙之本，是程颢对周敦颐本体的一种发展。天理是靠什么来派生万物，进而生生不息的呢？程颢曰：“至诚感

---

① 程颢、程颐：《二程集》，北京：中华书局2004年版，第181页。

② 程颢、程颐：《二程集》，北京：中华书局2004年版，第149页。

通。"[1] "诚者合内外之道，不诚无物。"[2] "天地之所以不已，盖有恒久之道。"[3] "诚，神不可语也。"[4] 在程颢的范畴体系中，"神"的功能便是化育万物："神者妙万物而为言者也。"[5] 二程将天理作为宇宙本体，用诚这一范畴与具有化育万物、生生无穷之本性的天理结合，"诚者，实理也"[6]。"自性言之为诚，自理言之为道，其实一也。"[7] "诚"即是天理的根本道德属性，天理派生万物的缘由。程颢发展了周敦颐的道德本体论，这种道德本体论是以太极诚体贯通天道与人性。而以天理取代诚的原因便是与万物浑然一体的诚注重的是化生功能。天理则更注重形上与形下的区分，二程从道器、理气的关系上，展开天理论的形而上学的本体论证。

程颢说："天者理也，神者妙万物而为言者也。"[8] 神是形而上的，气是形而下的，形而上的神不能离开形而下的气，程颢说："气外无神，神外无气。或者谓清者神，则浊者非神乎？"[9] 超越的形而上分别有天、理、道、诚、神、性等不同的称谓，最终形而上落实为形而下，这样才使得道不离器、神不离气。程颢的天理论有了比周敦颐诚论更精致、更明晰、更系统的理论分析。

---

① 程颢、程颐：《二程集》，北京：中华书局2004年版，第196页。
② 程颢、程颐：《二程集》，北京：中华书局2004年版，第201页。
③ 程颢、程颐：《二程集》，北京：中华书局2004年版，第368页。
④ 程颢、程颐：《二程集》，北京：中华书局2004年版，第35页。
⑤ 程颢、程颐：《二程集》，北京：中华书局2004年版，第98页。
⑥ 程颢、程颐：《二程集》，北京：中华书局2004年版，第1169页。
⑦ 程颢、程颐：《二程集》，北京：中华书局2004年版，第78页。
⑧ 程颢、程颐：《二程集》，北京：中华书局2004年版，第178页。
⑨ 程颢、程颐：《二程集》，北京：中华书局2004年版，第168页。

那么，形而上是如何转变为形而下的？程颢则从实践的、活动的意义上说明，本体从超越到具体，是形上到形下的展现过程。“‘日新之谓盛德，生生之谓易，阴阳不测之谓神。’要思而得之。”① 形上本体则能生生不息，展现为具体情景下的万事和器化的万物。本体和现象的完全统一则强调了理的具体性，表现了先验性与经验性的统一。

天理是最高范畴的宇宙本体，它包含百理，也可以把“诚”包含在内。这是二程本体论的创新，但仍然看到周敦颐“诚”论的影响。程颢说：“所谓万物一体者，皆有此理，只为从那里来，生生之谓易。生则一时生，皆完此理。”② “天理”与周敦颐的“诚”一样都是天地生生之道的一种概括，是贯彻天道与人性的共同本体。

从周敦颐的“太极”“诚体”到程颢的“天理”“仁体”，宋代新儒学的宇宙本体论都蕴涵了“天道生生不息”这一有机论的内容。其道德本体论把人对自然万物的关爱作为人性道德的重要组成部分，因而使天道性命之学必然向生态伦理领域延伸。

二、对周敦颐“寻孔颜乐处”生态价值观的弘扬

程颢对周敦颐生态伦理的弘扬主要表现在对“寻孔颜乐处”的价值观的弘扬。二程从学于周敦颐时，周敦颐每令二程“寻孔颜乐处”。二程说：“昔受学于周茂叔，每令寻颜子、仲尼乐处，所乐何事？”③ 何为“孔颜乐处”？儒学关于人的价值观的根本目

---

① 程颢、程颐：《二程集》，北京：中华书局2004年版，第180页。
② 程颢、程颐：《二程集》，北京：中华书局2004年版，第33页。
③ 程颢、程颐：《二程集》，北京：中华书局1981年版，第16页。

标是成圣成贤，而孔子、颜回是圣贤的榜样。如何体会颜子、仲尼的“乐”呢？周敦颐认为，将个体完全融入天地万物，并与“诚”合而为一，用心性涵养的境界相体会，这样将有“生生不息”之意，也得到了“吟风弄月”之闲，更形成了“成人”“成物”之志。其中蕴含的是一种以“诚”为中心的高尚人格。这时的“诚”便成为周敦颐用来沟通天人，将道德属性赋予天道的重要范畴。由此得来的“诚”不但是周敦颐哲学思想体系的核心，更是其“乐”的重要内容。周敦颐的“寻孔颜乐处”既是一种道德追求，又体现了一种生态价值观。

周敦颐说：“颜子‘一箪食，一瓢饮，在陋巷，人不堪其忧，回也不改其乐’。夫富贵，人所爱也。颜子不爱不求而乐乎贫者，独何心哉？天地间有至富至贵、可爱可求而异乎彼者，见其大而忘其小焉尔。”① 颜子虽箪食瓢饮而居住于陋巷，却不改其乐是因为颜子见到了比富贵更重要的东西反而忘却了自己所处的贫穷之境。富贵是人们共同追求的，但世界上还有比富贵值得追求的东西，即所谓的“大”，两相比较，人世间的荣华富贵就只能算“小”。人们在得到了“大”之后，不但可以忘记小，还能从内心深处感到真正的平静和快乐。这便是颜子为何能忘却小的真正原因，在追求圣贤的过程中忘却富贵利达，而达到人生最高的一种精神境界，只有这样才能见其“大”而忘“小”，从中感受到真正内心的快乐和平和。

周敦颐说：“见其大则心泰，心泰则无不足，无不足则富贵

① 周敦颐：《周子通书》之《颜子第二十三》，上海：上海古籍出版社2000年版，第31页。

贫贱处之一也；处之一则能化而齐，故颜子亚圣。”[①] 正因为颜回懂得什么叫“大”，对待天下的贫贱富贵时才能泰然处之，并与天地同体、与万物相齐。“处一”便是从天道观的角度来观看宇宙万物和世间百态。天道是阴阳变换，祸福是相互转承，宇宙是无边无际。无论是贵是贱，是祸是福，只要做到超然“处一”，就能知足而坚守“大”。“大”作为天地间最为重要的一种东西，超越了富贵贫贱，人类在“见其大”时能做到“忘其小”，就能“心泰”，于是可以超然于贫贱富贵之外，旦夕祸福以及顺境逆境也能淡然处之，从内心深处达至大乐的道德境界，这种境界便是“与天道合一之乐”。

这种“大”乐是人在一个和谐理想的世界里才能感受到的快乐，是在万物各随其性各得其所的天地间，人们所感受到的与天地间的自然万物共生共荣、“与天地合其德，与日月合其明”的大乐。

“寻孔颜乐处”前人已经提及，但到周敦颐这里才作为正式的人生哲学命题，同时也是伦理学命题提出来。二程兄弟接过这个命题加以弘扬和发展。程颢提出“仁者以天地万物为一体”之乐，把这个命题引向关爱自然的生态伦理领域。程颐“学以成圣人”的“循理之乐”，强调社会秩序与自然有序的重要性。

周敦颐在寻孔颜乐处中，表达了他“圣希天、贤希圣、士希贤”的天人合一思想。为使这一思想得到实现，他认为要：“志伊尹之所志，学颜子之所学。”[②] 就是要像伊尹那样为民众和国家

---

① 《周敦颐通书》之《颜子第二十三》，上海：上海古籍出版社 2000 年版，第 31 页。

② 周敦颐：《周子全书》，上海：商务印书馆 1937 年版，第 147 页。

造福，像颜回那样去学习圣人之道。

周敦颐的“孔颜乐处”强调了天道生生不息，说：“天道行而万物顺，圣德修而万民化。”[①] 这就犹如孔子在《论语·阳货》中所说的“四时行焉，百物生焉”。他认为正是因为天地有了仁德之心，万物才能生成；有了万物的生成，才能保障吃穿住行，这样人才得以生存在天地中。人类在生存过程中，只有做到不取之无度，顺应万物的“生生之道”，人类的繁衍生息便能得到保证。他认为人与自然万物融为一体并和谐相处才会感到祥和之乐，天地万物和谐共生才会感到天地之乐。这种“乐”不是独乐，而是与天地万物共生共荣的具有生态意境的大乐。

周敦颐所说的与天合一之乐不是处在玄虚的空想中，只有人为努力之上的政善民安才能真正建立这种快乐。他说：“乐者，本乎政也。政善民安，则天下之心和，故圣人作乐，以宣畅其和心。达于天地，天地之气感而大和焉。天地和，则万物顺。故神祇格，鸟兽驯。”[②] 政善民安是圣人作乐的条件，即政善民安后，天地得到大和。如果不知如何“中”“和”，“乐”便无从谈起。“天地和”后“万物顺”“鸟兽驯”，这是一幅生态和乐的画卷。在这样的画卷中人们才能从内心获得长久的安宁和喜悦，生态和谐与社会政治和谐是紧密相关的。

周敦颐“孔颜乐处”是与“诚”一体，与“生”“成”合一的“乐”，所谓的与“诚”一体即是与伦理道德规范合一，与“生”“成”合一则是与天道合一。周敦颐的“孔颜乐处”就是一种超越的道德规范，是万物各遂其性的体验。他“寻孔颜乐

① 周敦颐：《周敦颐集》，长沙：岳麓书社2007年版，第71页。
② 周敦颐：《周敦颐集》，长沙：岳麓书社2007年版，第75页。

处”的过程，追求的就是身心和谐、人与环境和谐。寻“乐”的过程就是人与社会、人与自然和谐。乐的出发点和最后归宿就是身心和谐。

周敦颐要二程寻求“孔颜乐处”的实际目的，是要把自己的价值追求和精神人格传授给他们。而二程对周敦颐的“孔颜乐处”有着更深一层的思考。周敦颐在“孔颜乐处”中寻得了人与人、人与自然、人与社会的和谐之乐。这种“乐”也更是以“诚”为本的“得道”之乐。在此基础上，程颢还继承和发展了《周易》的“生生之仁”观，用“生生之理”来解释“生生之仁”，将“仁”与天道合而为一，成为了一种新儒学追求的“得道”之乐。程颢眼中的“孔颜乐处”有与“诚合一之乐”，有与“天道合一之乐”，也有与“伦理道德规范之乐”。周敦颐的“孔颜乐处”强调了人与人、人与社会、人与环境的和谐，程颢在发展周敦颐“乐”中生“和”的基础上，认为“孔颜乐处”就是“浑然与物同体”的最高表现，强调人内心的和谐带来的是一种平和之乐。程颐则从儒家礼乐相辅相成的角度，提出“循理之乐”，他认为万物之间的秩序是和乐的根本。

“寻孔颜乐处”是二程自认为从周敦颐那里学得的最有价值的思想，经过他们的阐述、发展与弘扬，成为他们生态伦理思想的重要内容。

从周敦颐、二程开始，“寻孔颜乐处”成为宋明新儒学追求圣贤人格的典型话题。在这种既内在又超越的人生追求中，蕴涵了人与自然和谐共生的生态价值观，是宋明儒学生态伦理的重要组成部分。

第四节　与同时代的学术流派的交流与吸纳

孙复、胡瑗、石介被称为宋初三先生。他们提倡“仁义礼乐之学”，是北宋儒学复兴的推动者。程颐在太学时是胡瑗的学生，二程都尊胡瑗为先生。胡瑗提倡“礼”学，程颐的“理即是礼”可以说受到这种礼学的影响。然而宋初三先生并没有建立天道性命的哲学理论。所以《宋史》并没有把他们列入《道学传》。而北宋五子才是性道之学的奠基者。二程除了发展周敦颐思想以外，与张载关学、邵雍象数学都有交流，在思想方面也有所吸纳。

一、与张载关学的交流与吸纳

张载（1020—1077）与二程是亲戚关系，他们在学术上也联系较多，经常在书信中讨论和表述他们在哲学思想上的不同观点。比较突出的有以下几个方面：

在宇宙观方面，张载提出“气本论”，将元气作为宇宙的本体，提出了“太虚即气”的唯物论思想，认为元气是产生世界万物的根源。二程不同意张载“气本论”的观点，坚持“理本论”。程颢说：“形而上者谓之道，形而下者谓之器。若如或者以清虚一大为天道，则乃以器言而非道也。”① “立清虚一大为万物之源，恐未安，须兼清浊虚实乃可言神。道体物不遗，不应有方所。”②

---

① 程颢、程颐：《二程集》，北京：中华书局2004年版，第118页。

② 程颢、程颐：《二程集》，北京：中华书局2004年版，第21页。

这里所说的“清虚一大”便是张载说的“太虚即气”。二程认为，“太虚”是浊虚，只能做形而下的器，不能做形而上的道。所以他们在宇宙本体论上，反对张载的“太虚即气”而主张“天者理也”。程颢又从天人一本的观点上，强调“理与心一”和“只心便是天”的观点，用来批评张载的“太虚即气”。他说：“若如或者别立一天，谓人不可以包天，则有方矣，是二本也。”① 如果“太虚即气”是正确的，那就是又有了一个“天”的出现，就不能再说是天人一体，而是天人二本。程颐则从理本论的观点，强调“天下只有一个理”②，批评张载“太虚即气”的气本论。当他提到“太虚”时，便认为“亦无太虚”。他说：“皆是理，安得谓之虚？天下无实于理者。”③ 二程在否认“太虚即气”的宇宙论的同时，吸收了张载的“气化”论思想，认为气是生成万物的材料，即“万物之始，气化而已”④。二程在理本论的基础上，说气化生成世界万物。

张载将性分为二分，他说：“由太虚，有天之名；由气化，有道之名；合虚与气，有性之名；合性与知觉，有心之名。”⑤ 张载认为气是构成世界万物的实体。而天是有无限的宇宙空间，是无意识的自然界。大气运行变化的自然过程便是道。万物与人分别具有的本质是性之使然。所以世界万物在运行的总过程中，只有气才是万物的总根源。二程批评了张载的这种观点。认为不应该将“性”与“知觉”的心分开。程颢说：“穷理尽性以至于

① 程颢、程颐：《二程集》，北京：中华书局2004年版，第121页。
② 程颢、程颐：《二程集》，北京：中华书局2004年版，第196页。
③ 程颢、程颐：《二程集》，北京：中华书局2004年版，第66页。
④ 程颢、程颐：《二程集》，北京：中华书局2004年版，第1263页。
⑤ 《张载集》：北京：中华书局2008年版，第9页。

命，三事一时并了，元无次序，不可将穷理作知之事。若实穷得理，即性命亦可了。”① 这说明他们在性命问题、天道问题上是有所分歧的。

二程对张载的很多观点持批评态度，但他们探索儒家天道性命的基本方向是一致的。在有些问题上，又相互推崇，彼此称道。一是才学。二程通晓《周易》的才学让张载很是称赞，并让他的学生跟二程学习易学，张载的谦逊态度可见一斑。二程对张载之学的博大精深赞赏有加，二程说：“子厚则高才，其学更先从杂博中过来。”② 又说：“某接人多矣，不杂者三人，张子厚、邵尧夫、司马君实。”③ 这说明张载治学态度严谨，不受佛、道等杂学的干扰。二是道德修养。张载在《西铭》中，表明了自己事天循理、求仁存义、养气成善的思想，使自己的道德学说变得更加理论化和系统化。二程非常欣赏张载的《西铭》，认为他的这篇著作是观天之“北斗”，是孟子以后最好的“粹文”。二程之所以对张载《西铭》的道德观推崇备至，是因为他们觉得张载在《西铭》中体现出来的道德观与他们的道德思想是一致的。二程说：“孟子而后，却只有《原道》一篇，其间语固多病，然要之大意尽近理。若《西铭》，则是《原道》之宗祖也。《原道》却只说到道，元未到得《西铭》意思。据子厚之文，醇然无出此文也，自孟子后，盖未见此书。”④

张载在《西铭》中描述的是人与宇宙万物之间的生存状况既

① 程颢、程颐：《二程集》，北京：中华书局2004年版，第15页。
② 程颢、程颐：《二程集》，北京：中华书局2004年版，第38页。
③ 程颢、程颐：《二程集》，北京：中华书局2004年版，第21页。
④ 程颢、程颐：《二程集》，北京：中华书局2004年版，第37页。

相互差异又相互融通。"乾称父，坤称母；予兹藐焉，乃混然中处。故天地之塞，吾其体；天地之帅，吾其性。民吾同胞，物吾与也。大君者，吾父母宗子；其大臣，宗子之家相也。尊高年，所以长其长；慈孤弱，所以幼〈吾〉幼。圣其合德，贤其秀也。……"① 张载将儒家君臣父子的宗法伦理与天人合一的性道之学有机地结合在一起，王夫之称之为"天亲合一"。这篇文章与《太极图说》一样，成为后代理学的经典。

二程认为张载的《西铭》超过了韩愈《原道》，这便为张载在道学史上留下了一个重要的地位。程颐说："《西铭》之为书，推明理以存义，扩前圣所未发，与孟子'性善''养气'之论同功。""《西铭》明理一而分殊。"② 程颐认为张载提出的"民吾同胞，物吾与也"的"推明理以存义"思想与孟子的性善论相同，都是发圣人所未发，这也与程颢的"仁者，浑然与物同体"的观点相一致。程颐用"理一分殊"理论概括出张载《西铭》思想，并将其作为二程道学的重要理论内容和命题。

"程颐将《西铭》的精神概括为'理一分殊'，所谓'理一'指的是君臣父子之礼，'民胞物与'之仁。就是说儒家的礼是按照爱有差等的原则建立的，追求的是建立在差异基础上的秩序、和谐，这不像杨朱为我、墨子兼爱那样走极端，更不会像佛教那样否定现实差异追求抽象、空洞的平常。"③

此外，程颐对张载的"天地之性""气质之性"的观点、

---

① 张载：《正蒙·乾称》，《张载集》，中华书局2008年版，第62页。

② 程颢、程颐：《二程集》，北京：中华书局2004年版，第609页。

③ 李祥俊：《道通于一——北宋哲学思潮研究》，北京：北京师范大学出版社2006年版，第417页。

“心统性情”的观点都有所吸收，将其融入自己的思想体系中。

二、与邵雍象数学的交流和吸纳

邵雍（1011—1077），字尧夫，谥康节。他的主要著作有《皇极经世书》《渔樵问对》，主要诗文有《伊川击壤集》等。邵雍和程颢、程颐在洛阳居住在同一巷中三十余年，交往较多，相知颇深。他们在相互学习之余，针砭时政，无所不谈。邵雍和他同时代的理学思想家相比，走的是一条儒道兼综的学术道路，有自己独立的风格和独特的哲学境界。

二程赞赏邵雍为人处世的风格和道德品行。程颢说：“尧夫之坦夷，无思虑纷扰之患，亦只是天资自美尔，皆非学之功。”① 程颢赞扬邵雍胸怀宽广、心境平坦是因为天资的美好。二程认为：“尧夫襟怀放旷，如空中楼阁，四通八达。”② 这就是说邵雍为人宽怀大度，聪明道达，非常善于处理各种人之间的各种交际关系。所以二程称邵雍是“豪杰之士”。邵雍曾有诗曰：“梧桐月向怀中照，杨柳风来面上吹。”程颢看到这首诗时赞道：“真风流人豪也。”③ 二程弟子谢良佐认为：“尧夫直是豪才，在风尘时节，便是偏霸手段。”④ 这说明邵雍在权贵豪门奔走，在关键时刻能为当权者出谋划策，智勇断事。

二程对邵雍也有批评。程颢批评邵雍说：“无礼不恭极甚。”

① 程颢、程颐：《二程集》，北京：中华书局2004年版，第27页。
② 程颢、程颐：《二程集》，北京：中华书局2004年版，第1235页。
③ 程颢、程颐：《二程集》，北京：中华书局2004年版，第413页。
④ 黄宗羲：《宋元学案》卷十，北京：中华书局1996年版，第468页。

程颐批评邵雍说："其为人则直是无礼不恭，惟是侮玩。虽天理亦为之侮玩。如《无名公传》言'问诸天地，天地不对，弄丸余暇，时往时来'之类。"[①] 邵雍对圣人毫无恭敬之心，还敢侮玩天理，问诸天地，这是无法容忍的不敬行为。二程对邵雍傲视圣人的态度非常不满。二程说："尧夫诗'雪月风花未品题'，佗便把这些事，便与尧、舜、三代一般。此等语，自孟子后，无人曾敢如此言来，直是无端。又如言文字呈上，尧夫皆不恭之甚。'须信画前元有《易》，自从删后更无《诗》'，这个意思，古元未有人道来。"[②] 这种藐视圣人，轻视经典的态度，是道学家不应表现出来的。这说明邵雍思想上有综合儒道二家的倾向。

在学术上，二程承认邵雍之学是道学中的一个流派。邵雍把握天地万物之理是用象数学体系的方法。程颢说："尧夫却皆有理，万事皆出于理，自以皆有理，故要得纵心妄行总不妨。"[③] 邵雍多从物理即天地万物之理论理，所有他认为自己所创的象数学体系是无所不包，宏大细密的。所以程颢又说："尧夫之学，先从理上推意。言象数、言天下之理，须出四者。推到理处，曰：'我得此大者，则万事由我，无有不定。'"[④] 二程认为，邵雍的象数之学是从"理"出发，通过象数来讲述天下万物之理，最后又重归为理，进而掌握万事万物之理的。"程颐说："邵尧夫于物理上尽说得，亦大段漏泄他天机。"[⑤] 在程颐眼里，邵雍之所以能纵心妄行，是因为邵雍所讲的"理"是万物之根本。程颢也称赞

① 程颢、程颐：《二程集》，北京：中华书局2004年版，第45页。
② 程颢、程颐：《二程集》，北京：中华书局2004年版，第45页。
③ 程颢、程颐：《二程集》，北京：中华书局2004年版，第33页。
④ 程颢、程颐：《二程集》，北京：中华书局2004年版，第45页。
⑤ 程颢、程颐：《二程集》，北京：中华书局2004年版，第42页。

邵雍是“道学之有所得者”①。程颢认为邵雍在物理上论说较为详尽，把握住了许多宇宙奥秘，是道学之中有所自得之人。

二程对邵雍的象数学的具体方法是持批判态度的。程颐在《答晁以道书》中说：“颐与尧夫同里巷居三十年余，世间事无所不论，惟未尝一字及数耳。”② 二程与邵雍虽为好友，但是在探究学问中，从来没有论及邵雍的象数学，象数《易》学是汉代《易》学的主流。邵雍继承这种传统，用数与象推演天地的起源，万物的变化，使之与宋代的天道性命之学结合起来，他称之为“先天之学”。他用数学推出来的元、会、运、世来说明世界历史的演化规律，有浓厚的神秘主义。

二程指责邵雍从数上推演“理”很无聊，认为象数学不是正宗《易》学，不应从“数”上寻求《易》之本义，而应以理明《易》。“理”是一种学术，而象数学却属于术数之学，它有异于理学。但二程从总体上肯定了邵雍之学。程颢在《邵尧夫先生墓志铭》中说：邵雍之象数学“得之于李挺之，挺之得之于穆伯长，推其源流，远有端绪。今穆、李之言及其行事，概可见矣。而先生淳一不杂，汪洋浩大，乃其所自得者多矣”。所以他们称赞邵雍之学，“若先生之道，就所至而论之，可谓安且成矣”③。

程颢、程颐不赞同邵雍的象数学，但邵雍的“天下之物，莫不有理”的“观物”思想，可以与二程道学的生态伦理思想互有启迪。邵雍在《皇极经世·观物内篇》中也极力赞成太极或道是世界的本源，也讲“万化万事生乎心也”。在物，一物观万物，

① 程颢、程颐：《二程集》，北京：中华书局2004年版，第32页。
② 程颢、程颐：《二程集》，北京：中华书局2004年版，第672页。
③ 程颢、程颐：《二程集》，北京：中华书局2004年版，第503页。

一世观万世。我关系上提倡“反观”的方法，认为只有“观之以理”才能“以一心观万心，一身观万身”。这些与二程的“天理”论、“极物穷理”论都是相通的。由于二程的推物，邵雍成为北宋道学五子之一。二程摒弃邵雍的象数易学，继承王弼的方向而发展儒家的义理易学。但他们探索天道性命之理的方向是一致的。

第四章　程颢的生态伦理思想

二程被后世并称为宋明道学的奠基者。但二人的哲学思想并不完全相同。在理论上，程颢是开创者，程颐是发展者。程颢的“生生之仁”弘扬儒学“仁民爱物”的仁学精神。程颢的“天理论”发展了周敦颐的太极“诚体”论以天道释人性的道德形而上学。程颢的“仁者以天地万物为一体”既表现了“仁者”上下与天地同流的高远的人生境界，又表现了关爱自然万物的生态情怀。他的伦理思想，很自然地具有一种生态伦理向度。

第一节　“天理”道德本体论

一、“天理”是宇宙之本

程颢曾说：“吾学虽有所受，天理二字却是自家体贴出来。”[①]冯友兰先生认为：“于理，则濂溪《通书·理性命》已提出。康节《观物篇》亦言物之理。横渠《正蒙》亦言：‘天地之气，虽

① 程颢、程颐：《二程集》，北京：中华书局2004年版，第424页。

聚散攻取百涂，然其为理也，顺而不妄。’不过此诸家虽已言及理，而在道学家中确立理在道学中之地位者，为程氏兄弟。”[①] 在程颢看来，天就是理，就是道，天道赖以表现的形体便是有形的天，天不但有形体，还具有用神指称其神妙变化的功能，用帝称呼其主宰支配的作用。“所以谓万物一体者，皆有此理，只为从那里来。‘生生之谓易’，生则一时生，皆完此理。”[②]

《礼记·乐记》中曾出现过“天理”概念：“人生而静，天之性也。感于物而动，性之欲也。物至知知，然后好恶形焉。好恶无节于内，知诱于外，不能反躬，天理灭矣。夫物之感人无穷，而人之好恶无节，则是物至而人化物也。人化物也者，灭天理而穷人欲者也。于是有悖逆诈伪之心，有淫佚作乱之事。是故强者胁弱，众者暴寡，知者诈愚，勇者苦怯，疾病不养，老幼孤独不得其所。此大乱之道也。”[③]《乐记》对天理和人欲之间的关系进行了详细的描述，认为人与生俱来的善的品质的根源便是“天理”。这种论述对二程的影响很大。

黄宗羲说：“《乐记》已有‘灭天理而穷人欲’之语，至先生始发越大明于天下。盖吾儒之与佛氏异者，全在此二字。吾儒之学，一本乎天理。而佛氏以理为障，最恶天理。先生少时亦曾出入老、释者几十年，不为所染，卒能发明孔、孟正学于千四百年无传之后者，则以‘天理’二字立其宗也。”[④]《乐记》对天理

---

① 冯友兰：《中国哲学史》（下），上海：华东师范大学出版社2000年版，第238页。

② 程颢、程颐：《二程集》，北京：中华书局2004年版，第33页。

③ 朱彬：《礼记训纂》，北京：中华书局1996年版，第564页。

④ 黄宗羲、全祖望：《宋元学案·明道学案上》，北京：中华书局1986年版，第569页。

的论述影响了二程的天理论，程颢将《乐记》的天理论扩展开，将天作为宇宙人生终极根据，建立了新的天理本体论，将儒学从本体上与佛教性空论相区别。牟宗三认为程颢对于天理是“真实体会得那种种名之实义而拈出这两个字以代表之”①，天理概念及其由此而展开的本体论探索，确实是程颢哲学的最大创新。所以程颢说：“吾学虽有所受，天理二字却是自家体贴出来。”②

“天理云者，这一个道理，更有甚穷已？不为尧存，不为桀亡。人得之者，故大行不加，穷居不损。这上头来，更怎生说得存亡加减？是佗原无少欠，百理具备。”③

天理贯通人性，不会因为人为的废立而改变存在的形式，它是自存圆满自足而具备百理的本性之善，不会因为时间和空间的变化，而改变其形态。天理本就是一种恒常不变的终极本体，从静态的角度来看，天理是“存在之理”“实现之理”；而从动态的角度来看，天理是“生化之理” “生生之理”。所以牟宗三说：“天理之为本体论的实有与天理之为宇宙论的生化真几这二者是同一的，是表示天理既是存有，亦是活动，是即存有即活动。”④

人性与天理的融合正是程颢所体贴出的天理。这种天理论和人性论紧密相连。他将古典儒家所提到的性与天道打通，在人性论上提出的一个基本观点就是“性与天一”，这是对性与天道相互融合思想的创造性继承。

---

① 牟宗三：《心体与性体》（中册），上海：上海古籍出版社 1999 年版，第 47 页。

② 程颢、程颐：《二程集》，北京：中华书局 2004 年版，第 424 页。

③ 程颢、程颐：《二程集》，北京：中华书局 2004 年版，第 31 页。

④ 牟宗三：《心体与性体》（中册），上海：上海古籍出版社 1999 年版，第 49 页。

在对“性”的阐发上，程颢用《中庸》的“天命之谓性”和《系辞》的“天地之大德曰生”来分析人性。在人与人之间的“性”皆是天之所命，人与万物是相同的。而在人与物之间，性又可分为牛之性、马之性、人之性等。在“性”之观念上，人与物既同又不同。虽然人之性与物之性都是因天理之流行而展开，但人之性与物之性却不能等同。“‘万物皆备于我’，不独人尔，物皆然。‘万物皆备于我’，此通人物而言。禽兽与人绝相似，只是不能推。”① 人性不同于物性的地方就在于人性能“推”，也就是理性的反思。他在强调人与自然万物平等的同时，没有忘记人在自然中的中心地位。

程颢说：“天者，理也。”② 将天作为理，虽为程颢首创，但儒家一直以来都将天作为终极价值的源头，这也符合儒家发展的趋向。孔子讲的天就有自然之天、天命之天、神祇之天、规律之天几重意义。

程颢说：“言天之自然者谓之天道，言天之赋于万物者谓之天命。”③ 程颢所说的天、天道、天命都表示一个绝对的超越体，这个超越体涵盖了天下所有的事物，理因此而普遍化。这种普遍的理不仅包括道德，也包括自然万物。牟宗三说：“宋明儒认为：天理在哲学上来说，是道德的，同时亦是形而上的；是人生的，同时亦是宇宙的；……如此，天理的意义，便已普遍化，概括了宇宙一切，而且必作为宇宙一切的本体。”④

① 程颢、程颐：《二程集》，北京：中华书局2004年版，第56页。

② 程颢、程颐：《二程集》，北京：中华书局2004年版，第32页。

③ 程颢、程颐：《二程集》，北京：中华书局2004年版，第125页。

④ 牟宗三：《宋明儒学的问题与发展》，上海：华东师范大学出版社2004年版，第48页。

程颢将“天理”作为宇宙的本体，作为形而上者是万物所以然，作为形而下是世界的依据，所以“理”是真实不妄的：“理者，实也，本也。”① 天理的真实无妄，是它能为宇宙立本的基础；天理的充实自足，是它能独立流行的依据。

“天理云者。这一个道理更有甚穷已？不为尧存，不为桀亡。‘天地设位，而易行乎其中’，只是敬也。敬则无间断。体物而不可遗者，诚敬而已矣。不诚，则无物也。《诗》曰：‘维天之命，于穆不已。于乎不显，文王之德之纯。’‘纯亦不已。’纯则无间断。”②

诚与天理是相互贯通的。“诚”的概念来自《中庸》，周敦颐把“诚”推向本体地位。作为周敦颐的学生，程颢的天理论也涵盖了诚的内容。自然万物要想获得自身的内在规定和终极保证，首先就要满足诚，将诚与天道的生生不已相贯通，由此万物才会在生发和终成的过程中表现得“诚亦不已”“纯亦不已”“敬亦不已”并从不间断。宇宙万物因天理或诚而获得其内在的规定性。

张载说天为“清、虚、一、大”，程颢认为理是一个超越的绝对，一个完满自足的“太极”，并不限定形式。如将“万物”与“天道”相互混淆，那么就是将“道”“器”不加区分，这就会使“形上”与“形下”没有了区别。因此，程颢对张载之说是不认同的。他说：“《系辞》曰：‘形而上者谓之道，形而下者谓之器。’又曰：‘立天之道曰阴与阳，立地之道曰柔与刚，立人之道曰仁与义。’又曰：‘一阴一阳之谓道。’阴阳亦形而下者也。

① 程颢、程颐：《二程集》，北京：中华书局2004年版，第125页。
② 程颢、程颐：《二程集》，北京：中华书局2004年版，第118页。

而曰道者，惟此语截得上下最分明。元来只此是道，要在人默而识之也。”①

程颢用活泼圆融的表达方式来说明形上形下是相互包含、不可分离的。他说：“阴阳亦形而下者。”又说：“形而上为道，形而下为器。须着如此说。”② 形上形下的道器相分是程颢用来表达天理思想的根据，而将道器分为上下则是道器不分的潜在背景和依据。

程颢说：“盖‘上天之载，无声无臭。’其体，则谓之易；其理，则谓之道；其用，则谓之神；其命于人，则谓之性。……形而上为道，形而下为器。须着如此说。器亦道，道亦器。但得道在，不系今与后，己与人。”③

道器不相离，所以我们能在万殊中见道，在人伦日用和洒扫应对中我们均能得道。道因与器相连而无处不在。

“有人问明道先生：如何是道？明道先生曰：‘于君臣父子兄弟朋友夫妇上求。’”④ 即事尽天理正是道器不相离的表现，“只心便是天”也离不开道器的相连。

“只心便是天，尽之便知性，知性便知天，当处便认取，更不可外求。”⑤

“只心便是天”，表明人本身便具有天理的一切，天理存在人自身。这为后来陆王心学的“心即理”开辟了道路。

---

① 程颢、程颐：《二程集》，北京：中华书局2004年版，第118页。
② 程颢、程颐：《二程集》，北京：中华书局2004年版，第4页。
③ 程颢、程颐：《二程集》，北京：中华书局2004年版，第4页。
④ 程颢、程颐：《二程集》，北京：中华书局2004年版，第432页。
⑤ 程颢、程颐：《二程集》，北京：中华书局2004年版，第15页。

二、德、诚、礼、性——天理道德本体论

程颢的天理论并不属于伦理范畴。为此，程颢特编织了一个较为严密的理论系统，德、诚、礼、性的概念作为链条将天理与它们相联系，从而说明天理即是道德本体，分成两种方式对其进行论证：一是将天理伦理化；二是将与天理构成连接链条的德、诚、礼、性本体化，从这两个途径来说明天理同一于道德。二程说："有德者，得天理而用之。"① 这说明德性是来自于天理。没有天理则无德性。

《中庸》把仁、智、勇称为天下三达德，当然，这三达德也同属于天理。二程说："或问，道者一心也。有曰'仁者不忧'，有曰'智者不惑'，有曰'勇者不惧'，何也？此只是名之德尔，其理一也。"② 这就是说德具有"不忧""不惑""不惧"的本性，而"德"即是天理，天理也同样具有以上的本性。这就使伦理意义的"德"哲学化了，使"德"具有了本体上的意义。

二程认为"天地之大德"的"德"便是天地"生"之本性。程颢说："'天地之大德曰生'，'天地絪缊，万物化醇'，'生之谓性'。万物之生意最可观，此元者善之长也，斯所谓仁也。人与天地一物也，而人特自小之，何耶？"③ 程颢认为，天地之间能生生不息充满活力，天地正是有了大德，才会有"生"，这样天地才有了万物的存在而充满生机和活力。这均是有"德"的原因，"德"便被赋予了伦理的意义即德性，也具有哲学本体论的

① 程颢、程颐：《二程集》，北京：中华书局2004年版，第14页。
② 程颢、程颐：《二程集》，北京：中华书局2004年版，第2页。
③ 程颢、程颐：《二程集》，北京：中华书局2004年版，第120页。

意义，这便为天理和道德的同一性提供了理论上的根据。人作为德性主体，肩负的重要使命便是“参赞”天地之化育，将人与自然和谐统一于一体。

天理是怎样做到派生万物，并使之生生不息的呢？二程便用“诚”这个范畴来解释。“诚”不仅是论证天理为道德本体的重要理论环节，也是构成二程道德本体论逻辑体系的重要链条和理论环节。二程将“天理”和“诚”合融为一，将“诚”提高到天理的哲学本体高度。程颢说：“至诚感通。”① “诚者合内外之道，不诚无物。”② “天地之所以不已，盖有恒久之道。”③ 所谓的内外之道、恒久之道，就是至诚之道。二程将“理”作为物质世界的总根源，而将“诚”作为宇宙万物的规定者和最终的根源。程颢认为“诚”与“理”是可以相通的概念。二者实际上是同位的，只是“诚”更具有贯通形上与形下、道与器的特点。程颢说：“诚者，理之实然，致一而不可易也。天下万古，人心物理，皆所同然，有一无二，虽前圣后圣，若合符节，是乃所谓诚，诚即天道也。天道无勉无思，然其中其得，自然而已。圣人诚一于天，天即圣人，圣人即天。由仁义行，何思勉之有？故从容中道而不迫。诚之者，以人求天者也，思诚而复之，故明有未穷，于善必择，诚有未至，所执必固。”④ “诚者，实有是理也。”⑤

程颢认为“诚”是伦理领域中人伦道德的最高标准。“诚”与“理”是世间一切事物的终极根源和普遍法则，程颢说：“仁、

① 程颢、程颐：《二程集》，北京：中华书局2004年版，第1171页。
② 程颢、程颐：《二程集》，北京：中华书局2004年版，第9页。
③ 程颢、程颐：《二程集》，北京：中华书局2004年版，第862页。
④ 程颢、程颐：《二程集》，北京：中华书局2004年版，第1158页。
⑤ 程颢、程颐：《二程集》，北京：中华书局2004年版，第1163页。

义、理、智、信五者，性也。”[①]　“性即理也，所谓理，性是也。”[②] 程颢将仁、义、礼、智、善、忠、孝等都作为了“诚”的外延或具体化，认为只有“诚”才能实现仁。他说：“‘仁者，浑然与物同体。仁、义、礼、知、信皆仁也。识得此理，以诚敬存之而已，不须防检，不须穷索。”[③]“知、仁、勇三者，天下之达德，所以行者一。一则诚也。止是诚实此三者，三者之外，更别无诚。”[④] 程颐则认为：“人伦者，天理也。”[⑤]　“礼”即是“理”，一是指人与社会之间必须遵守的礼仪与规章制度；二是指人伦关系，即君臣、父子、兄弟、夫妇、朋友等人与人之间所必须遵守的伦理关系。二程将“礼”与“理”放入“诚”中，并认为天理便是人与人的伦理道德，而人类社会特有的道德便是整个宇宙存在的普遍规律，将伦理学与哲学本体论相结合，将儒家的天理论上升到哲学高度，既为儒家的伦理原则找到了本体论的哲学依据，又从宇宙本体的高度为儒家伦理规范找到了合理性。

三、“生生之理”

《周易·系辞上》说：“富有之谓大业，日新之谓盛德，生生之谓易。”孔颖达《周易正义》云：“生生，不绝之辞。阴阳变转，后生次于前生，是万物恒生，谓之‘易’也。前后之生，变化改易。生必有死，易主劝戒，奖人为善，故云‘生’，不云‘死’也。”阴阳的相互转换，日月的相互交替，昼夜的前后相

① 程颢、程颐：《二程集》，北京：中华书局2004年版，第14页。
② 程颢、程颐：《二程集》，北京：中华书局2004年版，第292页。
③ 程颢、程颐：《二程集》，北京：中华书局2004年版，第16页。
④ 程颢、程颐：《二程集》，北京：中华书局2004年版，第19页。
⑤ 程颢、程颐：《二程集》，北京：中华书局2004年版，第394页。

继，都体现了天地间的生生不息。当然，《周易》所体现的并不只是天地之间不停地循环运转，而是新旧事物之间生生不息的代谢过程。“生生不息”，它包含三层涵义：一是人与自然界和谐相处，共生共荣；二是自然界内部具有内在的生命力，能不断创造生命；三是世界的本源与自然万物之间的生成关系。

程颢说：“生生之谓易。”“易”是变易流动的过程。程颢以易为道，认为天道之所以成立，就是因为宇宙始终处在一个生生不息、变易周流的过程之中而生生不绝。程颢的这个说法与《周易》六十四卦是一致的。《周易》是以阴阳往复为基础，以八卦相荡为关键来说明宇宙生生不息的原则。

“生”作为一个动态范畴，有创造生命的意思。实质上，程颢创造的哲学就是以“生”为体的本体论哲学。程颢认为，天因不断创造生命而存在，而天创造生命的过程是有“秩序”的，这种“秩序”就是“天秩”“天序”。创造生命的这种“秩序”也就是理和道。天是以生为道，由此生理，这种现实的“生”就是“善”。程颢说：“天只是以生为道，继此生理者，即是善也。”[①]在现象世界中，善就是天道，发育万物就是继善，继善才能完成人性及万物之性。以生生释善，是程颢在《识仁》说中的基本思想。程颢在《识仁》说中认为仁即是理，即是道。而生生之理，即是生机流行之道。这里的“识”便是对生生流行之理的体贴和感悟。程颢将“仁”作为天地生育万物共具的品德，并以“生意”释善和仁，认为万物之生意便是最高的善和仁。生生之大德是道德本体的本源，体现在万物之性中，变现出盎然的生意，使得万物皆具生德之性。

① 程颢、程颐：《二程集》，北京：中华书局2004年版，第29页。

在程颢生生不息的思想中，肯定事物是发展变化，而不是静止不变的，只不过变化的方式不同而已。他认为事物的产生、发展乃至消亡是永无止息的。而一种事物的消亡就是另一种事物的新生。如此往复毫无间断，便是生生不息。他说："息训为生者，盖息则生矣。一事息，则一事生，中无间断。"[①] 把"息"训为"生"，这个思想具有辩证思维。

程颢认识到天道的生生不息，不断地循环往复发生变化，所以他强调要适时通变，以适应新的变化形势。他说："识变知化为难，古今风气不同，故器用亦异宜。是以圣人通其变，使民不倦，各随其时而已矣。"[②] 认为事物都在变化中，人贵在能掌握事物的变化规律。随着时代的发展，事物的内外都在发生改变，不可能永远停留在原先的阶段。

"生生之理"从本体上确定天道"生生"之仁，在方法论上承认变化不息的变易思想，在自然观上则落到阴阳对立统一、有机关联的辩证自然观。

四、"万物莫不有对"

随着社会历史的变迁、政治生活的变革以及自然科学的发展，中国古代辩证法思想发展到了宋代达到了一个新的高度。在宋代道学的各个学派思想中，也闪耀着朴素辩证法思想。但二程哲学的辩证法思想以它完备的体系，开宋代理学朴素辩证法思想之先河，对后世影响很大，值得我们进行深入挖掘和研究。

程颢说："万物莫不有对，一阴一阳，一善一恶，阳长则阴

① 程颢、程颐：《二程集》，北京：中华书局 2004 年版，第 133 页。
② 程颢、程颐：《二程集》，北京：中华书局 2004 年版，第 129 页。

消，善增则恶减。斯理也，推之其远乎？人只要知此耳。”[①] 他继承了中国古代哲学中阴阳相互对立又相互统一的思想，将矛盾对立看作是宇宙万物的普遍规律。认为宇宙事物矛盾对立的规律是普遍存在着的，阴阳、善恶始终处在此消彼长、彼减此增的客观的规律中，不论人们对这种规律能否体会，它都客观地存在着。阴阳对立的形式就是矛盾对立的规律。程颢强调：“独阴不生，独阳不生。”[②] 万物的生成只有靠阴阳的结合，只有阴或者只有阳都不可能生出万物。程颢说：“寒往则暑来，暑往则寒来，寒暑相推而岁成。”[③] 一年之间，有寒便有暑，离开了寒或者暑，都不能称之为一年。寒暑就是阴阳的表现形式。离开阴阳的对立统一，就不成其为世界。

程颢认为“万物莫不有对”是宇宙间矛盾对立的普遍规律，而万物具有的对立规律便是理的基本属性，理作为对立统一的规律，“一阴一阳之谓道”，它本身包含的涵义便是事物“无独必有对”。这个法则并非人为安排，而是天地万物自身所固有。当他发现天地万物有了这种矛盾规律后，高兴得手舞足蹈。他说：“天地万物之理，无独必有对，皆自然而然，非有安排也。每中夜以思，不知手之舞之，足之蹈之也。”[④] 因为程颢领悟到了“理必有对”矛盾规律的普遍性，认为天地万物都存在着相互对立的两种因素，阴与阳，善与恶，而反映得这种对立规则便是理。在自然观上，他知道阳离开阴就不能成其为世界，但在伦理观上，

① 程颢、程颐：《二程集》，北京：中华书局2004年版，第123页。
② 程颢、程颐：《二程集》，北京：中华书局2004年版，第122页。
③ 程颢、程颐：《二程集》，北京：中华书局2004年版，第133页。
④ 程颢、程颐：《二程集》，北京：中华书局2004年版，第121页。

二程总是希望去恶存善，去小人存君子，而很少注意到用制度法律去平衡二者。反映了儒家的理想主义的特征。

程颢说："质必有文，自然之理，……天文，天之理也；人文，人之道也。"[①] 程颢的"理"有很多种，其中有世界本体意义上的"理"和封建纲常伦理的"理"。但在这里所说的"理"指的是客观事物中所具有的客观规律。二程在理学思想中虽比较强调纲常伦理思想，但对于当时的社会生产、生活的客观规律以及当时的自然科学成就也是比较重视的。

在平时的日常生活中，程颢也常观察各种自然现象并总结到自己的理论中。如在《河南程氏遗书》卷三中叙述程颢"一日见火边烧汤瓶，指之曰：'此便是阴阳消长之义'"，又"一日游许之西湖，在石坛上坐少顷，脚踏处便湿，举起云：'此便是天地升降道理'"。这里的"阴阳消长之义""天地升降道理"，就是指一种自然现象和自然规律。程颢说："服牛乘马，皆因其性而为之。胡不乘牛而服马乎？理之所不可。"[②] 他认为万事万物都有自己性情即成长的规律，他将这种规律称之为"理"或"道"。

程颢所说的"天理"，有三种不同层次的含义："一是指世界的本体；二是指封建纲常伦理；三是指各种自然现象及其客观规律。在这三个不同层次的天理中，就其为世界的本体而言，它是一个绝对存在。就其为天地人的最高法则而言，主要是封建纲常伦理的抽象化。因此，这两层意义上的'天理'，其主要方面我

① 程颢、程颐：《二程集》，北京：中华书局2004年版，第808页。
② 程颢、程颐：《二程集》，北京：中华书局2004年版，第127页。

们是应当予以否定和批判的。”① 第三层意义上的“天理”，则表现了他的辩证思维。程颢“万物有对”论，发展了《周易》阴阳对立的观点并把它作为认识世界的普遍的方法论和天理论。所以，他在想到这一点时，才会在半夜高兴得手舞足蹈。

五、“道器圆融为一”

《周易·系辞》中曰：“形而上者谓之道，形而下者谓之器。”又曰：“立天之道曰阴与阳，立地之道曰柔与刚，立人之道曰仁与义。”又曰：“一阴一阳之谓道。”程颢认为：“阴阳亦形而下者也，而曰道者，惟此语截得上下最分明，元来只此是道，要在人默而识之也。”②

程颢阐述关于道器关系主要表现在以下两个方面：一是程颢认为道器的区分是“惟此语截得上下最分明”，即非常清晰的。道与器之间的关系是经过严格区分的形而上和形而下的关系。形而上是指抽象无形的东西，我们无法看见的事物。而形而下则是指具体有形的东西，我们能够看见的事物。道器的区别也即是道与阴阳之气之间的区别。道是形而上的存在，而阴阳之气是形而下的存在。从哲学的角度看，凡物质的、具体存在的东西都是属于形而下的，是“器”；而普遍的、抽象的不存在的东西都是属于形而上的，是“道”。所以，天地、万物、阴阳之气等都是能看见并感知的，属于形而下的“器”；而事物的规律、本质、共相是不能感觉到其存在形式的，便是形而上的“道”。

① 贾顺先：《宋明理学新探》，成都：四川人民出版社 1987 年版，第 76—78 页。

② 程颢、程颐：《二程集》，北京：中华书局 2004 年版，第 118 页。

程颢这种区分也只是思维逻辑上的区分而已，但在空间上和时间上是不能进行区分的。这是因为道虽是形而上者，但却不能离开形而下的阴阳、刚柔、善恶和仁义。因为所有这些都是道在天、地、人上的表现。而道实际就体现在阴阳的气化中，以阴阳为道，“元来只此是道”。程颢认为道的发育流行，无所不在、无所不包，则更加强调道器不能相分，对这个特点“要在人默而识之也”，要人在思维上把握整体。道器相即不相离，所以说：“道亦器，器亦道。”因此程颢说：“故说神‘如在其上，如在其左右’，大小大事而只曰‘诚之不可掩如此夫’。彻上彻下，不过如此。形而上为道，形而下为器，须著如此说。器亦道，道亦器，但得道在，不系今与后，己与人。”①

道器圆融也就是理物贯通，由此可推出主体与客体的融合，人与万物的融通。因为己与人、人与万物都来源于一个共同的道或理，只是有凝气的差异、分型的不同。道器圆融论为天人一本、万物一体的生态伦理观念确立了本体论的基础。

“道器圆融为一”的本体论与“仁者与天地万物为一体”的宇宙观是一致的。他把对世界本原问题的哲学思考转化为人与世界共同生存的哲学智慧。他承认世界有一种内在于事物现象之中的天理或者叫作道在起规律性的作用。但同时天理也在事物之中，在人性与人心之中。所以，人心之仁可以统率天地万物。达到了“仁者”境界的人，不仅要对自己负责，而且要对他人负责，对自然负责，对自己存在的生态环境负责。尽己之性然后能尽物之性，尽物之性然后能赞天地之化育。这是从《孟子》《中庸》发源而来的生态伦理思想。在程颢这里，通过他的天理本体

① 程颢、程颐：《二程集》，北京：中华书局2004年版，第4页。

论、道器圆融论，发展成为系统的生态伦理哲学。[①]

第二节 “天人一体”论的生态宇宙观与人生观

一、“天人本一”

人与自然的关系问题是程颢的哲学思想中的一个主题，其中蕴涵着极具内涵的生态伦理思想，也就是从人与自然的关系来思考天人之间的关系。人究竟为何而存在？人与天地万物是否有区别？人存在于天地之中，有何地位和作用？我们可以通过对程颢的理本论的研究来寻求这些问题的答案。

程颢说：“万事皆出于理。天者理也。”[②] 他认为“理”或“天理”作为物质世界的总根源，是自然而然存在的最高的实体。而天人万象是一本之天理，宇宙便为“天理”所产生。正因为有

---

① “道”作为一种形而上的概念，与时间、空间无关。人们在思维过程中一般都能区分形上的道与形下的器。但道器在实际存在中却是不可分离地浑然一体的。在道器整体之中，道是根本的、永恒的、普遍的，万物均是由道产生，并以道来作为存在的根据，无论是在时间上还是在主客体上，道都贯穿其中。道并不存在于特定的时空和具体的人事局限中。因此，冯友兰先生认为程颐很重视道器之分，而程颢却不认为理为离物而有，对于道器之分不很重视。程颢认为道器之所以能圆融为一，是因为只存在一个道器一体的世界，行上行下都是在同一道体中呈现。这也与程颢“生生之易即为道”与“天人一也”等易学思想相互贯通。朱伯崑先生认为道器观同其以人心统率天地的易学原则是一致的。这种道器观逐渐影响到了后世的研究，引发了南宋的朱陆形上形下和道器之辩的开展。

② 程颢、程颐：《二程集》，北京：中华书局2004年版，第33页。

了“天理”的作用与统摄，有机宇宙之间才能息息相通、相互内存，所以我们认为对待天地万物的最佳方式便是从天理的视阈范围来关照天地万物。

程颢提出“天人本无二，不必言合”[①]。认为“天”和“人”本就没有两个之说，是同一体的，根本无所谓“合”。如说“合”，就说明“天”与“人”并不是“一体”。并说“所以谓万物一体者，皆有此理，只为从那理来”[②]。程颢视天地万物为一体，这实际上就是客观和主观的合二为一，即“天人本一”。程颢将“理”确定为世界本原，人和天地万物是由理所派生，并统一于“理”，他这种系统的思维更加强调了主客体的相互统一。

人与万物之所以在天地之中紧密相连、毫无间隔，这是由于天理的统摄作用。只有达到“天人合一”的境界，人才能与万物连为一体。那么，如何才能达到“天人合一”的境界呢？程颢认为通过识“仁”则可以达到，他说：“学者须识仁。仁者，浑然与物同体。”[③] 在他看来，只要能达到“仁”的境界，就能与天地和自然融为一体、亲密无间，自然也就不再是人之外的外物了。这样，程颢将“仁”推广到人与自然中，并将宇宙本体论思想赋予了“仁”，让“仁”更具有了宇宙情怀。“仁民爱物”是儒家文化价值体系的核心。程颢在天理论中不但为“仁民爱物”找到一个哲学本体论的根据，同时赋予它生态伦理学的意境。

程颢认为“道”或者“天理”既是自然的普遍法则，又是人类社会的必然原则，是适用于自然、社会及人与人关系的普遍原

---

① 程颢、程颐：《二程集》，北京：中华书局2004年版，第81页。
② 程颢、程颐：《二程集》，北京：中华书局2004年版，第33页。
③ 程颢、程颐：《二程集》，北京：中华书局2004年版，第16页。

理。从统一的道、理出发，程颢提出了“天人一也，更不分别”的思想，他说：“易之乾卦言圣人之学，坤卦言贤人之学，惟言‘敬以直内，义以方外，敬义立而德不孤’。至于圣人，亦止如是，更无别途。穿凿系累，自非道理。故有道有理，天人一也，更不分别。”[①] 程颢认为君子应该就如《周易·乾·文言》中所说的“修辞立其诚”，这里是说天道，讲的是圣人之学；也如《周易·坤·文言》中的“君子敬以直内，义以方外”，是明人理，讲的是贤人之学。但圣人之学也应该“敬以直内，义以方外”，才能“德不孤”。所以天道和人理，都可以叫作天理。这就是“有道有理，天人一也，更不分别”[②]。

程颢认为，天与人本是一元，人即天。天理与人道本就是一体，天道即人道。他说：“若不一本，则安得‘先天而天不违，后天而奉天时’?”[③] 如果是从天人二本出发，怎能做到人与自然一致？他又说：“至诚可以赞天地之化育，则可以与天地参。赞者，参赞之义。‘先天而天弗违，后天而奉天时’之谓也，非谓赞助。只有一个诚，何助之有?”[④] 程颢认为《中庸》说的“赞天地之化育”的“赞”不是“赞助”天地之化育，而是“参赞”之义，这个“参”也就是“合”的意思，我与天地本为同一本体，至诚者之所为即是参赞天地之行为。诚就是天道，人至诚时皆与天地完全成为一体，故而《周易·乾文言》说：“先天而天弗违，后天而奉天时。”程颢甚至说：“言体天地之化，已剩一体

① 程颢、程颐：《二程集》，北京：中华书局2004年版，第20页。
② 程颢、程颐：《二程集》，北京：中华书局1981年版，第20页。
③ 程颢、程颐：《二程集》，北京：中华书局2004年版，第43页。
④ 程颢、程颐：《二程集》，北京：中华书局2004年版，第133页。

字，只此便是天地之化，不可对此个别有天地。”① 他认为人与天共同存在于天地之间。“体天地之化”就是相对于自身的“体认践履”的功夫修养。“只此便是天地之化”就是将人作为主体，天道的流变就是生化。

程颢说：“观天理，亦须放开意思，开阔得心胸，便可见，打揲了习心两漏三漏子。今如此混然说做一体，犹二本，那堪更二本三本。今虽知可欲之为善，亦须实有诸已，便可言诚，诚便合内外之道。今看得不一，只是心生。除了身只是理，便说合天人。合天人，已是为不知者引而致之。天人无间。夫不充塞则不能化育，言赞化育，已是离人而言之。”② 程颢认为人即是天，天并不在人身外，如果用“合天人”来言合，便有人为之嫌，也脱离了浑然一体的说法。因为如果说人与天合为一体，便说明天人是“二本”，若是天人本为一本，又怎会浑然一体？所谓“合天人”之说是对于其本源性的道而言，只不过是让不知道的人容易理解其中的深意而已，并不是真正地说天人本来无间。“观天理须放开意思、开阔心胸，以人的本心性体来体认天理。去除‘习心’使自心完足，便可实感自心即是天理。”③ 所以程颢主张：“须是合内外之道，一天人，齐上下，下学而上达，极高明而道中庸。”④ 从这里看来，程颢对“别立一天”的“二本”思想是持批评态度的。

程颢说：“冬寒夏暑，阴阳也；所以运动变化者，神也。神

① 程颢、程颐：《二程集》，北京：中华书局2004年版，第18页。
② 程颢、程颐：《二程集》，北京：中华书局2004年版，第33页。
③ 曾凡朝：《程颢易学思想管见》，《周易研究》2005年第6期，第27页。
④ 程颢、程颐：《二程集》，北京：中华书局2004年版，第59页。

无方，故易无体。若如或者别立一天，谓人不可以包天，则有方矣，是二本也。”① “道，一本也。或谓以心包诚，不若以诚包心；以至诚参天地，不若以至诚体人物，是二本也。知不二本，便是笃恭而天下平之道。”② “寒暑往来只是阴阳变化，所以运动变化，乃是由于‘妙万物而为言’的神的缘故。”③ 阴阳的存在使寒暑发生变化，神的存在使运动发生变化。所以作为万物之道体的生生之易是无方无体的。《中庸》所说的“洋洋乎发育万物，峻极于天，无所不包”④。道就是天人一本，程颢区分心与诚、人心与天的不同，认为心外求天，人与天合，便是天人二本论。天道的存在形式虽外于人，但天道与人心是同一的存在。“天人本无二，不必言合”，由此可知天道化育万物，也如人道化育万民一般。因而程颢说：“人与天地一物也，而人特自小之，何耶?”⑤ 说的是人不但有与天地相参的重要地位，也有如天道化育万物一样的生态伦理责任。

二、“仁者以天地万物为一体”

程颢说：“仁者，以天地万物为一体，莫非已也。”⑥ 程颢追求和向往的是一种包容达观、圆融洒脱的精神境界。要想达到这

---

① 程颢、程颐：《二程集》，北京：中华书局2004年版，第121页。

② 程颢、程颐：《二程集》，北京：中华书局2004年版，第117—118页。

③ 程颢、程颐：《二程集》，北京：中华书局2004年版，第132页。

④ 曾凡朝：《程颢易学思想管见》，《周易研究》2005第6期，第26—28页。

⑤ 程颢、程颐：《二程集》，北京：中华书局2004年版，第120页。

⑥ 程颢、程颐：《二程集》，北京：中华书局1987年版，第15页。

种自由自在的境界，做到心怀宽广的程度，就只有具有与天地万物为一体的仁者情怀。

但朱熹在《朱子语类》卷九十五说：“‘仁者以天地万物为一体’说得太深，无捉摸处。”这是对程子之书的评价，也可以说是批评。从生态系统论的角度上是不难理解的。宇宙作为一个大系统，地球则是宇宙中的小系统，人则生存于地球这个小系统中。宇宙内的任何一个个体，如果离开了地球这个自然万物生存的环境，就无法生存下去。这便是程颢所说的“以天地万物为一体”。朱熹之所以说程颢的“仁者以天地万物为一体”太深而无法捉摸，是因为程颢将“仁”提升到了一个高深的哲学境界，这种哲学境界就是仁者境界，要想达到这种境界，就要做到“爱人如己”，要像关心自己的四肢百体一样关心自然，并对自然施予仁心。

程颢说：“义，礼，智，信皆仁也。仁，义，礼，智，信，五者，性也。仁者，全体，四者，四支。仁，体也。”① 程颢的意思是说“仁”贯通我的四肢，因为四肢是我身体的一部分，这么说仁也能贯通我的全身。如果外物贯通于我的全身后还能保持全性，我就具备万物的德性了。程颢将“仁”贯穿于万事万物之中，使“仁”具有了天地万物的本性，成为道德实践的关键，作为一种本然的存在，表现一种道德理性的存在。这便是孟子所说的“万物皆备于我”。他认为人具有完整德性的唯一办法就是与天地万物成为一体，也只有这种德性才能使人达到“万物与我为一”的自由境界。

“仁者浑然与物同体”与“仁者以天地万物为一体”是两个

① 程颢、程颐：《二程集》，北京：中华书局2004年版，第15页。

相通命题。“学者须先识仁，仁者浑然与物同体，义理智信皆仁也，识得此理，以诚敬存之而已，不须防检，不须穷索。”① “此道与物无对，大不足以明之。天地之用，皆我之用。孟子言‘万物皆备于我’须反身而诚，乃为大乐。若反身未诚，则犹是二物有对，以己合彼，终未有之，又安得乐?”② 与物同体论是在孟子“反身而诚”思想基础上的进一步发挥。

孟子在《孟子·尽心上》中说：“万物皆备于我矣，反身而诚，乐莫大焉。强恕而行，求仁莫近焉。”孟子认为“诚”不仅是天道，也是天人合一的最高境界。程颢认为如果“反身未诚”，则“二物有对”；如果“二物有对”，那就说明天人不能统一，当然就是“反身未诚”。天人统一后天人才能得到合一，从而达到“仁民爱物”的境界。所以程颢对张载《西铭》中所倡导的“天亲合一”的孝悌仁爱观点和“民胞物与”的仁者情怀很是赞同。

三、“人为天地之心”

正是因为程颢有了对人与宇宙万物的深刻体会和认知，才会大力倡导“天人一也”的宇宙观。他说： “无人则无以见天地。”③ 程颢将人与天地合而为一的命题，体现的是一种天道即性命本体的价值内涵，彰显的是一种人与自然合为一体的生态意境，肯定的是人相对于万物的主体地位。所以他说：“天位乎上，地位乎下，人位乎中。无人则无以见天地。《书》曰：“惟天地万物父母，惟人万物之灵。”《易》曰：“天地设位，而易行乎其中；

① 程颢、程颐：《二程集》，北京：中华书局1981年版，第16—17页。

② 程颢、程颐：《二程集》，北京：中华书局2004年版，第450页。

③ 程颢、程颐：《二程集》，北京：中华书局1981年版，第117页。

乾坤毁，则无以见易。易不可见，则乾坤或几乎息矣。”① “唯人气最清，可以辅相裁成。‘天地设位，圣人成能’，直行乎天地之中，所以为三才。天地本一物也，地亦天也。只是人为天地心，是心之动，则分了天为上，地为下，兼三才而两之，故六也。”②程颢认为天之所以能使自然万物生生相续，代代相传，日日更新，是因为天有生养万物之道。天虽能生养万物，只不过是顺其自然而已，并不像人一样有心。人为天地之心，如果无人，那么也无以见天地。人是万物之灵，在天地之气中，唯有人气最清。所以说万物之中唯有人才能辅相天地之宜，才能成就天地之道。程颢所说的由天地设位，由圣人效法，并能从中参赞天地之化育，这样便能成就天地之功能，而人便能成为天地之心。这就是说在人之中，是以心为主的。正因为心的能动作用，可将宇宙分为天上天下，所以程颢便将心做为基础统一天地万物。在研究了心与理、道、天之间的关系后，程颢坚持认为“理与心一”“道者一心”“只心便是天”，并将其作为统一天地万物的基准。

对于理与心而言，程颢认为心和理本就是一回事，提出“理与心一”的命题。程颢说：“理与心一，而人不能会之为一。”③理心本一，人却不能融会为一，多执个体自我，杂私意于其间，“人心莫不有知，惟蔽于人欲，则亡天德（一作理）也。”④ 人只有通过个体体验才能超越私己，才能像圣人一样“致公”，并能深切感受到宇宙万物本就是一个不可分割的整体。“圣人致公，

① 程颢、程颐：《二程集》，北京：中华书局2004年版，第117页。
② 程颢、程颐：《二程集》，北京：中华书局1981年版，第54页。
③ 程颢、程颐：《二程集》，北京：中华书局2004年版，第76页。
④ 程颢、程颐：《二程集》，北京：中华书局2004年版，第123页。

心尽天地万物之理，各当其分。”①

程颢说：“曾子易箦之意，心是理，理是心，声为律，身为度也。”② 这是说曾子在病危之时躺卧的是大夫之席位，曾子当时认为这是非礼的行为，一定要人们把睡的席子换掉，才安心死去。对于曾子病危之时而易箦德的举动，程颢是持赞同的态度。因为程颢认为，曾子不因濒临死亡而动心，这就是程颢所强调的“心是理，理是心”的观点。曾子的这件事也正是心即是理，理即是心的最好证明。程颢通过这个事例表达的正是自己融理于心的思想，也就是说声音和身体也应有自己的规则和约束。

对于道与心而言，程颢认为“道者一心”，认为道由心而发。程颢在答王彦霖之问时体现了这个观点。王彦霖问：“道者一心也，有曰‘仁者不忧’，有曰‘知者不惑’，有曰‘勇者不惧’，何也？”曰：“此只是名其德尔，其理一也。得此道而不忧者，仁者之事也；因其不忧，故曰此仁也。知、勇亦然。不成却以不忧谓之知，不惑谓之仁也？凡名其德，千百皆然，但此三者，达道之大也。”③《论语·子罕篇第九》有“子曰：‘知者不惑，仁者不忧，勇者不惧。’”程颢将知、仁、勇称为“名德”，这三名德就是一元。道体有着多种表现，而作为三名德的知、仁、勇却是“达道之大也”。人在得“道”之时，无论发生任何事情，都能无惑、无忧、无惧。而知、仁、勇这三名德是存于心，并由心而发的。程颢所说的“道者一心”，实则是指道从心发。

程颢对于天和心而论，说“有道有理，天人一也”，认为心

① 程颢、程颐：《二程集》，北京：中华书局2004年版，第142页。
② 程颢、程颐：《二程集》，北京：中华书局2004年版，第139页。
③ 程颢、程颐：《二程集》，北京：中华书局1981年版，第2页。

即是理，亦即是天，提出“天地有用，皆我之用”和“只心便是天”的观点。他说：“尝喻以心知天，犹居京师往长安，但知出西门便可到长安。此犹是言作两处。若要诚实，只在京师，便是到长安，更不可别求长安。只心便是天，尽之便知性，知性便知天（一作性便是天）。当处便认取，更不可外求。”[1] 程颢用“居京师往长安”来证明“以心知天”的说法是不妥当的。因为心本就是天，所以怎么能离开心去讲知天呢？对此，程颢天理便存在于心中，而“心”具有形而上的意义。“心”不仅包括天理，也能包括世界上的万事万物之理，如果在心上做到反省内求，就可以对天理做到认识和把握。程颢所说的“只在京师，便是到长安，更不可别求长安”[2]，是想用京师与长安的区别来说明和认识到“只心便是天”的涵义，而要做的事便是“当处便认取”，主体对于事理对错在天人本一的状态下可以得知，所以说“尽之便知性，知性便知天”。就是因为天理已了然心中，则“更不可外求”。由此，程颢说：“人心莫不有知”[3]，只有“心得之，然后可以为己物”[4]，“耳目能视听而不能远者，气有限耳，心则无远近也”[5]。人从耳目感官中所得到的东西是有限制的，但人们的“心”却不会受到任何条件的限制和牵绊，如果能将内心修养达到天人一体的最高境界，便能透悟自然万物。孟子所说的“万物皆备于我”的思想是程颢较为赞同的。

程颢说“万物皆备于我”，不独人尔，物皆然。都自这里出

---

① 程颢、程颐：《二程集》，北京：中华书局2004年版，第15页。
② 程颢、程颐：《二程集》，北京：中华书局2004年版，第15页。
③ 程颢、程颐：《二程集》，北京：中华书局2004年版，第123页。
④ 程颢、程颐：《二程集》，北京：中华书局2004年版，第351页。
⑤ 程颢、程颐：《二程集》，北京：中华书局2004年版，第119页。

去，只是物不能推，人则能推之。虽能推之，几时添得一分？不能推之，几时减得一分？百理具在，平铺放著。几时道尧尽君道，添得些君道多；舜尽子道，添得些孝道多？元来依旧。[①] 所以谓万物一体者，皆有此理，只为从那里来。“生生之谓易”，生则一时生，皆完此理。人则能推，物则气昏，推不得，不可道他物不与有也。[②] 人与宇宙万物同样都具有共同的完足充备的天理。“天理云者，百理具备，元无少欠。”[③] 百理均“平铺放著”，不会因尧舜的存在与否而增益减损。万物都内存同一理中，都是同一生生本体的体现。人作为宇宙万物中的一物，是自然万物中的一员，但是在所有的宇宙万物之中唯有人能推，其他的物却推不得。程颢认为天地之心的主观能动作用，就是把自己放在生生不息的宇宙整体中，将待己之心用来对待他人；能把天地万物浑然一体的道理推广到天地万物之中的人就是天地万物的中心，能自成天地之道，辅相万物之宜。在这里，人心便是万物生机的集中体现，所以说“万物皆备于我”，而宇宙万物才能皆备于我心。

将人作为天地之心，程颢说：“穷理尽性以至于命，三事一时并了，元无次序，不可将穷理作知之事。若实穷得理，即性命亦可了。”[④] 程颢因此认为，穷理、尽性、以至于命虽是同一个道理，而且穷理就是尽性，但穷理并不是求知，尽性之后才能穷理。怎样将穷理、尽性、以至于命这三者合而为一呢？程颢又提出了“天人一也”的命题，认为“只此便是天地之化”，心即是

---

① 程颢、程颐：《二程集》，北京：中华书局2004年版，第34页。
② 程颢、程颐：《二程集》，北京：中华书局2004年版，第33页。
③ 程颢、程颐：《二程集》，北京：中华书局2004年版，第32页。
④ 程颢、程颐：《二程集》，北京：中华书局2004年版，第15页。

天；天地的造化，也只有靠心来体会，穷理便更不用说了。“以天下之大，万物之多，用一心而处之，必得其要，斯可矣。”[①] 程颢认为心、性、理之间的关系是相通为一的。朱熹将程颢所说的“定性”解释为“定心”，这应该是正确的，“只心便是天”讲的就是要想使人心与天相通为一，就要将尽性解消于尽心之中，这个解释超越了尽性工夫。因此，程颢说：“‘天下皆忧，吾独得不忧；天下皆疑，吾独得不疑’与‘乐天知命吾何忧，穷理尽性吾何疑’，皆心也。”[②] “乐天知命”以及“穷理尽性”便是程颢的尽性工夫的体现。心既然能尽天道，也能尽天理性命，这样天地中的生者自生，成者自成，万物则得以各尽性命，充满和谐，洋溢的是盎然的生机和春意。

程颢在“天人本无二”的理论基础上，构建了以心体道的心理合一、心道合一的天人合一之学。程颢所构建的天人合一之学，也为后来的陆王心学的形成打下了根基。“程颢在《识仁篇》里，提到浑然与物同体。其中谈到了‘仁体’，又说到‘良知良能’，两者都是对心体而言。说到‘敬诚存之’‘反身而诚’以及‘体之而乐’和‘守’，讲的都是心体上的工夫。所以，程颢并没有如同张载的穷理尽性以至于命的先后次第，而是‘顿’入此心便是天人合一的化境。”[③]

从“天人一本”到“仁者以天地万物为一体”，程颢的道德本体论充满了人与自然平等的生态伦理价值。从“万物一体”到

① 程颢、程颐：《二程集》，北京：中华书局2004年版，第125页。

② 程颢、程颐：《二程集》，北京：中华书局2004年版，第133页。

③ 曾凡朝：《程颢易学思想管见》，《周易研究》2005第6期，第28—31页。

"人为天地立心"，程颢的生态伦理观在肯定自然万物价值的基础上，又高扬人类关怀自然的道德主体责任。在天人合一哲学的框架中，这两个方面是有机统一的。

天理通过"人性"而展开显露出来，也只有人才能尽之、知之。其中主要原因便是人能"推"，这个"推"的动力就在人心，人心通过人性将其推出。孟子曰："心之官则思，耳目之官不思。"程颢说："耳目能视听而不能远者，气有限耳，心则无远近也。"[①] 耳目等感官虽能视听，但却容易被自身限制，就如同坐井观天的人只能看见井口一样，不知道自己耳目所致范围已经被井口约束。人如果只是耽于自己的所见所闻并深信不疑，则是件很可笑的事情。而人心与耳目等感官不同的是，人心莫不有"知"，这个"知"便是知性知天之"知"，是体知，不是感知。

程颢将人心分为本心与习心，本心就是良知良能之心，而习心即是昏昧放逸之心。人所具备的良知良能之本性是不虑而至、不学而能者，此皆出乎天而不系于人者。故程颢说："只心便是天。" "理与心一。"[②] 这里所说的"心"就是本心，即道心。"'道心惟微'，天理也。"[③] 本心就是"与理（天理）合一"之心，也就是"道心"。"习心"蔽于人欲之心。关于"习心"蔽于人欲之说，程颢说他在十六七岁时曾喜好田猎，后来从学周敦颐，便改掉了自己好田猎的"习心"。"猎，自谓今无此好。周茂叔曰：" 何言之易也！但此心潜隐未发，一日萌动，复如前矣。' 后十二年，因见猎，果知未。一本注云："明道年十六七时，好

① 程颢、程颐：《二程集》，北京：中华书局2004年版，第119页。
② 程颢、程颐：《二程集》，北京：中华书局2004年版，第76页。
③ 程颢、程颐：《二程集》，北京：中华书局2004年版，第126页。

田猎，十二年暮归，在田野间见田猎者，不觉有喜心。’”①

“人心有隐显、未发、已发状态，当未接于物时，便潜隐不发；当其接于物时，便已萌动，呈露不已。人之本心在未接于物时隐而不发，一旦萌动便是因任自然，便是天理之流行。若本心为人欲所遮蔽、所裹挟，此时心之萌动便是私欲之流行，非与理合一之心。”② 我们应注意，程颢在这里严格反省自己蔽于人欲的“习心”是好田猎之心。因为这是与“仁者以天地万物为一体”的生态伦理意境相违背的。

与理合一之“心”是活泼开阔，且无所系累的“心”。程颢说：“人心不得有所系。”③ “人心常要活，则周流无穷，而不滞于一隅。”④ 因其活泼，所以能“鸢飞戾天，鱼跃于渊”；因其开阔，所以能放开，不著一事；因其无所系累，所以能周流无穷。人的心体纯粹至此，为什么现实中常常不尽人意呢？这么看来，程颢在对“心”的理解上是有切身体会的。“伯淳昔在长安仓中闲坐，后见长廊柱，以意数之，已尚不疑，再数之不合，不免令人一一声言而数之，乃与初数者无差，则知越著心把捉越不定。”⑤ “伯淳在擅州日修桥，少一长梁，曾博求之民间。后因出入，见林木之佳者，必起计度之心，因语以戒学者，‘心不可有一事’。”⑥ 程颢强调“必有事焉而勿正”中的“正”便是把捉之意，不可著心，也不可把心拘束于某一事物的得失。一旦著心，

① 程颢、程颐：《二程集》，北京：中华书局2004年版，第96页。
② 程颢、程颐：《二程集》，北京：中华书局2004年版，第124页。
③ 程颢、程颐：《二程集》，北京：中华书局2004年版，第124页。
④ 程颢、程颐：《二程集》，北京：中华书局2004年版，第76页。
⑤ 程颢、程颐：《二程集》，北京：中华书局2004年版，第46页。
⑥ 程颢、程颐：《二程集》，北京：中华书局2004年版，第65页。

那么计度之心、鄙诈之心全会因此惹起，这样人便不得“和乐”。

第三节 “生生之仁”的生态价值观

一、“天道生生”即是仁

“生生之谓易”之语来自《周易・系辞》：“富有之谓大业，日新之谓盛德，生生之谓易。”《周易》的符号系统有六十四卦，阴阳往复形成了它的基础，正是有了它们相互之间的依存摄入以及日月的交替运行和阴阳的相互转换，宇宙才洋溢着生机，生生原则也得以充分显露。程颢哲学是易学的重要思想源头，其中提到了的一个重要的思想，即“生生之谓易”。这也是天道生生中仁的深刻体现。这里所谓的“生生”是天之所以为道，道便是生生的体现，即天理。程颢认为正是因为天道的存在才使宇宙有了生生不息、周而复始的流动过程。天道之间阴阳的相互转换，日月的相互交替，昼夜的前后相继无不体现着天道的生生不绝。人在感悟天道流行的过程中，能感悟到生生之道的流行，天地万物的生化无尽，才能体会到“生生不息”的作用。

所谓的“识仁”的“识”是对“天道生生”的感通和领悟。仁是天借以创生的大德。新生事物在大自然的不断更替流动中形成仁。这便是对“天地之大德曰生”的体现。

在这里，所谓的“生生”被赋予了三层涵义：一是站在宇宙万物生成的角度上立论；二是宇宙万物共同生存所具有的意义；三是宇宙在生存过程中时万物之间有一个相互依存和更替的过程。

那么，何为生呢？程颢将易学作为天道之学，对此问题进行了深刻的解析。程颢易学认为生即是易，易即是生，生生作为易的中心，是一个永无间断、毫无止息的过程，并随时随地存在于宇宙之中。将“生”的思想贯通到哲学思想的各个方面，可以得到生和易是天之所以为天的基本依据，它们既是宇宙生生不息的根本法则，又是人和万物的根本属性。

《周易·系辞》提出“天地之大德曰生”“生生之谓易”。程颢说：“‘天地大德曰生’，‘天地絪缊，万物化醇’，‘生之谓性’。万物之生意最可观，此元者善之长也，斯所为仁也，人与天地一物也，而人特自小之，何耶?”① 程颢将生与易相通为一。“生”所揭示的是人与自然界相互之间的联系，人的生命意义正是在这个联系中得到充分体现，人在自然界的重要地位也正是在这个联系中得以完全确立，自然界的生命现象便显现为生生不息。

《周易·系辞》曰：“一阴一阳之谓道。继之者善也。成之者性也。”程颢所说的“继”是继“生道”“生理”之道，是现实中“生”的体现。这种现实的“生”则为“善”。在这个现象世界中，天道便是善的体现，并被善所替代。所以说，天以生为道，继此生理，最后达到发育万物，这样就是继善。宇宙万物在这个绵延不绝、生生不息的流转过程中，依照自己的秉性受其道而生，皆体现出盎然春意；只有顺其秉性能成此生理之道，万物才能各正性命。道便是宇宙生生不息的过程，在这个生生不息的过程中体现的不只是生生之德，还有生生不息的流变过程得以体现出来。人之性、人之道德之性、万物之性均来自“生道”“生

① 程颢、程颐：《二程集》，北京：中华书局2004年版，第20页。

理”。程颢在“识仁”中认为仁即是理，理即是道，道便是生生之理，是宇宙万物生机流行之道，生生之意因此得以呈现。程颢的宇宙是一个生命的流动过程，“识仁”正是对这个生命流动过程中的感通、领悟和认知。

程颐说：“天地之化，自然生生不穷。”① 他认为天地的生生不息便是天地之仁的证明，宇宙生来具有的本性便是生生不息、生命交替，是一个大化流行的总过程。甚至包括宇宙万物中的山川草木、人物禽兽均存在于这个大化流行、化生万物的过程中。仁具有使宇宙万物圆融会通的本性，仁体正是宇宙万物生生不息的体现。程颢把“生”与“仁”纳入相同的范畴，由此《周易》的生生之道和《论语》《孟子》的仁爱之道便相互融合，合为一体，带有宇宙论和哲学本体论的意蕴，给儒家的仁学思想增添了新的内容，充满了一种生态伦理智慧。

二、“生生之德”即是仁

仁学作为儒学价值观的核心，历代儒家学者对其也给予了不同的生态阐释。宋明理学时期便用生生之德来对“仁”进行阐释，认为生生之德体现的不仅是人与自然的有机统一，也包含着天人合一的整体论和目的论，将儒学的生态价值观和生态伦理观赋予了哲学意境。因生生之德，万物便具有了生命之性从而展现出盎然生机和活力。而宇宙生生不息的过程就是自然万物一个生生不息的流变过程，这个过程就是生生之德的体现。程颢认为“生”包含“天地之仁”和“人心之仁”，这两种“仁”体现的“生生之仁”的仁者境界与天人相关。只有用“生生之仁”来解

① 程颢、程颐：《二程集》，北京：中华书局1984年版，第163页。

释人与自然的有机统一观点，“天地之仁”的生生自然观和“人心之仁”同体的自然观才能得以统一，融为一体。

程颢常用“觉”训“仁”，用“生意”训“仁”。而在现实中，人总是与自然万物相对立，也总是试图征服自然界，凌驾于万物之上。程颢认为这种与万物对立的思想是错误的，这就如同医学上所说的“麻痹不仁”。程颢用不仁反显仁，认为：“医书言手足麻痹为不仁，此言最善名状。仁者，以天地万物为一体，莫非己也。认得为己，何所不至？若不有诸己，自不与己相干。如手足不仁，气已不贯，皆不属己。”① “故‘博施济众’，乃圣之功用。仁至难言，故止曰‘已欲达而达人，能近取譬，可谓仁之方也已’，欲令如是观仁，可以得仁之体。医家以不识痛痒谓之不仁，人以不知觉不认义理为不仁，譬最近。”② 人在身体的组成部分受到刺激后会有痛痒的感觉，这便体现出人生命的存在，如果人的四肢麻木不仁、毫无痛痒之感，那么人便失去了生命的体征从而趋向死亡。与此相同的是生命之仁，人如果将主观与客观对立，即将自己与万物彻底分离开来，认为万物便是自己的身外之物，与自己毫不相干，对自然万物也毫无知觉、毫无感通，这就犹如手足不仁、气已不贯一样，是无法达到仁者境界的，那就根本不可能体会得到生命中跃动的仁。

人只有做到与天地万物圆融为一并息息相通，将天地万物作为自己的四肢手足，才能在万物生意中成就万物一体的仁。“观鸡雏，此可观仁。”③ “万物之生意最可观，此‘元者善之长也’，

① 程颢、程颐：《二程集》，北京：中华书局2004年版，第15页。

② 程颢、程颐：《二程集》，北京：中华书局2004年版，第15页。

③ 程颢、程颐：《二程集》，北京：中华书局2004年版，第59、120页。

斯所谓仁也。”人通过贯通天理而体“仁”。说的是人在感受到仁者境界后，才能感受并领悟到生命中跃动的“仁”，将“仁”推至万物，将天地万物当做自己的四肢百体来爱护，这样才能达到“仁”的最高境界，这便是人在“识仁”后对生生之仁的最终感悟与深刻体现。

经过历代儒家学者的不断发挥和拓展，儒家“仁者爱人”思想最后由程颢深入研究后，最终揭示出“生生”之仁的仁者境界。这种境界使生命个体与生态环境有机地融合到一起。程颢的生态伦理思想是通过人与自然的角度来审视人生命的意义和价值，其目的是使自己达到“生生之仁”的最高境界并大彻大悟，对自己和对万物的生命产生同样的道德自觉。程颢将天地万物为一体看做是人的存在本质，个体的生命是宇宙生命系统的一个有机组成部分，而人与天地万物就以一体的形式在宇宙之中共存。所以说，人的生命本质上来源于宇宙自然的存在，人对自然万物赋予的关照与爱护就是人对己对物都同样具有道德责任。生命是由天道所创造，所以说人对天道的崇敬就相当于人对生命的崇敬，这种生命既是人自身的生命，也是自然万物的生命。

程颢的生生之仁观表达了“天地之仁”与“人心之仁”这两种仁者境界，是生生不息精神的体现。这里提到的生生不息指的就是天地之间的仁德，这个仁德就是自然万物与人一样具有的生命价值和生生之德，展现出的生态自然观便是生生之仁。展现出的这种生态自然观有这样两个特点：一是认为自然万物与人相同的一点就是人与自然具有相同的生命价值，人与天地之间的关系是融为一体、浑然无间的。人与自然万物不同的一点便是，人本身具有生生之德，在与自然相通为一体后，便能自觉地顺承天意，这说明人的本身就具有生命价值。二是认为自然界是一个生生不息、日日更新的过程。生命的实现靠仁，而仁与自然界又是息息相通相连的，人与人、人与社会、人与自然构成的一派和谐景象正是生生之仁的体现。由此看来，程颢正是在体认和感悟自然界的千变万化的过程中，才深深领悟到了自然万物的生生不息，在提升了自身精神境界的同时也提高了人格的价值，更提升了万物在人心中的地位。

程颢认为人要想成为仁者，成为有仁德的人，就要在改造自然的过程中具有最基本的人性。具有了最基本人性的人在具有了这种仁德后，才会产生以“仁”为核心的善，这个善就是善心，人只要有了善心就能实施善行，从而才能达到“仁者”境界。天地化生的过程便是一个天地中仁善体现的彰显过程。在这个天地化生以及自然万物更新的过程中，对自然万物的关爱和善待才是仁的体现。真正具有儒家风范的正人君子会将自己对人的善心用来对待自然万物。他把以儒家的性善论为基础的伦理哲学扩展到生态伦理学的领域，增加了生态伦理学的内容。

三、“与物同体”即是仁

主客体统一和人与自然统一是程颢的仁学自然观的基础。程颢认为天地万物共有的本性便是仁，人对天地万物施予的仁便是善。这主要原因有以下两点：一是对自然万物来说，万物各具其理，而万物的万理又体现于一理。所以天地万物本就是一理，人与天地万物具有同质同性的特点。二是天的生生之道也就是人的好生之德。天的生生之道是善的源泉，而人则是善的执行者。

既然天地万物本为一体，但并不是所有的人对这种人己物我的本然状态有着深刻的认识和体验。有的人将自己凌驾于自然万物之上，与万物对立，认为万物可以被他所用，自己就是万物的主宰。程颢认为这是一种物我对立的方法，这种方法违背了仁性，在医学上这种做法称之为“麻痹不仁”。就是说人的四肢本身是链接为一体的，人与自然万物的关系也就如同人与宇宙万物的关系一样，人爱护自然万物就如同爱护自己的四肢。只有这样才能保证人与自然万物一起健康地生活在这个宇宙中。人将自己的仁心扩充到宇宙万物，使自己与外界达到与物无对、物我一体的理想境界。

人与自然万物的本然状态是浑然一体的。那么，我们如何回复人的本然状态呢？程颢将人与万物统一于“生生之德”的仁中，说“天以生为道”。《易经》说：“天地之大德曰生。”认为生便是天地间最大的德性。“生”既是天地仁性的体现，也是天地人浑然一体的根据。程颢认为天地仁性的体现便是产生万物，人心之所以为仁就是因为人具有好生之德，这种好生之德也是儒家仁爱的体现。自然的生生之德与儒家的仁者之心统一在一起，就是仁德真正的体现。

“心生道也，有是心，斯具是形以生，恻隐之心，人之生道也，虽桀、跖不能无是以生，但戕贼之以灭天耳。始则不知爱物，俄而至于忍，安之以至于杀，充之以至于好杀，岂人理也哉?”[①] 程颢认为，人具有好生之德，这种好生之德便是好生恶杀的品德，它一般体现在人对他物的恻隐之心、爱物之情上。他把“不知爱物”看作是残忍好杀的第一步，也就是说他把关爱自然万物作为仁爱伦理的不可缺少的内容。

程颢的仁者与物同体的自然观在《周易》“天人合德”的基础上又更进了一步。儒家将天人合一作为仁学的思想核心，认为

① 程颢、程颐：《二程集》，北京：中华书局2004年版，第274页。

人既是自然界的产物，就不能凌驾于自然之上而主宰自然。人之所以能实现人与自然的和谐统一，是因为人是德性主体，而不是作为征服自然的价值主体。

孔子在《论语》中提出三层关于仁的体现：仁德、仁者以及行仁。孔子认为仁学的实质就是将仁从行为规范内化为自己的道德修养，在使自己成为仁者的同时也用仁德来指导自己行仁。孔子在《论语·述而》里说："钓而不网，弋不射宿。"孔子作为仁者的本身便具有仁德和保护生态的思想。

在《孟子·尽心上》中，孟子在孔子"仁者爱人"的基础上提出"君子之于物也，爱之而弗仁；于民也仁之而弗亲。亲亲而仁民，仁民而爱物"，讲的就是君子用自己给予亲人的爱来爱他人，要将给予民众的爱来珍惜生态万物。在这里，孟子讲自己的仁爱延伸到了爱民，又从爱民的仁爱升华到爱物。这个"物"便是指自然万物。孟子讲对人的仁爱之心扩大到了对万物的仁心，这是孟子对仁学发展的贡献。然而，孟子的仁爱是有差等的。

到了宋代，张载提出的"民胞物与说"更加扩大了仁的范围，其中"与天合德"的思想具有宇宙关怀的仁者情怀。而程颢在历代学者对"仁"的研究基础上，不仅将仁爱的思想外推至他人，具有成人之美德，更重要的是，他将仁爱的思想外推至外物，提出人与自然万物平等的观点。

在程颢看来，天的生物之性与人的爱物之情是联系在一起的。天通过生生之道来体现仁，人通过爱物来体现仁。程颢将仁推向万物，以天地为一身，万物为一体，提出了"仁者与天地万物为一体"的自然观。这就是说人要持平等之心来对待自然万物，不能以傲然之心对待自然万物，要把自然万物看成自己身体的一部分。程颢的这种自然观不但体现了程颢对自然万物的尊重，对自然万物存在价值也做了充分的肯定。这种对自然万物的尊重和肯定，不是出于人类自身的功利目的，而是出于仁者的一种自然而然的精神。

但是，程颢并不认为“仁”的目的能成为学者经过修身养性成就自己的途径或规范，而是要通过对仁的外推，在外推并成就他人的同时，更要做到成就万物。也就是说，人通过修身养性的途径在成就自己的同时，也能成就他人和万物，只有达到这样的境界才是一个真正的仁者的成功体现。仁者与物的界限被“仁者与天地万物为一体”的自然观所打破，将仁者之爱推向了宇宙万物，有着丰富的生态价值。

四、仁学自然观的生态伦理价值

当前的生态伦理学多体现在人类中心主义和非人类中心主义的不同立场上进行争论，这两种观点都是一种规范伦理。

在人与自然关系问题上，以人为中心和尺度，人便成为自然的主宰者和统治者，并按照人的利益来对待周围的一切，这就是人类中心主义生态观的观点。在这种人类中心主义错误的指导下，人类便逐渐有了对自然界征服的欲望，对自然界中有限的自然资源进行无休止的耗费和挖掘，与自然的关系变得日益尖锐甚至对立，这样人们的生活环境会渐入困境。而非人类中心主义生态观则与之恰恰相反，非人类中心主义者们不仅仅关心人类本身，更关心和爱护整个自然界。这个观点主张非人类存在物不但有其内在的价值取向，更有自己的生存价值。生态伦理学的出发点就应该是人与自然的整体利益。所以说非人类中心主义在肯定了自然万物有各自生存价值的同时，也是解决生态危机的一剂良药。

自启蒙运动以来，人们发现人与自然的关系呈现出一种对立、敌对的危险状态。而人类中心主义和非人类中心主义的产生就是期望能正确地解决人与生态问题。但它们间有一个共同的局限性，便是认为生态问题的出现是因为美德的缺失。它们没有发现当代环境危机的真正根源实际上就是人性的缺失。由于人性的缺失，人与自然关系的发展并不和谐。那种为了人的自身利益保护自然的人是小写的人，而纯粹就是为了保护自然的人才是大写的人。这种大写的人是出于人的本质来保护自然的。

而程颢认为人对自然的尊重和保护，以及对万物的肯定不是出于人本身的利益，而是出于人类从内心而发的本身的道德情感，也就是人的道德本性，没有为自己谋私利的打算，这就是仁。这是程颢仁学自然观的深刻表达。他认为只有达到仁，才能算是大写的人。

识仁不仅仅是目的，也是人之为人的本质，也可作为美德的一种范畴。因为生态伦理并不能局限于规范伦理的限制，还可延伸到生态伦理的美德向度。《中庸》说："成己者仁，成物者智。"仁与智都是道德。程颢则把义、礼、智都归属到仁的范畴内。仁者必然有智。程颢仁学自然观对当代生态伦理的启示便是：人保护生态的首要条件便是认清自己，使自己成为仁者，在保护并成就万物的过程中也成就自己的美德。美德是人心灵品质的一种状态，是一种优秀状态。这种美德能预知道德是否正当与合理，并站在他人的视角上用善的价值取向在具体的情境中作出恰当正当的行为，即实现儒家所说的中道。人只有认清自己，完善自己，才能成为仁者。当代生态伦理如要向美德向度延伸，人首先就要成为真正的人。这就如苏格拉底所说："人啊，认清你自己。"这句话具有深刻的哲学启示，东西文化在深层次中有稍许相通的东西，人对待自己的态度也就是对待世界的态度。

美德作为一种优秀状态，更是一种善的体现。人类只有经过美德的修养才能找回人性，才会具有理想的人格而成为仁者。一个缺失人性的人绝不会具有美德，也绝不可能从根本上解决生态危机。因为生态危机就是人在改造自然的过程中迷失了自我，只知享乐而丢失了人的本性和善性。

那么，如何实现人的人性，并使自己的人性具有美德呢？程颢的“仁者与天地万物为一体”的自然观对内是将仁化为人心、人性，对外则是将仁推到宇宙万物，并推到仁者与天地万物融为一体的最高境界。何为真正的仁者？程颢认为不但要成就自己，使自己具有真正仁的品质，还要在成就自己的过程中使他人得到成就，使万物得到成就，这才能称为真正的仁者。这不但是儒家理想人格中的重要部分，也是成圣成贤的必经之路。

儒家的理想人格包括仁的内化和仁的外推两个向度。内化便是指将本身的修养达到完美程度，使自己成为美德之人。外推便是待自身修养达到完美程度后，将自己的这种美德推向自然万物，并善待万物。通过内化与外推，儒家的仁便可达到最高境界，二者缺一不可。程颢认为要想达到仁的最高境界，就只有与天地同体、与万物合德。人在成就高尚人格的同时，将仁推向万物。修身养性是为了追求实现“上下与天地同流”的人生境界，人只有对自然万物无尽关爱才能最终实现理想人格。

程颢的仁者关爱万物生态价值观，直接将他的哲学伦理学引向了生态伦理领域。他表现了中国传统文化的生态智慧，既是对人生的哲学引导，又有推动社会生态环境保护的实践意义。

第四节　“天人本无二”的生态伦理思想

一、“与万物为一体”的生态意境

程颢在人与万物平等观点的基础上，论证了“万物一体”学说，从而成为中国古代保护自然界的最杰出的思想家。程颢认为因“天理”是普遍无私的，所以天之“生理”“不为尧存，不为桀亡”。那么，天之所生之物，“皆完此理”，人与自然万物都应得到天理的恩泽。人和动物最根本的区别就是人能“推”，而动物却“推”不得。那么动物为何不能“推”呢？程颢认为，理与气构成人与自然万物，动物作为自然万物的一部分同样也是由理与气构成。人之所以能“推”，是因为人具有的思维能力和表达方式是其他自然万物所不具备的，动物更不可能具有这种功能和方式。这便是人与万物的不同之处。万物没有理智，根本不具备“推”的思维能力和表达方式，当然不能推。而且动物也因为“气昏”，本身无法实现自己潜在的仁性，故而“推不得”。动物虽没人的这种能力，但与人之间却是紧密相连共同生存的关系。如果人与宇宙万物失去联系，万物也不与人相通，那么万物对人来说也没有任何意义任何价值了，宇宙万物即使可“推”，也是没有作用的，更谈不上任何价值。

当然，天地中的一切生物都有它的存在价值，我们只有做到关心自然物，只有将自己的爱心与宇宙万物、自然万物和谐相处紧密相连，才能体现出人本身的价值。人类与自然万物的关系就如同天与人本就是一个本体的关系一样不可分离，因为它们本就是一个整体。这与现代西方生态伦理思想的“非人类中心论”有相似之处，程颢对自然界的崇敬之心和对万物生存价值的肯定由此得到了充分的表达。

程颢将人作为万物之灵，在自然界中有着很高的地位。他认为人作为“天地之心”，天地之间也只有人才能实现仁性，人在实现仁性的同时也能通过自己的能力和方法将自己的思维方式将体会到的仁性推广到万物，这便是人能推的原因。人类在将仁性外推的过程中，在以平等之心看待人与宇宙万物的基础上，不抹杀人与万物的差异性以及自然万物的多样性，对于万物各自在自然界中所起的不同作用及其达到的不同效果也能认识。“以物待物，不以己待物，则无我矣。”① 这句话的意思便是对待万物不带个人的任何“私心”，能与万物进行换位思考，也就是要站在对方的立场去对待万物，这显示的正是非人类中心论坚持的立场和态度。程颢说：“廓然而大公，物来而顺应。”② 这里提到的“公”便是人在与自然万物的关系中，对待万物要持公平之心，要对万物保持尊重。对待万物的过程中不因自己的私心私欲来掠夺动物破坏自然。这便是程颢的“万物一体”之仁的深刻体现，他将“公”从人与人、人与社会的关系引申到人与自然之间。人只有做到这样的公平之心，才称得上“公”。程颢在这里表达的是对自然万物的深刻同情和爱护，这种对万物的“廓然而大公，物来而顺应”的仁心为现代的生态思想提供了有价值的生态理念，具有深刻的生态意蕴。

---

① 程颢、程颐：《河南程氏遗书》卷三，上海：上海古籍出版社 2000 年版，第 125 页。

② 程颢、程颐：《二程集》，北京：中华书局 1981 年版，第 460 页。

程颢在“天人合一”的基础上主张“天人本无二”的天人一体论，认为认识境界与认识自觉便是同一个过程。他说：“言体天地之化，已剩一体字。只此便是天地之化，不可对此别有天地。”[①] 程颢将“仁”作为主体，体现的是对于外物的关切之心，物我同体的“仁”的境界由此得到展现。“仁”的基本概念是心性合一，“仁”的基本特点是“感通无滞”，它们表现的是天地人相互的知觉作用，体现的则是天地人的好生之德。人有了这种与物同体的深切感受后，在感受天地万物生命存在的同时，更就能将仁心仁德推之于万物，从而使“天人本无二”的天人一体论得到真正体现。

二、“赞天地之化育”的生态关怀

程颢在这里所提到的仁心就是“赞天地之化育”之德，这种德放在社会上是一种关爱他人的社会道德，放在自然界中是一种促进万物生长发育的生态道德。《周易》说：“至诚可以赞化育者，可以回造化。”[②]“至诚可以赞天地之化育，则可以与天地参。赞者，参赞之义。”[③] 朱熹认为人是可以帮助天地来使万物化育生长，这个化育的过程就是生长的过程。而与朱熹不同的是，程颢对促进万物生长发育的生态道德是赞美参赞而不是赞助。他认为“诚”的“参赞”更为重要，将自己融入天地万物之中，将“诚”赋予生态意义进而与自然融为一体。

“所以谓万物一体者，皆有此理，只为从那里来。生生之谓

① 程颢、程颐：《二程集》，北京：中华书局1981年版，第18页。
② 程颢、程颐：《二程集》，北京：中华书局2004年版，第120页。
③ 程颢、程颐：《二程集》，北京：中华书局2004年版，第133页。

易，生则一时生，皆完此理。人只为自私，将自家躯壳上头起意，故看得道理小了它底。放这身来，都在万物中一例看，大小大快活”。[①]

程颢对自然界的万物施之的仁爱也常体现在他的生活和事业中。如他要求严格山虞泽衡之禁，禁止人们对生物资源的毫无节制的开采和对动物的毫无限制的捕捉。认为人类不但应对自然万物施之于仁爱，还应该承担起养育和保护宇宙万物的责任，让自然万物一代接一代地按自然规律繁衍生息，这样形成的“长久之势”就是我们现在所说的“可持续发展”。

另外，“赞天地之化育”还有一种更深一层的意思，就是在动植物的成长过程中，人类尽可能地不打扰和伤害动植物的正常生长过程，也就是说让万物在其生长过程中各遂其性、“不失其性”，按它们的生长规律完成它们各自的生命。这样人类才能做到与自然万物共生共荣，和谐相处。人只有与自然万物生活在这样一个和谐而又美好的生态环境里，对人生的乐趣就会有更深刻的体会。这种体会便是“天地万物一体”的真实场景，这种场景就是程颢所说的：“‘鸢飞戾天，鱼跃于渊，言其上下察也。’此一段子思吃紧为人处，与‘必有事焉而勿正心’之意同，活泼泼地。会得时，活泼泼地；不会得时，只是弄精神。”[②] 天上的飞鸟与水中的游鱼使天地间充满生气与活力，程颢的“鸢飞鱼跃”便是这样一种自然界和谐景象的体现。人生活在这种充满生气与活力的天地之中，体会的是“天地生物气象”，感受的是“天地万

① 程颢、程颐：《二程集》，北京：中华书局2004年版，第33—34页。
② 程颢、程颐：《河南程氏遗书》卷三，上海：上海古籍出版社2000年版，第59页。

物一体”，得到的是一种物我一体、超神入化的气象。程颢对这种“赞天地之化育”的深刻体验使仁心得到了充分的流露，儒家“天人合一”的宇宙观也由此演变成为“仁者与天地万物一体”的生态伦理观，将仁者与物之间的界限打破，使其伦理情怀得到极其深刻的展现。

三、“以心识仁”的生态实践

在先秦儒学的人性论中，孔子对于“性与天道”的理论论及甚少，但从实践的角度提出“性相近，习相远”的观点。认为仁礼结合，才能达到完美人性。

孟子则沿着儒学发展的新思路，从“性与天道”中将人性与天道相结合，以期从中寻找“仁”的内在根据，开拓了一个新的关于仁学的思路和理论的方向。

仁学问题，从孔孟之时就已被儒家学者们论及，并发展了各自不同的生态伦理观点。但真正让仁学大放异彩的是宋代道学家的思想和理论。例如，张载在关于“定性”的话题上，提出了“性无内外”“心理为一”的论点，认为定性就是识性，识性便是“识仁”。程颢在讨论心性问题的基础上，将识仁问题纳入伦理体系之中。并以仁释理，认为“理”就是“仁”，而天与人就存在于生生不息的“仁”体之中，在认识方法上将理作为一种内在的体验。“识仁”就是通过这种内在体验来认识天理。而“理”即“仁”，这样“识仁”便成为了心、性相互沟通的重要方式。要想做到性无内外，万物一体，没有心物的对立，首先就要“识仁”。人若能存养本心，使本心合乎自然，合乎理，并能达到了仁与天地万物一体的仁者境界，这样就不会在躯壳上起意，性也就不会被外物所累。

程颢在《定性书》中说："夫天地之常，以其心普万物而无心。圣人之常，以其情顺万物而无情。故君子之学，莫若廓然而大公，物来而顺应。"① 这是说天道源于自然，圣人之心的心就是大心、公心、仁心。圣人之本也就是仁之本，是与心理合一的本心。圣人与天道的合一，就是心与天理的合一。人只要有"廓然大公"的人心，就可以处世应物自然合乎义理。这便是孟子的"尽心知性知天"。也就是说，性之在人心即为仁，知性即知仁，知仁即识仁。

如何识仁？程颢在《识仁篇》中说："学者须先识仁。仁者浑然与物同体，义、礼、知、信皆仁也。识得此理，以诚敬存之而已，不须防检，不须穷索。若心懈则有防，心苟不懈，何防之有？理有未得，故须穷索，存久自明，安待穷索？此道与物无对，大不足以名之。天地之用，皆我之用。孟子言：'万物皆备于我'，须反身而诚，乃为大乐。若反身未诚，则犹是二物有对，以己合彼，终未有之，又安得乐？《订顽》意思乃备言此体。以此意存之，更有何事？'必有事焉而勿正，心勿忘，勿助长'，未尝致纤毫之力，此其存之之道。若存得便合有得。盖良知、良能，元不丧失。以昔日习心未除，却须存习此心，久则可夺旧习。此理至约，惟患不能守。既能体之而乐，亦不患不能守也。"②

孟子所说的"万物皆备于我"意思就是只有在没有主客之分的仁的境界中，人与自然万物才能浑然一体。这是程颢仁者皆以天地万物为一体的直观体现。

---

① 程颢、程颐：《二程集》，北京：中华书局2004年版，第460页。

② 程颢、程颐：《二程集》，北京：中华书局2004年版，第16—17页。

《定性书》说："人之情各有所蔽，故不能适道。大率患在于自私而用智。自私，则不能以有为为应'迹'。用智，则不能以明觉为自然。"① 在这里所说的一般人和圣人的区别就是：虽说性无内外并与外物一体，但是一般人的"性"体现在"自私"和"用智"上，但君子却能做到"廓然而大公，物来而应顺"②，并能使自己的心常常处于不自私而无顾虑的状态。以正常之心来顺应万事万物，对任何事情都能随顺着心的正常反应而应付自如。如果圣人进入了"天地万物为一体"的仁者境界，则更是"情顺万物而无情""心普万物而无心"了。一般人的"自私"和"用智"，无法懂得"性之无内外也"。他们之所以称为一般人，是因为他们有物我、人我之分，这主要就是因为心不能发挥明觉的作用，以至于不能达仁之境界。如果人心不是"廓然而大公"，而是蔽于一己之私，凡事都自私自利只求自我的满足，而不顾他人的利益，人便会因此失去了关照天地万物的生命力，这样当然就无法成为圣人。

心物之分、人我之分是主客体的区分，这本来是人认识世界的一种理智自觉，即把我与周围环境区别开来。这种方法成为现代西方认识论的原则。程颢反对心物之分，主张取消"二物之对"，是他看到这种区分不可避免地导致自我中心，也就是一己之私。这种"弊于一己之私"是推行"关爱他人"的社会道德的障碍。所以，主张"性无内外"，就是通往"仁者以天地万物为一体"的仁境的认识前提。

---

① 程颢、程颐：《二程集》，北京：中华书局2004年版，第460—461页。

② 程颢、程颐：《二程集》，北京：中华书局2004年版，第460页。

《定性书》说："与其非外而是内，不若内外之两忘也。两忘，则澄然无事矣。无事则定，定则明，明则尚何应物之为累哉!"① "内外两忘"是识仁定性的根本方法，是"心无动静、无分内外，以澄然无事"的镇定心境，也是一种超越心物、人我的区分和判断。就是做到心中没有私情、喜怒不系于心而且能够顺万物之自然的圣人境界。而识仁定性的工夫，便是人自己决定自己并主宰自己的工夫。

理体现在天时称之为命，这种命谓之天命，其威力不可抗拒；理体现在社会上时，如果符合当时社会的封建伦理，就称之为义；理体现在人的行为道德上时就是性；理体现在人的身体里时能使人有反映有知觉，就称之为心。倘若能把天命、义理、人性、人心全都组合在一起，则能形成一个东西。对于这个东西，天理是通过何种途径去找寻和把握的呢？程颢认为天理要想实现这个东西，不是循着人的思维在天地万物中去找寻，而是通过人的内心体验或者在内心感觉中去把握。人心的明觉表象不是内外之分，而是万物一体的体验，只要实现了"人我"的状态并向其本真回归，才能达到与道同一的状态，物我的差别并不存在其中。其"言体天地之化，已剩一体字，只此便是天地之化，不可对此个别有天地"②，"当处便认取，更不可外求"③。程颢也讲"格物穷理"，"穷理而至于物，则物理尽"。④ 这里说的穷理，讲的就是尽性知命的工夫，他说："'穷理尽性以至于命'，三事一

① 黄士毅：《朱子语类》卷九十五，上海：上海古籍出版社2014年版，第2441页。

② 程颢、程颐：《二程集》，北京：中华书局2004年版，第81页。

③ 程颢、程颐：《二程集》，北京：中华书局2004年版，第15页。

④ 程颢、程颐：《二程集》，北京：中华书局2004年版，第71页。

时并了。”[①] 他所要做的事情就是人的践仁、守礼的道德实践的工夫。

程颢说：“人心莫不有知，惟蔽于人欲，则亡天德。[②]” 他认为心具有天地之德，尽心的过程便是天地的仁德显现的过程，如果心有不尽之处，那就是天德有未实现之处。那么，如何尽心而尽天德？程颢提出了“复”的工夫，所谓的“复”便是见天地之心。“复者反本也，本有而去之，今来复，乃见天地之心也，乃天理也，此贤人之事也。”[③] 复有返本之意，也就是人心反复的意思，是说天地之心宇宙之理，本心是人人皆有，则可以与天地参赞者。

宋代新儒学的工夫论讲的是个体修养，是把道德认知落实到道德实践中。程颢“以心识仁”的道德实践，不仅是要做一个与“天理”相符合的圣贤，而且是要一个关照自然“与万物为一体”的仁者。前者指一般的社会伦理，后者则是指一种生态伦理实践。正如杜维明所说的，在儒家系统中“人不只是一个动物，而且是一个规定着天、地及万物的意义的创造性因素”[④]。

人生存在宇宙之中，要与天地万物打交道，而人应当以何种态度去面对天地万物呢？人只有恰当地处理人与宇宙万物间的相互关系，并相处和谐才能安居乐业。在人与天地万物的态度和关系的问题上有两种认识：一是主客二分，就是把天地万物看作是外在于人的东西，人与天地万物是彼此外在的关系；二是天人合

---

① 程颢、程颐：《二程集》，北京：中华书局 2004 年版，第 15 页。

② 程颢、程颐：《二程集》，北京：中华书局 2004 年版，第 123 页。

③ 程颢、程颐：《二程集》，北京：中华书局 1981 年版，第 13 页。

④ 杜维明：《儒学传统的现代转换》，北京：中国广播电视出版社 1992 年版，第 412 页。

一，意指主客相融，物我交融，此时人融身于、依寓于宇宙之中，与海德格尔“此在与世界”的关系相似，天地万物在“此在”被照亮。[①] 中西方对于人与自然万物的关系认识上有一致的地方，也有区别。西方传统哲学的主导思想是主客二分，将人与万物彻底分开，是完全不相融的关系。而中国传统哲学的主导思想是天人合一。程颢认为人生存于天地宇宙之中，与万物同体，与天地同流。天人本为一体，没有天人物我的区分。

“人能放这一个身，公共放在天地万物中一般看，则有甚妨碍?”[②] “人与天地万物一物也，而人特自小之，何耶?”[③] 如果说天人本无二，就是体贴天理，便是向自身求而非向外求。世俗之人往往对自家的身心不知道要好，而于外对物奉身者事事却要好。这是因为自家身心不好是被天理所遮蔽。人生存于世，无非是在追求各种美好的生活。那么，什么是好的生活？人们往往是追求外在物质的扩张，而不注重心安理得地生存于人世，也不注重能够安顿身心的生活。在程颢看来，遵循天理而行就是好的合理的生活，而此理就在自家身心之中，舍此而行便是舍本逐末。

当人处在与万物对立状态时，控制外物为我所用，就成为了一种唯一的追求。这种追求永无止境，永远不能满足。《礼记·乐记》说：“夫物之感人无穷，而人之好恶无节，则是物至而人化物也。人化物也者，灭天理而穷人欲者也。”这是一切道德危机的根源，也是生态危机的根源。程颢之提倡“识仁”，是要人们以人我相关的心去对待他人，以关爱万物的心去对待万物，而

① 张世英：《天人之际》，北京：人民出版社1995年版，第3—4页。

② 程颢、程颐：《二程集》，北京：中华书局2004年版，第30页。

③ 程颢、程颐：《二程集》，北京：中华书局1981年版，第120页。

不是去索取万物、奴役万物，以防止那种“灭天理而穷人欲”的自我迷失。这对于现代人提倡的高消费、高生产，以多消费为光荣的生活方式是一个有益的警示。现代人类如果不改变自己“人化物”的生活方式是很难真正建设一种生态和谐的可持续发展社会的。

程颢的仁者境界是一种生态境界。“仁者”的情怀是将自然之物“人化”，与“人化物”的物质追求方向恰好是相反的。

程颢在工作和生活中体会“生意”，对自然万物施之仁爱的同时，也关心整个国家、社会的生态问题。他在《论十事扎子》中说：“圣人奉天理物之道，在于六府；六府之任，治于五官；山虞泽衡，各有常禁，故万物阜丰，而财用不乏。今五官不修，六府不治，用之无节，取之不时。岂惟物失其性，材木所资，天下皆已童赭，斧斤焚荡，尚且侵寻不禁，而川泽渔猎之繁，暴殄天物，亦已耗竭，则将若之何！此乃穷弊之极矣。惟修虞衡之职，使将养之，则有变通长久之势，此亦非有古今之异者也。”①中国很早就有了山虞泽衡之禁，目的是为了保护自然资源，禁止对自然资源的无节制、无限制的开采和侵夺，同时对实施这种行为的人进行教育。这一制度与儒家的生态保护思想是一致的。政令的实行也体现了如何处理人与自然的关系问题，也是社会治理的重要组成部分。人类社会的日益发展是不能离开自然条件、自然资源的；而自然资源的生长也是需要一定自然条件的，如果无限制地对自然资源进行开发和掠夺，一旦到了自然资源生长的底线，人类同样也无法生存。所以，人类对自然界的动植物是有保护的责任和义务的，因为只有保护好动植物，让它们按照自然规

① 程颢、程颐：《二程集》，北京：中华书局2004年版，第454页。

律一代一代地繁衍生息，这样才能永远生活在地球上造成“长久之势”，这就是我们现在所说的“可持续发展”。

四、“寻孔颜乐处”的生态境界

二程继承和发展了周敦颐的“孔颜乐处”。周敦颐的“孔颜之乐”是以“诚”为主体的“乐”，包含着人与人、人与自然、人与社会的和谐。程颢在周敦颐的基础上，用“生生之理”来解释“生生之仁”，将“仁”与天道合而为一，成为了新儒学追求的“得道”之乐，使得“孔颜乐处”不但有与“诚合一之乐”，有与“天道合一之乐”，更有与“伦理道德规范合一之乐”。周敦颐的“孔颜乐处”强调了以“诚”为主体的“乐”，而程颢则在周敦颐的基础上认为“乐”中生“和”，将“孔颜乐处”表现为“浑然与物同体”的最高境界，强调人内心的和谐和安宁能给人带来的平和之乐。

1. 程颢的“鸢飞鱼跃”之乐

程颢最欣赏“鸢飞鱼跃”的自由之乐境界，他说：“‘鸢飞戾天，鱼跃于渊，言其上下察也。’此一段子思吃紧为人处，与‘必有事焉而勿正心之意同，活泼泼地。会得时，活泼泼地；不会得时，只是弄精神。”[①] 程颢在这句中所说的“乐”是一种超越物我，体现宇宙万物浑然一体的、活泼泼的闲适之乐。人们在这种自由境界里，感受到的是“鸢飞鱼跃”式的精神自由之乐，体会到的是“鱼跃于渊”的精神活泼之乐。这种自由是一种顺其自然、无忧无虑、自在闲适地生活在大自然中的快乐，自由恬淡

① 程颢、程颐：《河南程氏遗书》卷三，上海：上海古籍出版社2000年版，第59页。

而“心闲无事”。程颢说：“某自再见茂叔后，吟风弄月以归，有‘吾与点也’之意。”① 程颢和他的老师周敦颐同样喜好自然的旖旎风光，喜爱生物的恬淡自由。并用诗文将这种性情寓于山水田园之中，在天地之间寻得自由之乐，在万物中寻求精神之乐。他认为自然界原本就是活泼泼的自由之境界，只有在万物中才能体会到一种精神上的愉悦与快乐，这种快乐超越了周敦颐以“诚”为本的“得道”之乐，而是“浑然与物同体”的平和之乐，也就是天人合一之乐。这种快乐不仅与风月花草、鸢飞鱼跃的自然之乐紧密连接在一起，更赋予了生生之乐的意境。程颢托物言志，对“乐”的理解不但超越了对客观自然现象的认识，更注重抒发的是一种内心的“无事”“悠闲”“自由”和“活泼”，这便是一种内心和谐的平和之乐。“浑然与物同体”的“仁者”之乐将这种平和之乐发挥到了极致，更有了一种生态审美意境，同时也被赋予了一种生态情怀。

儒者做人的目标是成圣成贤。而体会“鸢飞鱼跃”之乐便是一种“仁者”境界，是圣贤气象中的一种表现。程颢说：“圣人即天地也。天地中何物不有？天地岂尝有心拣别善恶，一切涵容覆载，但处之有道尔。若善者亲之，不善者远之，则物不与者多矣，安得为天地？”② 而孔子、颜子、孟子这些人才能称之为圣贤。他认为：“仲尼，元气也；颜子，春生也；孟子，并秋杀尽见。仲尼，无所不包；颜子示‘不违如愚’之学于后世，有自然之和气，不言而化者也；孟子则露其才，盖亦时然而已。仲尼，

① 程颢、程颐：《二程集》，北京：中华书局2004年版，第59页。
② 程颢、程颐：《二程集》，北京：中华书局2004年版，第17页。

天地也；颜子，和风庆云也。”[①] 程颢之所以认为学圣贤要从学颜子入手，是因为孟子才高，不容易学得。“颜子，和风庆云也。”[②] 要学颜子那种“和风庆云”一样的气象，学习颜子“安贫乐道”的精神境界。程颢在《和邵尧夫打乖吟》道：“陋巷一生颜氏乐，清风千古伯夷贫。”安贫乐道和淡化对富贵名利的追求，是“孔颜乐处”的最初目的，也是道德建立的基本条件和基础。而程颢大力提倡“孔颜乐处”的意义便是寻找“以天地万物为一体”的“鸢飞鱼跃”之乐。他将“孔颜乐处”的本体之乐转向一个生态和谐的人生境界，认识到个体的物质享受只能称之为“小”，与天地万物融合为一体才能称为“大”。

2. 程颢的“与万物同体”之乐

程颢说：“学者须先识仁。仁者，浑然与物同体。”[③] “以天地万物为一体，莫非己也。认得为己，何所不至？若不有诸己，自不与己相干。如手足不仁，气已不贯，皆不属己。”[④] 程颢认为，天地间万物的孕育与生长，无不是“生生之仁”的体现。“生生之仁”也是一种最高的精神境界在天地中的体现。程颢将“天道生生”视为仁，将“以天地万物为一体”视为乐。“识仁”的过程便是寻求“孔颜乐处”的过程。

“明道书窗前有茂草覆砌，或劝之芟，曰：不可，欲常见造物生意。又置盆池蓄小鱼数尾，时时观之，或问其故，曰：欲观

① 程颢、程颐：《二程集》，北京：中华书局2004年版，第76页。

② 程颢、程颐：《二程集》，北京：中华书局2004年版，第76页。

③ 程颢、程颐：《河南程氏遗书》卷二上，上海：上海古籍出版社2000年版，第15页。

④ 程颢、程颐：《河南程氏遗书》卷二上，上海：上海古籍出版社2000年版，第182—183页。

万物自得意。”[①] 程颢认为，观鸡雏可以观仁，而切脉则可以体仁，小草可体现造物生意，观盆中小鱼则可以感悟万物之生意。万物在其生成过程中，宇宙间生命的律动无不随之体现。程颐在《明道先生行状》中说：“程颢在茅山，禁止人们粘飞鸟，致使‘乡民子弟不敢蓄禽鸟’。”[②] 这么看来，程颢不但在思想上有生态道德观念，在行动上也有生态保护意识，是一个真正具有生态伦理观念的人。他提出的体认“天道生生之仁”是体认自身生命的本质，维护生生之天道是自我价值的实现。这是程颢的一种深层的生态观念。

程颢说：“所谓万物一体者，皆有此理，只为从那里来。‘生生之谓易’，生则一时生，皆完此理……人只为自私，将自家躯壳上起意，故看得道理小了它底。放这身来，都在万物中一例看，大小大快活。”[③] 程颢认为，“万物一体”，就是把自己和万物放在一起才能真正感受到天地万物生命的律动，而通过这种识仁的方法，把自己与万物对立就是“自小”。人若不能超越自己的形体，只是着眼于自己的身体，就是看小了自己，不能感受到与万物同体。人若只注重自己的身体是自私的，自私的人便不能达到“大乐”境界。人如果能将小我的局限破除，不再自私，就可以感受到宇宙万物的生意是与我的生命同在的，这样就可以达到与万物为一体的境界，达到的这种与天地一体的境界，就是“孔颜乐处”的目的。

---

① 黄宗羲、全祖望：《明道学案》，《宋元学案》，北京：中华书局1989年版，第578页。

② 程颢、程颐：《二程集》，北京：中华书局1981年版，第632页。

③ 程颢、程颐：《河南程氏遗书》卷二上，上海：上海古籍出版社2000年版，第33—34页。

程颢眼中的“孔颜之乐”与“仁者浑然与物同体”是同一种境界，这种境界不但把自己看作是天地万物中的一个组成部分，更强调了人在宇宙万物中的重要突出位置，凸显了人在社会中的重要作用。这正如他诗中所说的“万物静观皆自得，四时嘉兴与人同”“富贵不淫贫贱乐，男儿到此自豪雄”，这是对“孔颜乐处”最直观的阐释。

第五章　程颐的生态伦理思想

程颐的“天理”论注重“理”与“气”的分析。气是阴阳，是形而下之物，程颐发展了《周易》阴阳变易的思想，形成阴阳变化的辩证自然观，具有生态系统论的特征。气与理是既区分又统一的，从而形成了他的“格物穷理”的认知论和“居敬主一”的道德修养论。在生态伦理观念上，他提出“循理之乐”，与程颢的“仁者与物同体”之乐不相同，他更强调了自然与社会的秩序。“理即是礼。”因而他的伦理思想带有更多的政治伦理特色，当然并没有脱离“仁民爱物”的生态关怀。

第一节　阴阳变化的辩证自然观

一、阴阳变易

阴阳对立统一的理论是中国古代自然观的基本理论。从周敦颐、张载到二程，他们把这种理论更系统化了。

程颐认为，宇宙万物的生成就是阴阳二气相交的结果。程颐说："阴阳，气也。气是形而下者，道是形而上者。"① 程颐认为阴阳是气。中国古代自然科学认为，气是物质性的客体存在，故称"气是形而下者"，即认为气是有形体的东西。程颐说："'一阴一阳之谓道'，此理固深，说则无可说。所以阴阳者道，既曰气，则便是二。言开阖，已是感。既二，则便有感。所以开阖者道，开阖便是阴阳。老氏言虚而生气，非也，阴阳开阖，本无先后。不可道今日有阴，明日有阳。如人有形影，盖形影一时，不可言今日有形，明日有影，有便一齐有。"②

阴阳二气在宇宙之间同时存在，没有先后之分，但作用却不相同。程颐说："阴阳于天地间，虽无截然为阴为阳之理，须去参错，然一个升降生杀之分，不可无也。"程颐认为"升降生杀"是矛盾双方在对立运动的过程中，因为事物内部的相互作用使得阴阳也发生的变化。比如花草树木，"其荣其枯，此万物一个阴阳升降大节也，然逐枝自有一个荣枯，分限不齐，此各有一乾坤也，各自有个消长，只是个消息。惟其消息，此所以不穷"③。因此，程颐又说："天地之化，既是二物，必动已不齐。譬之两扇磨行，便其齿齐不得，齿齐既动，则物之出者，何可得齐，转则齿更不复得齐。从此参差万变，巧历不能穷也。"④ 事物内部经过了这种矛盾运动，才能生化出天地万物。程颐说："阳动阴静各有其常，则刚柔判矣。事有理（一本作万事理也），物有形也；事则有类，形则有群，善恶分而吉凶生矣。象见于天，形成于

① 程颢、程颐：《二程集》，北京：中华书局2004年版，第162页。
② 程颢、程颐：《二程集》，北京：中华书局2004年版，第160页。
③ 程颢、程颐：《二程集》，北京：中华书局2004年版，第39页。
④ 程颢、程颐：《二程集》，北京：中华书局2004年版，第31页。

地，变化之迹见矣。阴阳之交相摩扎，八方之气相推荡，雷霆以动之，风雨以润之，日月运行，寒暑相推，而成造化之功。”① 程颐所说的这种观点是符合自然万物生成规律的。

阴阳对立是为万物生化的内在动力，与辩证法的矛盾对立统一的基本精神是相通的。在阴阳变易的宇宙中，自然万物是互相联系、有机统一、生生不息的。这种意境与现代的生态系统的理论是相通的。

程颐认为，天地间的阴阳之气相摩相推，才使得日月得到运行，寒暑有了往来，刚柔发生变化，万物有始有终，将天地自然造化成一个永无休止的流动过程。他说：“动静无端，阴阳无始。非知道者，孰能识之！”② 周敦颐早在《太极图说》的解说中就提出过：“太极动而生阳，动极而静；静而生阴，静极复动。一动一静，互为其根。”在他的眼中，“太极动而生阳，静而生阴”，并没有把宇宙发生论和本体论相区别。从这种宇宙发生论上可知，阴阳的发生就是一个开始。程颐始终主张本体论。他认为，动和静、阴和阳是没有始终的，宇宙的相互对立统一和阴阳之间发生的变化，既无源头也无止尽。老子所说的先有虚无再产生气的说法是错误的。在他看来，所谓的“知道”者，是要从无限的意义上来认识宇宙的存在和运动。恩格斯早在百年前就在《自然辩证法·导言》中提出：“除永恒变化着、永恒运动着的物质以及这一物质运动和变化所依据的规律外，再没有什么永恒的东西。”程颐关于运动不灭和物质永恒的思想含有较高的辩证思维。

程颐在继承了《周易》变易思想的基础上，肯定了“变”具

① 程颢、程颐：《二程集》，北京：中华书局2004年版，第1027页。
② 程颢、程颐：《二程集》，北京：中华书局2004年版，第1029页。

有的普遍性和永恒性。他说："凡天地所生之物，虽山岳之坚厚，未有能不变者也，故恒非一定之谓也。一定则不能恒矣。唯随时变易，乃常道也。"[①] 他认为宇宙间的一切事物，不论大小厚薄，无一不处在永恒的变化和运动中，任何事物都会改变。改变后才能长久，宇宙也正是处于不断的运动和变化中得以保持永恒，恒则必变，不变则不能恒。自然界和人类社会无不如此。有所变革，才能长久，这就是永恒的规律。动和静便是运动的表现，程颐强调二者"相因"。他说："动静相因而变化。"[②] 认为动和静两者是相辅相成的，动静之间形成的依赖、交替和联系的关系造成一切运动变化。陈来认为"程颐这个思想，一反王弼、孔颖达易学以静为天地之心的思想，肯定了运动对于宇宙过程的意义，是很有理论价值的"[③]。阴阳变易的自然观揭示了自然界内在的矛盾运动，以及自然万物互相联系、有机统一的特点。与现代西方生态伦理提出的辩证自然观有相通的地方。

程颐认为，自然万物都处在相对永恒的变化中，变化的过程是从一个端点走向另一个相反的端点。许多事实证明，某个事物走向一个极端，就有可能转变成为与之正相反对的对立面。这种变换存在于自然界和人类社会中，称为"物极必反"。因此，程颐认为人必须懂得"物极必反"的道理，并从中吸取教训。程颐在程氏《易传》中更是强调了圣人在其人生的鼎盛时期一定要密切提防，以免走极端被倾覆。

---

① 程颢、程颐：《二程集》，北京：中华书局2004年版，第862页。

② 程颢、程颐：《二程集》，北京：中华书局2004年版，第1029页。

③ 陈来：《宋明理学》，上海：华东师范大学出版社2008年版，第75—76页。

程颐在谈到一与二的关系问题时明确指出："有阴便有阳，有阳便有阴。有一便有二，才有一二，便有一二之间，便是三，已往更无穷。"① 他始终认为世界上任何事物都不是孤立地存在。一与二不但相互对立也相互依存。他说："动静相因而成变化，顺继此道，则为善也；成之在人，则谓之性也。"② 动和静相辅相成、相倚相扶，当然事物也有静止的时候，只是相对而言。这就是所谓的物无常动之理。但是天地的运行却不会停止，即使是冬天，日月星辰也不会因为天地闭塞而停止。动和静作为一对矛盾，动比静更为根本。程颐认为动之端是天地之心。他说："先儒皆以静为见天地之心，盖不知动之端乃天地之心也。非知道者，孰能识之？"③ 程颐认为只有动之端才是天地之心，而批评先儒们的静是天地之心的观点是错误的。只有动才是天地造化的根本原则，同样也是生生不息的原则。程颐辩证地认为运动是绝对的，而静止却只是相对而言。他的辩证观点纠正了周敦颐将动与静相分离，将寂然不动作为宇宙的最高境界的观点。

二、物极必反

程颐系统地论述了"物极必反"的命题。

"物极必反，其理须如此。有生便有死，有始便有终。"④

"物极则反，事极则变，困既极矣，理当变矣。"⑤

---

① 程颢、程颐：《河南程氏遗书》，上海：上海古籍出版社 2000 年版，第 225—226 页。

② 程颢、程颐：《二程集》，北京：中华书局 1981 年版，第 1029 页。

③ 程颢、程颐：《二程集》，北京：中华书局 2004 年版，第 819 页。

④ 程颢、程颐：《二程集》，北京：中华书局 2004 年版，第 167 页。

⑤ 程颢、程颐：《二程集》，北京：中华书局 2004 年版，第 945 页。

“极而必反，理之常也。然反危为安，易乱为治，必有刚阳之才而后能也。”①

以上这些都是程颐所说的“物极必反”的理论，他认为事物矛盾双方会在一定条件下互相转化，这种转化应是事物的“常理”，也就是事物产生的一般规律。

“物极必反”的命题来源于《周易》和《老子》。《周易·复卦》云：“反复其道，七日来复。”“反”与“复”在这里连为一词是反复，即有终而复始的意思。“反”训为“返”。《老子》四十章云：“反者道之动。”《老子》六十五章云：“与物反矣，然后乃至大顺。”这里所说的“反”是与物相反、相对立的含义。程颐首先使用“物极必反”这一词，并把“物极必反”作为哲学范畴，从理论上进行了详细的阐述。他说：“近取诸身，百理皆具。屈伸往来之义，只于鼻息之间见之。屈伸往来只是理，不必将既屈之气，复为方伸之气。生生之理，自然不息。如《复卦》言‘七日来复’，其间元不断续。阳已复生，物极必返，其理须如此。有生便有死，有始便有终。”② 程颐又说：“自然能生。往来屈伸，只是理也。盛则便有衰，昼则便有夜，往则便有来。天地中如洪炉，何物不销铄了？”③

理能往来屈伸，气有聚散生灭，气与具体事物的变化便是往来屈伸之理，气是有生有灭的，而理却不能灭。这便是二程的理一元论在方法论上的具体运用。

程颐的阴阳变易、物极必反是描述自然现象。说阴阳之气的

---

① 程颢、程颐：《二程集》，北京：中华书局2004年版，第762页。
② 程颢、程颐：《二程集》，北京：中华书局2004年版，第167页。
③ 程颢、程颐：《二程集》，北京：中华书局2004年版，第148页。

运动变化，同时也可以说明社会历史现象。在这种对自然和社会的说明中充满了对立统一辩证思维。然而，气是受制于理的，当他回到“天理”论，特别是用以说明社会政治伦理时，理即等于“礼”。他又坚守了上下尊卑不能变的形而上学思维。“天而在上，泽而处下，上下之分，尊卑之义，理之当也，礼之本也。”① 阳降于下，必复于上；阴升于上，必复于下，屈伸往来之常理也。②

阴阳变易的辩证自然观强调自然万物的有机统一与运动变化、生生不息，为保护自然的生态伦理提供了一个理论基础。然而，程颐的整个伦理思想体系偏重封建政治伦理与宗法伦理。其上下等差不可变的“天理”，禁限了阴阳变易自然观的辩证思想，以致使其辩证自然观隐而不息，不为后人重视。我们今天研究程颐理学，在批判其封建等级观念的同时，应该发掘其辩证自然观。

三、“体用一源，显微无间”

程颐在《易传序》里说：“至微者理也，至著者象也，体用一源，显微无间。”③ 从《周易》来说，理是体，阴阳变易是用。

张载曾在对佛老的批判中反对“体用殊绝”之论，在他看来，体和用之间不应是相互割裂的，而应是一致的。程颐则将这一思想进一步发展，认为就如同将周易深奥的义理放在纷然错杂的卦象之中，这样理便在象中，即象识理，离象便无理。

这个思想具有更广泛的哲学含义。程颐曾说：“至显者莫如

① 程颢、程颐：《二程集》，北京：中华书局2004年版，第794页。
② 程颢、程颐：《二程集》，北京：中华书局2004年版，第757页。
③ 程颢、程颐：《二程集》，北京：中华书局2004年版，第689页。

事，至微者莫如理，而事理一致，微显一源。古之君子所谓善学者，以其能通于此而已。”① 《易传》中的象是指所有事物的现象。之所以说理“微”，是因为理不仅无形无象，而且微妙而不可见。之所以说事“著”，是因为具体事物是著象分明，可以直接感知。理作为事物的内在，事物作为理的表象，两者之间不是对立的，而是相互统一于一体的关系。

程颐以“体”和“用”这一对范畴来说明第一性和第二性的不同，体是指事物内部深微的原理和根源，用是指世界的各种现象。体作为第一性决定用，用作为第二性依赖体。就宇宙来说，道是体，阴阳是用。它们相互作用而形成宇宙万物。

程颐用“道”或“天理”来描述宇宙的本体。认为“道”或“天理”，既是生成之意，也有本体之意。对生来说，阴阳乃道所生，而阴阳交感才生成了万物；对于本体而言，阴阳便为道，因为道便蕴含在生成的阴阳之中。阴阳在变化的过程中，因为万物莫不有理，莫不循道而行，故而形神为之生，情绪为其起。《周易程氏传·易序》说：“散之在理，则有万殊；统之在道，则无二致。所以‘《易》有太极，是生两仪’。太极者道也，两仪者阴阳也。阴阳，一道也。太极，无极也。万物之生，负阴而抱阳，莫不有太极，莫不有两仪，絪缊交感，变化不穷。形一受其生，神一发其智，情伪出焉，万绪起焉。”这说明阴阳在事物变化的过程中的作用，离开阴阳，就无所谓变化。程颐所说的“体用一源，显微无间”讲的就是阴阳之所以能产生相互作用，是因为有道或理掺杂其中。他将道德本体的天理与阴阳变易的现象世界有机地结合在一起，使他的辩证自然观有了本体论的根据。

① 程颢、程颐：《二程集》，北京：中华书局2004年版，第323页。

程颐把阴阳变易的观念引入社会历史领域，使之成为一种普遍的方法论。他在解读《周易》时，明确回答了从自然界到人类社会生生不已的变化过程，这便同时解释了历史何以可能的问题。他认为，理贯通到天地之间和人类社会中，包含着对阴与阳、彼与此、上与下、质与文的对待，理的这种对待便是事物变化、发展的动力，所以称为生生之本。

程颐认为，历史的变化是因为事物内部的阴阳对待与流行，没有任何外在的力量将之强行改变。只有阴阳的对立发展才最具有改变的可能。当然，阴阳对历史的创造有毁灭也会有和谐，而历史的创造就在于对阴阳的调整，在这个阴阳变化的流动过程当中，他们会导致对方也发生变化。如果阴阳没有发生改变，阴阳之间的平衡就会改变而使阴阳发生解体，而打破阴阳的动态平衡。阴阳的平衡被打破后，问题便会不断出现又不断得到解决，便形成了流动的历史。人类正是存在于这个阴阳相互作用的历史之中才得以生生不已。

程颐认为，阴阳的概念可以将人类社会中所发生和存在的一切矛盾现象概括下来，正是阴阳间的相互交错才使人类社会得到正常的发展，自然界才有了相互变化的过程。因此，自然界和人类社会的发展所表现的历史发展过程就是阴阳变化使然。

程颐这种阴阳对立的动态平衡思想，不但包括人类与自然界的生态平衡，也包括人类社会自身的生态平衡。如果打破了这种动态平衡，社会便会发生动荡，进而产生生态的灾难，这是谁也不愿看到的。我们只有通过各种力量的斗争与社会关系的调整，才能使得新的平衡得以恢复。程颐的这种阴阳对立、动态平衡的观点，无疑对我们加强保护生态环境的意识以及促进社会历史变革方面有着启示作用。

第二节 以“理”为本的道德本体论

一、“惟理为实”

程颐与学生问答：“或谓惟太虚为虚。子曰：‘无非理也，惟理为实。’”① 他们将“惟理为实”作为自己的哲学命题。认为：“天下只有一个理”，“理者，实也，本也”，“理”才是真正实存在的唯一本体。程颐认为“天理”虽无形，但却有实体，它是“凡眼前无非是物，物物皆有理。如火之所以热，水之所以寒”②的根本原因，是超越一切自然物的最高实体。“惟理为实”作为一个系统的本体论哲学，从理论上克服了佛、道的空、无本体论，融合佛、道而又批评佛、道的思想而发展成为理学。

《周易·系辞》认为：“一阴一阳之谓道。”阴阳的对立统一就是宇宙永恒的规律。程颐解释道：“一阴一阳之谓道。道非阴阳也，所以一阴一阳，道也，如一阖一辟谓之变。”③ 所以“离了阴阳更无道，所以阴阳者是道也。阴阳气也，气是形而下者，道是形而上者”④。程颐认为，气不间断的循环过程形成了阴与阳，而一阴一阳在开合往来过程中则形成了道。

程颐和程颢一样，不但坚持道与阴阳是在同体之中，还强调

① 程颢、程颐：《二程集》，北京：中华书局1981年版，第1180页。

② 程颢、程颐：《河南程氏遗书》十九，上海：上海古籍出版社2000年版，第247页。

③ 程颢、程颐：《二程集》，北京：中华书局2004年版，第67页。

④ 程颢、程颐：《二程集》，北京：中华书局2004年版，第162页。

气的往来运动，并将支配它如此运动的规律作为内在根据。程颐对道的思想解释为“所以一阴一阳”，认为道是二气运行的根据和规律。程颐认为，大至天地，小至草木，所有的事物都有其变化的根据和规律，这个根据和规律就是“理”，人要穷理就是要追求事物的根本道理。

程颐建立了“惟理为实”的理本论哲学，把“理”从原来的属性范畴，变成最高的实体范畴。他认为“然人只要存一个天理”①，“天理云者，这一个道理，更有甚穷已？不为尧存，不为桀亡。人得之者，故大行不加，穷居不损。这上头来，更怎生说得存亡加减？是它元无少欠，百理具备”②。他们把理与事物相分开，变成了天地万物存在的根据。万物是由气变化而成的，但气均有其所以然，气之所以然就是理和道，道和气的关系也是形而上和形而下的关系，程颐说：“离了阴阳更无道。所以阴阳者是道也。阴阳，气也。气是形而下者，道是形而上者，形而上者则是密也。”③ 认为道（理）比气更为重要，更为根本。二程并没有明确地提出和讨论理气谁先谁后的问题，程颐说：“有理则有气，有气则有数。”④ 这是一种理在前气在后的观点。程颐认为，气有生有灭，而理却是永恒存在的。他说：“凡物之散，其气遂尽，无复归本原之理。……其造化者自是生气。”⑤ 他认为气不过是一种暂时性的派生的东西，它的不断生灭过程就是理的“往来屈伸”。

---

① 程颢、程颐：《二程集》，北京：中华书局2004年版，第215页。

② 程颢、程颐：《河南程氏遗书》卷二，上海：上海古籍出版社2000年版，第31页。

③ 程颢、程颐：《二程集》，北京：中华书局2004年版，第162页。

④ 程颢、程颐：《二程集》，北京：中华书局2004年版，第1031页。

⑤ 程颢、程颐：《二程集》，北京：中华书局2004年版，第193页。

二、“有理则有气，有气则有数”的关系

程颐的“理”既是宇宙的本原，又是人性的本原，道德的本原。他在强调理的道德属性的同时，也强化了理的至高无上的地位。

“理”是最高的精神实体，是产生宇宙万物的根源。程颐说：“理，无形也，故因象以明理。理既见乎辞矣，则可由辞以现象。故曰：得其义，则象数在其中矣。”[①] 理是无影无形，而天地万物由理派生，体现为理，并受理的支配。所以，“天下物皆可以理照，有物必有则，一物须有一理”[②]。理比万物更实在、更根本，它是万事万物的准则。在程颐看来，“凡眼前无非是物，物物皆有理。如火之所以热，水之所以寒，至于君臣父子间皆是理”[③]。理是事物存在的根本准则，自然万物都有一个理，每个事物都有其存在的根据和道理。不仅万物如此，人也如此。人的君臣、父子、夫妇，都有一个“理”。“理”既是自然界的客观规律，同时也是人类社会所应遵循的最高道德准则。程颐将“理”视为超越客观事物之上的最高存在实体，使得理一元论的本体论得以形成。

“理”是事物形成的原因，是运动的规律。程颐认为“一阴一阳之谓道”。阴阳相交，感动生物，这就产生了物的性，性也就是理，“性即是理，理则自尧、舜至于涂人，一也”[④]。因此，

① 程颢、程颐：《二程集》，北京：中华书局2004年版，第615页。
② 程颢、程颐：《二程集》，北京：中华书局2004年版，第193页。
③ 程颢、程颐：《二程集》，北京：中华书局2004年版，第247页。
④ 程颢、程颐：《二程集》，北京：中华书局2004年版，第204页。

程颐把理、性、命三者看成一样的东西，他说："理也，性也、命也，三者未尝有异。穷理则尽性，尽性则知天命矣。天命犹天道也，以其用而言则谓之命，命者造化之谓也。"[①] 阴阳变化产生天地万物，这就是物之理。理是道，也是有规律性的东西。一物存在有一物存在之理，道即理，"道则自然生万物。今夫春生夏长了一番，皆是道之生。后来生长，不可道却将既生之气，后来却要生长，道则生生不息"[②]。一物有一物的理，一事也有一事的理。穷理尽性则是知人性的理，从人性之理能知天命。这一点程颐与程颢是相一致的。这也就是说，所谓的穷理尽性就是为了知天命。程颐的理是性，尽性也就能知天命。这样自然规律性的"理"便被程颐纳入伦理范畴，使得理具有社会道德的属性。

程颐认为理与气是不可分离的，尽管他们有形上、形下之分。理决定性，而气依附性。因而程颐说："有理则有气，有气则有数。"[③] 这就说明了理为本、气为末。程颐认为，理是事物的本原，气是由理所派生，理居主要地位，而气居次。程颐说："有理而后有象，有象而后有数。"[④] 什么是"象"？理是无形，而象则有形，"象见于天，形成于地，变化之迹见矣"[⑤]。"象"是天地万物的表象。理与象、数之间的关系，就如同理与气之间的关系。

什么是气？程颐认为气是万物生成的材料。"万物之始，皆

① 程颢、程颐：《二程集》，北京：中华书局2004年版，第274页。
② 程颢、程颐：《二程集》，北京：中华书局2004年版，第149页。
③ 程颢、程颐：《二程集》，北京：中华书局2004年版，第1030页。
④ 程颢、程颐：《二程集》，北京：中华书局2004年版，第615页。
⑤ 程颢、程颐：《二程集》，北京：中华书局2004年版，第1027页。

气化：既形，然后以形相禅，有形化，形化长，则气化渐消。”① 气化便是气的运动变化。因为气具有阴阳消长的属性，阴阳二气的运动变化得以产生。阴阳在二气一动一静、参差不齐的运动变化之中，使万物得以生成，“阴阳不相交遇，则万物不生”②。万物因气化而始，万物生成后，气化便被形化所代替。张载有以聚散言气的观点，程颐吸取张载的观点，认为气聚则物生，气散则物死。认为：“天地之气，相交而密，则生万物之化醇。”③ 物的生死是由气的聚散所决定的。

宇宙间万物之所以有差异和区别，就是因为在气化之时所禀受的气有所不同。程颐认为，人的生命之气并不是外气的内在转化，而是自然生成，指出：“真元之气，气之所由生，不与外气相杂，但以外气涵养而已。……出入之息者，阖辟之机而已。所出之息，非所入之气，但真元自能生气，所入之气，止当辟时，随之而入，非假此气以助真元也。”④ 程颐认为万物产生的原因便是气化，而人与物的区别就在于构成人的是纯气，而构成物的是繁气。正因为禀气的不同，自然界中的物便分为不同的种类。如“动植之分，有得天气多者，有得地气多者”“霜，金气”“雹是阴阳相搏之气，乃是诊气”“日月，阴阳之精气耳”。宇宙万物禀气不同，所以互相区别。人与万物相比，“人乃五行之秀气，此是天地清明纯粹气所生也”⑤。人是由最清纯之气产生，物是由浊

---

① 程颢、程颐：《二程集》，北京：中华书局2004年版，第79页。

② 程颢、程颐：《二程集》，北京：中华书局2004年版，第924页。

③ 程颢、程颐：《二程集》，北京：中华书局2004年版，第910页。

④ 程颢、程颐：《二程集》，北京：中华书局2004年版，第165—166页。

⑤ 程颢、程颐：《二程集》，北京：中华书局2004年版，第148页。

驳之气产生，禀气的不同才使人与万物得以区别开来。而人与人之间，禀气不同会使人的素质也有不同。这么说来，气的善与不善便决定了人的善恶。夫为不善者，恶气也。他把人的道德好坏和品质善恶部分归结为先天的气禀，说："有自幼而善，有自幼而恶，是气禀有然也。"① 圣人和愚人的区别也在于先天气禀所异，"禀得至清之气生者为圣人，禀得至浊之气生者为愚人"②。对于是否有生而知之的圣人存在，程颐是肯定的。但他更强调学而知之，因学而改变一个人的气质。指出若夫学而知之，气无清浊，皆可至于善而复性之本。无论气禀是否清浊，只要努力学习，提高自己的道德品质，即使是不好的气质也可改变为善。一方面承认人的气禀的差异，一方面强调后天学习对气质的改造作用。他用理与气的关系来说明人的贤愚善恶。天理之善与气禀之异也是一种对立统一的关系，实质上是道德理想之善与经验世界各种道德现象参差不齐的对立与统一。程颐在建立自己的宇宙本体论时，将"理"和"气"作为自己哲学的一对基本范畴进行论述，对"理"与"气"的关系问题比程颢讲得更加透彻。

程颐论证"理"的永恒性、合理性、至高无上性，是为了给阴阳变化的现象世界指明一个发展的方向。这个指向是以儒家的礼、仁结合为依归，实现人与社会、人与自然的和谐共存。如果说程颢较多地关注仁学，从仁民爱物直接导向自然的生态关怀，那么，程颐则更多地关注礼学，试图从封建的宗法伦理的礼仪制

① 程颢、程颐：《河南程氏遗书》卷一，上海：上海古籍出版社 2000 年版，第 10 页。

② 程颢、程颐：《二程集》，北京：中华书局 2004 年版，第 291—292 页。

度入手去构建一种社会政治生态和谐，当然也兼及人与自然的生态和谐。与程颢相比，程颐的人文色彩的生态意境减弱了，但构建政治生态的理论更为时君世主所需要。朱熹发展了他的理论，这是程朱理学成为封建社会七百年官方哲学的原因。

三、“理”与“道、命、心、性、诚”相通为一的生态伦理内涵

1. 理与道

有人问：“天道如何?”程颐回答说：“只是理，理便是天道也。”① 理在邵雍看来，理仅是物之理，并不是本体范畴，只是从属于本体之道。二程把理从物之理中抽出来，和道等同，为理赋予了本体范畴的意义。程颐认为物质和运动永远存在，宇宙在任何时候都有物质和运动，但使之构成运动的材料不是循环不已的，而是生生不息的，因为宇宙中具体的气都是有产生也有消亡的。张载认为一个事物的气在事物灭亡后只有形态会发生改变，不会真正消亡。程颐认为他的观点是错误的，因张载对气的看法与宇宙的发展难以一致，他说：“天地之化，自然生生不穷，更何复资于既毙之形，既返之气，以为造化？……天之气亦自然生生不穷。”② 这是所说的有生必有死，有盛必有衰，有往则有来，这样宇宙万物才得以生生不息。宇宙在本质上并不是循环的，而是时刻更新的。一个事物死后，组成这一事物的气也随之消失。再次产生新的事物是由宇宙间新产生的气聚合而成，不会再由已经消失的旧事物的气重新结聚而成。

---

① 程颢、程颐：《河南程氏遗书》卷二十二上，上海：上海古籍出版社2000年版，第290页。

② 程颢、程颐：《二程集》，北京：中华书局2004年版，第148页。

那么，新的气是怎样消失又是怎样产生的？程颐认为，气的不断消尽和不断产生，在宇宙中是每时每刻发生的一个完全自然的过程，气的不断产生起源于宇宙固有的必然性。宇宙中的“道”就是生生不穷的根源。《老子·道德真经》第25章说：“道则自然生万物。”程颐也说：“道则自然生物，不可道却将既生之气，后来却要生长。道则自然生生不息。”① 他认为生生不穷的作用便是道，而气是不断产生又不断消亡的。

作为物质的气是否不断产生和消灭，这是一个自然科学探究的问题。程颐说的“生生不穷”，其实就是强调宇宙的“生生不息”，“生生不息”是天地生物之仁。与程颢一样，他的天理本体论建构确立了关爱自然的生态向度。

2. 理与性

性指人性，程颐说：“性即是理，理则自尧舜至于涂人，一也。才禀于气，气有清浊，禀其清者为贤，禀其浊者为愚。”② 但只有善才是天理的人之本性。人所禀之气有清浊之分，这种清浊对人是否贤愚有直接影响，所以“性”与“气”统一决定着人的善恶。

程颐在对善恶定性的基础上，区分了“性”的两种概念。他认为孟子与告子关于“性”的分歧主要是因为两个人所用的人性概念的区分。孟子讲的是“极本穷源之性”，告子讲的是“生之谓性”。③ 告子讲的虽同样是最根本的性，但程颐将其称为“气质

① 程颢、程颐：《二程集》，北京：中华书局2004年版，第149页。
② 程颢、程颐：《二程集》，北京：中华书局2004年版，第204页。
③ 程颢、程颐：《二程集》，北京：中华书局2004年版，第63页。

之性”。他说：“且如言人性善，性之本也。生之谓性，论其所禀也。”①

程颐讲的“性”只能是指性之本，没有不善。而告子所讲的生之谓性的“性”是“才”，既有善也有不善。从这个方面讲，荀子、扬雄在“性”的方面只说到了“才”，而孟子才真正认识到了“性”。他说“性出于天，才出于气”，“才则有善与不善，性则无不善”。② 程颐说：“论性不论气，不备；论气不论性，不明。”③ 将“性”与“气”结合起来才算全面具体。

生之谓性的性是指所禀受，也就是生来如此。而性即理的性则是指作为人的最根本本质。虽同为“性”，但它们的意义却是不同的。一方面，程颐用天地之性贯通人性，强调人与人本性相通，同时也贯通人与万物之性，强调与生俱来的仁德。另一方面，他也认识人的自然本能的巨大作用，试图运用三纲、五伦的制度伦理来遏制人欲之“恶”。

程颐理学建构理本论的目的是建立一个稳定而有序的社会，发挥理学在社会中的指导作用，让大家能遵守纲常名教。而心性论则是在理本论的基础上建立的。程颐在孟子“性本善”的基础上，将“心”“性”“义”等观点都视为和天理一样具有宇宙本体地位，这种观点不仅说明了遵守纲常名教、道德伦理是人之为人的根本属性，也指出人心向善的必要性。

程颐认为，人间的一切道德规范均是从宇宙是个生生不已、永不停息的自然过程得到流露，这样才得以“生生之为易，理自

---

① 程颢、程颐：《二程集》，北京：中华书局2004年版，第207页。
② 程颢、程颐：《二程集》，北京：中华书局2004年版，第252页。
③ 程颢、程颐：《二程集》，北京：中华书局2004年版，第81页。

然如此”。所以人生的世界不仅是动态的生生不息的世界，同时也是一个道德人文的世界。要想得到这个天人一体的自然境界，换回人类逐渐失去的本性，就要通过人的道德修养来使天理回归，这正是二程理学想要达到的根本任务。

与天为一的合理性是其目标的合理性，是实现人与人、人与社会、人与自然的全面和谐。这是广义的生态本体论。

3. 理与命

与人性的本体论意义紧密相关的一个概念是“命”。命与性有相异的一面，也有相同的一面。所谓：“天所赋为命，物所受为性。”[①] 意思是说：“命”与“性”指的是同一个对象。最早提到“命”这个概念的是庄子，他眼中的“命”指的是命运。他在《庄子·德充符》中说：“生死存亡，穷达富贵，贤与不肖毁誉，饥渴寒暑，是事之变，命之行也。”他认为，每个人的富贵贫贱以及命运好坏是上天注定无法预知的，对于自然来说，每个人都是极其渺小的，因此命运无法抗拒，唯有顺从。我们唯一所能做的就是以平和的心态顺应对待万事万物。这也表现了当时的人对未来不可改变的必然性的无可奈何的态度。所以，庄子又在《庄子·人间世》中说：“知其不可奈何而安之若命，德之至也。”庄子的命讲的是一种必然性的命运。

二程的言论中也有许多顺天命的思想。程颐说：“命谓正理。失正理为方命……方，不顺也。”[②] 程颐认为人若想摆脱贫穷忧患痛苦之命，就是不顺命，这种想法就属于“方命”，是违反天理的。程颢也认为人要“乐天知命，随处而足”。就是人要时刻保

① 程颢、程颐：《二程集》，北京：中华书局2004年版，第698页。

② 程颢、程颐：《二程集》，北京：中华书局2004年版，第731页。

持乐观的态度，要时时想得开、放得下，不一味追求可能得不到的东西，就能达到乐的境界。他说：“‘乐天知命’，通上下之言也。圣人乐天，则不须言知命。知命者，知有命而信之者尔。‘不知命无以为君子’是矣。命者所以辅义，一循于义，则何庸断之以命哉。若夫圣人之知天命，则异于此。”① 他认为君子都知道命，所以就自然而然地服从天理，有的人却不懂得这个道理，逆天而行，这样做的结果就是与义相悖离。那么遵循天理便是符合义，而让大家知命并安命是为了安义。安义与知命之间是可以相通的，淡化了庄子之命不可知的神秘的一面，强调天命的规律与秩序的一面。

二程区分了“性”与“命”的差异，说：“天之赋予谓之命，禀之在我谓之性。”② “天命犹天道也，以其用而言之，则谓之命，命者造化之谓也。”③ 二程认为，命是从宇宙本体向人性的过渡和转化。理不但是万物之源，还是人性之源。自然是无所谓善恶的，只有转化为人性时本身的内在价值才得以体现。万物是由理化生，而化生却不能离开气。这便是二程在《河南程氏遗书》中所说的“以其用而言之，则谓之命”。由此说明命与气相连是因为理的作用。有了这个作用才有了人性的产生。在程颐看来，人一旦出生，命即转化成了性。命是随着性的存在而存在，随着性的消亡而消亡。角度不同对“性”与“命”的认定也是不同的，从天道赋予的角度称之为命，而从具体事物赋予的角度则称之为性，便是受命。所以程颐说：“理也，性也、命也，三者

① 程颢、程颐：《二程集》，北京：中华书局 2004 年版，第 125 页。
② 程颢、程颐：《二程集》，北京：中华书局 2004 年版，第 91 页。
③ 程颢、程颐：《二程集》，北京：中华书局 2004 年版，第 274 页。

未尝有异，穷理则尽性，尽性则知天命矣。天命犹天道也，以其用而言之，则谓之命，命者造化之谓也。”① 也就是事物之间各有其理。而理、性、命是可以通达以至于达到统一的。“天命”作为最高的本体，也就是天道。道是指自然规律，命是创造大自然的神奇力量，性是人对自然宇宙的禀赋。人受命于自然，也受制于自然。总体来说，理、性、命三者间是相互联系和相互贯通的。命、性、理统一的天命观决定了人对自然应该有敬畏的态度。这是中国传统生态文化的基本信念。

4. 理与心

二程认为，心是认识主体，而认识的对象是理。“心所感通者，只是理也。知天下事有即有，无即无，无古今前后。”② 理被心认识，是因为理与心是相通的，理存在于人即表现为心，没有时间上的固定。程颐说：“圣人视亿兆之心犹一心者，通于理而已。”“由于众人之心都通于理，所以亿兆之心有如一心。”伯温又问：“‘孟子言心、性、天，只是一理否？’曰：‘然。自理言之谓之天，自禀受言之谓之性，自存诸人言之谓之心。’”③ 理存诸人，指理能够被人认识，理是心的内容，心是理的居所。

从本体意义上来说，心与理也是相通为一的。程颐指出：“在天为命，在义为理，在人为性，主于身为心，其实一也。……若既发，则可谓之情，不可谓之心。”④ 理、性、命、心作为相通为一的本体范畴，既是宇宙的本体，也是万物存在之根

① 程颢、程颐：《二程集》，北京：中华书局2004年版，第274页。
② 程颢、程颐：《二程集》，北京：中华书局1981年版，第56页。
③ 程颢、程颐：《二程集》，北京：中华书局2004年版，第764页。
④ 朱熹：《二程遗书》，上海：上海古籍出版社2000年版，第254页。

据。虽然它们有不同的表现，但“其实一也”。程颐所提出“理与心一”的命题，是讲如果人们把私意混了进去，就不能做到心与理的合一。他说：“理与心一，而人不能会为一者，有己而喜自私，私则万殊，宜其难一也。”①

5. 理与诚

程颐对“诚”范畴提出的见解，有的与程颢一致，但也有自己的创解。他将诚作为对性与心之间体用关系的主观体验，说：“学者不可以不诚，不诚无以为善，不诚无以为君子。修学不以诚，则学杂；为事不以诚，则事败；自谋不以诚，则是欺其心而自弃其志；与人不以诚，则是丧其德而增人之怨。今小道异端，亦必诚而后得，而况为君子者。故曰：‘学者不可以不诚。’虽然，诚者在知道而诚之耳。”② 诚的重要性决定了它的必要性。程颐认为，如果一个人对他人不诚，那他就不能称之为君子。如果一个人对事不诚，那他就不会得到成功。对自己不诚是自欺，对他人不诚是欺人。不诚的人会使自己的德性丧失，得不到他人的信任。只有诚才是人们修身立命的根本。所以程颢认为“不亡不息，可谓诚矣”③。

那么，诚的含义究竟是什么呢？

从宇宙万物的角度看，诚是世界的永恒；从个体生命存在的角度看，诚是个体的生命存在；从为人处事的角度看，诚是持之以恒。

---

① 程颢、程颐：《二程集》，北京：中华书局1981年版，第1254页。
② 程颢、程颐：《二程集》，北京：中华书局2004年版，第326页。
③ 程颢、程颐：《二程集》，北京：中华书局2004年版，第1155页。

他说："真近诚，诚者无妄之谓。"① 诚是真，同时也是"无妄"。程颐对于"妄"是这样解释的："凡理之所然者，非妄也。人所欲为者，乃妄也。"② 他认为，只要事物能体现理，便是无妄，如人的欲望有悖于天理就是妄。这是他对"妄"的新解。人如果只按自己的欲望去做事，就是妄。他是在提倡人的道德理性。道德理性是一般伦理道德的基础，也是生态道德的基础。

程颐说："无妄者至诚也，至诚者天之道也。天地化育万物。生生不穷，各正其性命，乃无妄也。人能合无妄之道，则所谓'与天地合其德'也。"③ 程颐认为无妄就是至诚，至诚就是天道。天生生不息地创造的万物都体现着天道，这种天道有规律可循，有形式可依，并能达到对天理的认识，这便是无妄。人要想达到心与性的统一，就要做到诚，这样才能实现人与天地之道的一体。

程颐以理为核心贯通道、命、心、性、诚构建了一个完整的道德形而上学体系。其内涵就是性命之学，即生命哲学，也就是儒家的仁学。人性的本原是天理，即天道。规定人的本质道德属性。做一个与他人和谐、与社会和谐、与自然和谐的人。也就是做一个仁民爱物的"仁者"或圣人。这是人的本质的自我实现，也是人的价值追求。

诚的境界就是仁者的境界。程颐说："若夫至仁，则天地为一身。而天地之间，品物万形为四肢百体。天人岂有视四肢百体

---

① 程颢、程颐：《二程集》，北京：中华书局 2004 年版，第 274 页。
② 程颢、程颐：《二程集》，北京：中华书局 2004 年版，第 824 页。
③ 程颢、程颐：《二程集》，北京：中华书局 1981 年版，第 127 页。

而不爱者哉。”① 仁者与天地万物为一体，像爱护自己的四肢百体一样去爱护宇宙万物，实际上是一种生态意境。他称之为诚，为仁。后儒称之为天道诚体，也就是道体与性体。理学家以此作为生命的本原，人性的本质，道德的本根。这种性命之学的基本内涵是天道与人性的统一，它确立了人与自然的统一。其宇宙本体也就是道德本体的天人合一特征决定二程新儒学伦理学的生态伦理品格。

第三节 “天人合一”的生态伦理观

一、天即理———天人合一的前提

程颐提出“理”一元论的“天理”观，说：“然人只要存一个天理。”他将“天理”作为最高实体，也将“天理”作为哲学体系的最高范畴。与此同时，他还把“天理”绝对化，认为人类在自然界乃至社会生活中都必须遵循天理，为“天人合一”提供了新的哲学论证。张岱年先生认为董仲舒所说的“以类合之，天人一也”，张载说的“天人合一”，程颢说的“天人本一”，虽然三人在理论内容上都有差异，但观点基本上是一致的，都认为天与人的统一关系是共存的关系。天与人的合一并不是说天人之间没有区别，而是说他们是在有区别的情况下达到的统一。程颐作为宋明理学的奠基人之一，在“天人合一”思想上有自己的特点。

① 程颢、程颐：《二程集》，北京：中华书局1981年版，第74页。

天理是普遍的道德伦理的根据，它指导人的价值追求。《礼记·乐记》说："人化物也者，灭天理而穷人欲也。""天理"和"人欲"本是属于道德伦理方面的概念，但是《乐记》的"灭天理而穷人欲"的观点成为了包括二程在内的所有理学家的重点研究对象。程颐更是把"遏人欲，存天理"作为他的道德伦理体系的基本范畴。

从哲学宇宙观来说，"天理"是宇宙自然的根本规律，它产生人与万物，从而也是人与天（自然）联系与统一的基础。程颐说："莫之为而为，莫之致而致，便是天理。"① 又说："理则天下只是一个理，故推至四海而准，须是质诸天地，考诸三王不易之理。"② 天理作为天下之理，是普遍适用于天下所有自然物的。程颐说："一人之心即天地之心，一物之理即万物之理。"③ 世界上的一切事物都产生于"理"，只要有"理"就有万物。即使有客观事物和表象"接于耳目"，也是虚幻而不可信的，这便是无"理"。"无理"也就是"非物"。

天地万事万物均是由理产生，就连人也不例外，因为人和其他事物是没有任何区别的。所谓"天下物皆可以理照，有物必有则，一物须有一理"④。人与天地万物有一个共同的"理"才能达至合一。这样一来，"天理"就从人类道德准则扩展到人与自然万物共有的道德准则。从现代生态哲学的角度看，天人合一天

① 程颢、程颐：《河南程氏遗书》卷十八，上海：上海古籍出版社2000年版，第215页。

② 程颢、程颐：《河南程氏遗书》卷二上，上海：上海古籍出版社2000年版，第38页。

③ 程颢、程颐：《二程集》，北京：中华书局2004年版，第13页。

④ 程颢、程颐：《二程集》，北京：中华书局2004年版，第193页。

理论，直接否定了人类中心主义。人与世界万物一样，都是遵循同一个天理而存在。他们之间的关系不是对立斗争，而是统一和谐。人与万物不同的是人有一颗生来就具有“天理”的“道心”，能够主动地去仁民爱物。因为天理的特性就是生育万物，有生物之“仁”。

程颐在解释乾卦彖辞时说：“四德之元，犹五常之仁，偏言则一事，专言则包四者。万物资始乃统天，言元也。乾元统言天之道也，天道始万物，物资始于天也。云行雨施，品物流行，言亨也。天道运行，生育万物也。乾道变化，生育万物，洪纤高下，各以其类，各正性命也。天所赋为命，物所受为性。‘保合太和，乃利贞’，‘保’谓常存，‘合’谓常和，保合太和，是以利且贞也。”① 生育万物是天道也就是天理的内涵。人所应行的天理，也就是生育万物，保合太和。所谓“太和”，我们可以理解为最伟大的和谐，这是一种生态意境的宇宙观。在这种宇宙里，人的行为符合天道就会成功，违背天道就会失败。“天为万物之祖，王为万邦之宗。乾道首出庶务而万汇亨，君道尊临天位而四海从。王者体天之道，则万物咸宁也。”② 他把天道的生态原则引入王道政治，认为“万物咸宁”是政治成功的表现。

二、“道合内外”——天人合一的身心性命之道

确定了“理”为世界本源的基础后，程颢重新解释了“天人合一”的概念，并在原有基础上提出了“天人本一”的命题。程

① 程颢、程颐：《二程集》，北京：中华书局2004年版，第697页。

② 程颢、程颐：《二程集》，北京：中华书局2004年版，第697—698页。

颐的“天人合一”观念与程颢一致，但其内容更具体化。他认为人与天合实际上就是“体合”，而不只是认识上的相合。这里所说的“体合”就是在消除主客观的差异后，达到的精神上的统一。“体合”就是合内外，合天人，是种自我体验和自我直觉。他说：“推物理之同，以明晓之时用，乃圣人合陵之道也。……圣人则明物理之本推物理之同，所以能同天下而和合万类也。”① 圣人之所以能称之为圣人，就是因为他们能达到与天合一的高尚人生境界，能达到与天地万物的“体合”，达到这种“体合”后便可从“天人本一”的天道性命之学推出生命的本原意义、生存的合理条件，最后到达一种生态意境的天人关怀。

程颐说：“天大无外，造化发育，皆在其间，自无内外之别。人有是形，而为形所梏，故有内外生焉。内外一生，则物自物，己自己，与天地不相似矣。反乎性之德，则安有物我之异，内外之别哉?”② 人之所以有我与物、主体与客体的区别，是因为只注重自己的物质形体。只有反思“性之德”，也就是天人本一的“天理”之性，才能达到物我一体的境界，也就是“仁”的境界、“天理”境界，没有物我的对立，实际上是生态境界。

“天人本一”的天理论，讲的是道德性命之学。即人的本质是什么，人应该做一个怎样的人。从“天人本一”的立场来看，这种性命之学在源头上确立了它的生态立场。人如果与万物对立，与他人对立，就是自私，就从根本上违背了天理。程颐说：“理之所不得已者，是谓化育。明其所不得已之机，则知之至矣。至诚而至于此，则至诚之事尽矣，天德全矣。夫天德无所不覆

① 程颢、程颐：《二程集》，北京：中华书局2004年版，第889页。
② 程颢、程颐：《二程集》，北京：中华书局2004年版，第1161页。

者，不越不倚于物而已。有倚于物，则覆物也有数矣。”① “不越于物”也“不倚于物”，指顺应自然万物的发育，不以物为私。这样就可以“德配于天”，可以达到“诚”的境界。“诚者，实有是理也。”② 讲的就是这个道理。从“天人本一”天道性命之学推出生命的本原意义，生存的合理条件，最后达到生态意境的天人关怀。

程颐在“天人本一”的基础上提出了天理史观。天理史观是指社会发展与宇宙发展相一致的观点，这种观点与圣人治世相结合。这里所提到的圣人，是天理的化身。程颐说：“圣人与理为一，故无过，无不及，中而已矣。”③ 因为天理与道相一致，故圣人也与天道无异。圣人因与天道无异，也与天理合一，所以能成为天理的化身。程颐认为所谓的三代之治，是依靠圣人循道来实现的。这就是所谓的“天有是理，圣人循而行之，所谓道也”④。

将人伦上升为天理，也就是把人类社会才具备的道德原则进而提升到整个宇宙的普遍规律，这样儒家的伦理原则不但得到了本体论的哲学依据，也论证了封建社会秩序和道德规范的合理性。与此同时，他也将宇宙自然的生态和谐原理融入人类社会的伦理道德规范中，使之带有生态伦理的特征。

三、尽心知性而知天

“尽心知性而知天”的命题最早由孟子提出，二程则从哲学

① 程颢、程颐：《二程集》，北京：中华书局2004年版，第1163页。
② 程颢、程颐：《二程集》，北京：中华书局2004年版，第1163页。
③ 程颢、程颐：《二程集》，北京：中华书局2004年版，第156页。
④ 程颢、程颐：《二程集》，北京：中华书局1981年版，第274页。

的角度大力发展了这种观点。二程认为人要做到知性而知天，首先这个人就要与天地具备共同本性。程颐说："人具有天地之德，自当遍复包含，无所不尽。"[①] 人类所具备的德性无所不包，当然也包括天地之性，所以人在天地万物之中是最灵者。

知性知天，不但是一个道德的认知过程，同时也是一个道德的实践过程。程颐在《易传》中极力关注的问题便是人通过什么方法做到从道德实践到达道德境界的高度问题，最后终于得以领悟：通过自己对天理的认知后，才能使自己对社会伦理纲常有一个高度的领悟，这样就能达到人和社会的和谐。因此，程颐在《程氏易传》中告诉大家要达到天理的方法就是提升自身的道德修养境界，提升自己的道德境界后经过修身养性就能摆脱人生的不幸。程颐主要是希望大家提高自身的道德修养，这样才有可能自觉履行道德伦理并维护社会秩序，由此建立一个人与社会和谐的理想社会。

程颐认为，道德修身的最高境界便是"诚"，"诚"既是天之道，也是道德修身之道。《中庸》说："诚者，天之道也；诚之者，人之道也。"《中庸》还说："唯天下至诚，为能尽其性。能尽其性，则能尽人之性。能尽人之性，则能尽物之性。能尽物之性，则能赞天地之化育。""诚"作为《中庸》的核心思想，本来是直接导向"赞天地之化育"的生态关怀的。程颐认为"无妄"便是"诚"，认为只有通过"立诚"才能使心有所主，心有所主后才有可居之处，有可居之处后才可以修业。他说："无妄者至诚也，至诚者天之道也。天之化育万物，生生不穷，各正其

---

① 程颢、程颐：《二程集》，北京：中华书局2004年版，第1159页。

性命，乃无妄也。人能合无妄之道，则所谓‘与天地合其德’也。”① 程颐将“诚”作为人应具有的道德品质和道德境界，作为贯通天人、连接物我的重要哲学本体范畴，认为“诚”“理”“道”同样具有宇宙本体的地位。知性也就是知天，知天也就是立诚。“诚”既是体也是用，在程颐眼里，“诚”是修养的途径和工夫。修养的目的是要达到天道那样的“化育万物”，使万物“各正性命”，也叫作“与天地合其德”。

程颐认为，“诚”是依于“心”来体认天理的。他说：“在天为命，在义为理，在人为性，主于身为心，其实一也。心本善，发于思虑，则有善有不善。若既发，则可谓之情，不可谓之心。”② 这里所说的“性”依于“心”并运用到实际生活中才能有存在的实际意义，自己本身并不能独立存在。所以，程颐是通过“心”来认识性与天道的。他的“性”与“天道”、人与天的合一，也是由“诚”贯通的。

“诚”能贯通“心”的始终，所表现出来的仁人境界就是“同天人”“合外内”。“至诚”能安于义命，不但是个体摆脱困境、获得解脱的重要方法，也是沟通天人之际的重要方式。他说：“君子循理，故常泰；小人役于物，故多忧戚。”③ 他认为君子要安贫乐道，用一种自尊、自重、自信的信念面对现实人生和政治斗争中的大起大落、宦海沉浮。只有到达这个境界，才能做到真正的泰然安乐。这就是孟子在《孟子·尽心上》所说的“穷则独善其身，达则兼济天下”。

① 程颢、程颐：《二程集》，北京：中华书局1981年版，第127页。
② 程颢、程颐：《二程集》，北京：中华书局2004年版，第204页。
③ 程颢、程颐：《二程集》，北京：中华书局2004年版，第1263页。

程颐在《程氏易传》中认为，“孚”便为“诚”，这样便将“诚”的观念和“诚”在道德修身的实践意义显现出来，正如他所说：“盖诚之于物，无不能动，以之修身则身正，以之治事则事得其理，以之临人则人感而化，无所往而不得其志也。”“至诚可以通金石，蹈水火，何险难之不可亨也？”① 程颐之所以高度赞扬并深入研究《周易》，是因为他认为《周易》是一部关于如何顺应天理，如何提升道德的经典著作，体现的特征就是将不同物象通过变易展现主体所面对的不同情境，人们若想避凶趋吉，就只有顺应天理、循理而行。他解释“唯君子为能通天下之志”时说：“天下之理一也，涂虽殊而归则同，虑虽百而其致则一。虽物有万殊，事有万变，统之以一，则无能违也。”② 程颐认为理便是宇宙本体和价值依据，不论是“物有万殊”，还是“事有万变”，都展现出“理”，对天理的体悟是一个动态的过程，而不是静止过程。所以，他认为将“诚”合于天道，并贯穿于宇宙万物动静的始终，才是发自内心自觉循理而为，所谓“天人之理，自有相合。人事胜，则天不为灾。人事不胜，则天为灾。人事常随天理，天变非应人事。如祁寒暑雨，天之常理，然人气壮，则不为疾。气羸弱，则必有疾。非天固欲为害，人事德不胜也。如汉儒之学，皆牵合附会，不可信”③。《周易·艮·象》的“动静合理义，不失其时也，乃其道之光明也”，就是说人只有在行为举止上注意循理，在现实生活中“持敬”，才能实现“与理合一”

① 程颐：《程氏易传》，见：郑万耕主编：《易学精华》，北京：北京出版社1996年版，第627页。

② 程颢、程颐：《二程集》，北京：中华书局2004年版，第140页。

③ 程颢、程颐：《二程集》，北京：中华书局2004年版，第374页。

的圣人境界。“与理合一”也就是“与天合一”，“持敬”“立诚”的道德实践工夫总是在敬天、顺天，也即敬顺自然的生态意境中。

四、“存天理遏人欲”的生态伦理意义

二程理本论的“理”有两个重要思想来源。一是《周易说卦》“穷理尽性以至于命”的“理”，指的是“性命之理”。二是《礼记·乐记》“灭天理而穷人欲”的“天理”，指的是普遍的道德伦理。二程把这两个方面结合在一起，建立了他们的道德本体论，并提出“存天理，遏人欲”的道德伦理命题。荀子在《正名》中对理欲问题做了最早的陈述，他提出“以理节欲”的观点。《乐记》将“天理”和“人欲”相对立，却强调的是人性的道德理性与感性欲望的存在。

正式提出天理人欲问题的是张载，他不否认作为人必有人欲的合理性；但强调人对天理的认识，实现人的道德自觉。张载承认了天理和人欲的统一。程颐则提出“存理灭欲”的理论，这是有着深刻的社会原因的。当时的北宋社会动荡，物欲横流，土地兼并非常严重，社会财富都集中到了少数人的手里。

程颐认为，以正心及正身才是解救社会状况的第一要务，同时强调外在的礼的约束（理即是礼）。程颐天理现便是人们共同遵守的道德伦理规范和使人与人、人与社会关系和谐化、稳定化的行为准则，破坏这种规范和准则的行为叫作私欲。程颐说：“人之所以为人者，以有天理也。天理之不存，则与禽兽何异矣。”① 一个没有道德观念的人，不能算是一个真正的人。

① 程颢、程颐：《二程集》，北京：中华书局1984年版，第1205页。

程颐也承认人的欲望的正当一面，把男女之欲作为理的客观内容。程颐说："佛之所谓世网者，圣人所谓秉彝也。尽去其秉彝，然后为道，佛之所谓至教也，而秉彝终不可得而去也。耳闻目见，饮食男女之欲，喜怒哀乐之变，皆其性之然。今其言曰：'必尽绝是，然后得天真。'吾多见其丧天真矣。学者戒之谨之，至于自信，然后彼不能乱矣。"[①] 程颐认为，男女之欲是正常合理的，这主要是从人类自身延续考虑。他认为男女之欲是理的包容范围之内，是一种正常行为。认为男女之欲如果离开了义理的指导，就会因纵欲而败坏伦理纲常。人在满足"口目耳鼻四支之欲"的时候，是不能存有"私吝心"的，程颢说："饥食渴饮，冬裘夏葛，若致些私吝心在，便是废天职。"[②] 人类为了生存，每个人都要"饥食渴饮，冬裘夏葛"，这是人不可废弃的最起码的"天职"。但是，如果一个人只考虑自己的需要，为自己谋取私利，他的所得也远远超过一个人最基本的生活需要，甚至到了奢侈浪费的程度，而不顾及他人的需要和感受，这就不能算是"天职"，而是我们必须反对的"私欲"。程颐说："且譬如椅子，人坐此便安，是利也。如求安不已，又要褥子，以求温暖，无所不为，然后夺之于君，夺之于父，此是趋利之弊也。利只是一个利，只为人用得别。苟公其心不失其正理，则与众同利，无侵于人，人亦欲与之。若切于好利，蔽于自私，求自益以损于人，则人亦与之力争，故莫肯益之，而有击夺之者矣。"[③] 如果一个人没

① 程颢、程颐：《二程集》，北京：中华书局2004年版，第1180页。
② 程颢、程颐：《二程集》，北京：中华书局2004年版，第82页。
③ 程颢、程颐：《二程集》，北京：中华书局2004年版，第215—216页。

有贪欲，也不侵犯别人的利益，甚至帮助他人，那么别人对他也会同样给予帮助。如果“求自益以损于人”，自私好利，为了自己的私利而让他人的利益受损，这就难免要“侵于人”，对他人侵犯的结果便是产生争夺，在争夺财富和权力的过程中会产生恶，这种“恶”正是私欲所带来的后果，我们要坚决抛弃。

程颐说：“天下之害，无不由末之胜也。峻宇雕墙，本于宫室；酒池肉林，本于饮食；淫酷残忍，本于刑罚；穷兵黩武，本于征讨。凡人欲之过者，皆本于奉养，其流之远，则为害矣。先王制其本者，天理也；后人流于末者，人欲也。损之义，损人欲以复天理而已。”① 程颐认为，皇帝希望拥有天下的美食、宽大的宫室，国家对内要有刑罚、对外要有征讨的欲望，这种正当的欲望，不但符合天理，也是维持国家生存所必需的手段和方式。如果欲望过于奢侈和过分，就会损害他人的欲望，这就会违反本来的天理。

所以，程颐并不主张绝欲，只不过是反对过分的欲望而已。他说：“利者，众人所同欲。专欲益己，其害大矣。欲之甚，则昏蔽而忘义理；求之极，则侵夺而致仇怨。甚矣欲之害人也，人为不善，欲诱之也。诱之而不知，则至于灭天理而不知反。故目则欲色，耳则欲声，鼻则欲香，口则欲味，体则欲安。此皆有以使之也。”② 利作为大家共同的欲望，这种共同的欲望就是义理。如果欲望太多，就会发展到侵夺他人的财物而与他人产生仇怨，恶行便会产生。人很容易被物欲引诱，所以不善。程颐反对这种

---

① 程颢、程颐：《二程集》，北京：中华书局2004年版，第1170—1171页。

② 程颢、程颐：《二程集》，北京：中华书局1981年版，第678页。

因奢侈的欲望带来的恶行，认为人们只有通过“一复天理”的途径，才能让人重新寻找到真正的“善”。

程颢说：“礼经三百，威仪三千。非绝民之欲而强人以不能也，所以防其欲，戒其侈，而使之入道也。”[①] 程颐对一般的利欲是不反对的，他认为“绝民之欲”是做不到的，所谓的礼仪便是使“欲”入“道”，为的是防止百姓之间因对物欲的需求而发生争夺的行为，让他们能懂得廉耻之道，自觉地抑制自己的私欲。如果不损害他人利益，有助于社会的和谐，这就是善；如果因私欲膨而与他人争夺不已，这就是恶。

但在讲到“道心”与“人心”时，程颐又把“天理”与“人欲”对立起来。他说：“人心私欲，故危殆。道心天理，故精微。灭私欲则天理明矣。”[②] 这句话出自《古文尚书·大禹谟》：“人心惟危，道心惟微，惟精惟一，允执厥中。”这是宋儒认为可以世代相传的关于个人修养和治理国家应遵循的基本原则。程颐将这条基本原则作为对人欲和天理的解释，认为如果将“人心”表现成“私欲”是极其危险的，“道心”之所以精微是因为代表着“天理”，而“天理”和“人欲”是一种对立的状态。所以程颐说：“视听言动，非理不为，即是礼，礼即是理也。不是天理，便是私欲。人虽有意于为善，亦是非礼。无人欲即皆天理。”[③] 后来的统治者把“存天理，遏人欲”演变为用封建礼教扼杀人的正道需求的教条，并不是出于原意。

① 程颢、程颐：《二程集》，《程氏遗书卷二十五》，第323页。

② 程颢、程颐：《二程集》，北京：中华书局2004年版，第312页。

③ 程颢、程颐：《河南程氏遗书》，上海：上海古籍出版社2000年版，第144页。

如果摆脱政治伦理的束缚，把它放到一个生态伦理的层面来说，这种存天理以限制人欲的伦理观念有相当的合理性。人类作为大自然的灵物，对自然就有一种道德责任。这就要求我们在行为上坚持适度的原则，使生物资源实现可持续发展。这是因为可供人类利用的自然资源是有限的，地球的承载能力同样也有限。如果人类在对自然进行行动时，不用自律、自控的方法来控制自身的贪欲，没有任何责任感地去开发资源、利用资源，那么，我们的资源很快就会消失，甚至有的资源不可再生。

二程在“天人合一”生态伦理思想中的道德规范，在中国源远流长，它告诉人们只有尊重客观的生态规律，自然资源才能达到良性循环。人类在开发的同时，也要顾及该资源是否可持续开发和利用，这也是当代可持续发展之义。在这个意义上，人类整体应该以道德理性来限制自己的欲望。

天理与人欲到底应处于一种什么关系？程颐的基本立场是主张“中道”。程颐说“中即道也”“道无不中，故以中形道”。[①]天理与人欲是既对立又统一的，二者的关系也应该以中道来调节。人作为自然界中一个重要的物种，为了延续下去就需要利用自然资源。那如何利用这笔资源？程颐所说的“中道”既是一种态度也是一种方法。对资源利用要取之以度，这样才能保证用之不竭。如果道德理性与人的利益欲求处在一种恰当的中道，这便是存天理、遏人欲的最好阐释。二程伦理学的一些合理的道德原则，至今仍有利于现代生态文明的发展，是可持续发展的生态伦理学思想。

① 程颢、程颐：《二程集》，北京：中华书局2004年版，第607页。

第四节　“寻孔颜乐处”的生态价值观

一、“循理之乐”

从周敦颐到二程，他们都弘扬“寻孔颜乐处”的价值观。与程颢“仁者”之乐有所不同，程颐提倡“循理”之乐。所谓“循理”，从天道自然的角度是“循阴阳之理”“赞天地之化”，从社会伦理的角度就是循“礼”。所谓“动容周旋中礼”“视听言动之礼”。[①] 礼就是理。

程颐认为礼实质上是符合天理并与天理是一致的。“视听言动，非理不为，即是礼，礼即是理也。”[②] 礼也符合义，如：“大凡礼，必须有义。礼之所尊，尊其义也。”[③] 礼也是出于“人情”的：“礼出于人情而已。”[④] “礼之本，出于民之情，圣人因而道之耳。”[⑤] “礼经三百，威仪三千，皆出于性，非伪貌饰情也。”[⑥] 这里所提到的“人情”在当时是指人们生存状况。而生活的实情便是生活的实际状况。程颐认为制定礼仪要根据人们生存生活的实情，要适合人们日常的生活。这说明程颐并不是一个僵化守旧之人。他认为如果做不到符合礼的基本精神和礼的本义，这种礼

① 程颢、程颐：《二程集》，北京：中华书局2004年版，第578页。
② 程颢、程颐：《二程集》，北京：中华书局2004年版，第144页。
③ 程颢、程颐：《二程集》，北京：中华书局2004年版，第177页。
④ 程颢、程颐：《二程集》，北京：中华书局2004年版，第180页。
⑤ 程颢、程颐：《二程集》，北京：中华书局2004年版，第327页。
⑥ 程颢、程颐：《二程集》，北京：中华书局2004年版，第668页。

节就需变更。“圣人以宁俭为礼之本，故为损益发明其义。以享祀言之，享祀之礼，其文最繁，然以诚敬为本，多仪备物，所以将饰其诚敬之心，饰过其诚，则为伪也。”① 程颐也认为节俭、诚敬也是礼的基本精神和本义，只有本着节俭、诚敬的态度就说明达到礼了，而用不着非要用仪式物品来显示自己的诚敬之心，如果用这种方式来掩饰诚敬，那就是一种虚伪，不能称之为诚。因此，程颐在评论《礼记》四十九篇时说到自己的观点：“盖其说也，粗在应对进退之间，而精在道德性命之要；始于童幼之习，而终于圣人之归。惟达于道者，然后能知其言，然后能得于礼。然则礼之所以为礼，其则不远矣。”②

道德性命之理和进退应对之礼，它们在原则上是一致的。然而道德性命之理作为生命本原，是对人生意义的思考，进退应对之礼是对人的具体生存状况的关注。理通过礼的进一步表现就是生命精神在日常生活中的表现。二程将理与礼从生命哲学贯通到生存伦理中，实际上贯彻的是一种天人合一的生态精神。

《礼记·乐记》说：“乐者天地之和也；礼者，天地之序也。和，故百物皆化；序，故群物皆别。乐由天作，礼以地制。过制则乱，过作则暴。明于天地，然后能兴礼乐也。”在同样一个“天理”概念下，程颢“仁者”与物同体之乐，较多关注“天地之和”的自然生态。而程颐的“循理之乐”则更多地关注社会与自然的秩序。“礼者天地之序”，秩序与和谐，二者本来是不可分的。程颐说礼的本质“精在性命之要”就是这个意义。从这个角度说礼之序直通天道性命之本，“循礼”也就是“循理”，是生态

① 程颢、程颐：《二程集》，北京：中华书局2004年版，第909页。

② 程颢、程颐：《二程集》，北京：中华书局2004年版，第669页。

伦理不可缺少之义。但从具体的礼仪制度及其修养方法来说，程颐的循礼就不能不以维护封建礼教为重，这是时代的局限。

天理是人性的本质。居敬主一是要坚守一个诚字。只有诚才能够保存道德理性的天理，限制人们的感性欲望，使一切事情做到公正合理——集义。培养一种正义道德的浩然之气，做一个超越物欲自私的高尚的人。所以居敬存理与“存天理灭人欲”是紧密相连的。

二、“君子循理故常泰”

程颐认为，“孔颜乐处”便为“循理”之乐。而“循理”则是获得“孔颜之乐”的唯一途径，而“循理”之前必先“识理”。

识“理”的途径又是什么呢？程颐说：“须是知得了，方能乐得。故人力行，先须要知。非特行难，知亦难也。”“如人欲往京师，必知是出那门，行那路，然后可往。”“未致知，便欲诚意，是躐等也。学者固当勉强，然不致知，怎生行得？勉强行者，安能持久？除非烛理明，自然乐循理。”① 程颐认为，人先要知，后才能行。

程颐眼里的理即是事物的规律和原理，“循理”之乐就是精神因自由而得到的快乐。他认为，只要做到不仅能遵循自然的规律和法则，也能遵守社会的规章制度、原则规范的时候，即既能“识得此理”，又能“循理”之时，就能达到“从心所欲不逾矩”的快乐，就是达到了自由之乐。只有这种既符合自然的规律，又能遵从自然的本性，还能满足人类的需要，人与人、人与自然、

① 程颢、程颐：《二程集》，北京：中华书局2004年版，第187页。

人与社会之间才能达到真正的统一和谐与快乐。只有这种“循理”之乐，才能达到真正的精神自由之乐。程颐说：“君子循理，故常泰；小人役于物，故多忧戚。”① 他认为，人活在世上，如能“循理”，便可以达到泰然安乐；如不能“循理”，便会“役于物”，从精神上感到痛苦不安，从心理上感到忧心忡忡，快乐当然无从谈起。

那么，“孔颜之乐”如何达到与“理”合一的境界呢？程颐认为，理学只有通过内在的“持敬”和外在的“格物穷理”，才能达到“从心所欲不逾矩”的与“理”合一的境界。程颐的“循理之乐”在继承了周敦颐“中正而诚”的基础之上，强调“正其心，养其性”之德，强调“中礼”“非礼勿动”之礼，这就做到了“循理”，这里的合一境界之理就是礼。程颐认为“孔颜之乐”是因循理才能达到乐之境界。他说：“古人言‘乐循理之谓君子’，若勉强，只是知循理，非是乐也。才到乐时，便是循理为乐，不循理为不乐，何苦而不循理，自不须勉强也。”② 他认为“乐”与理本来就为一体，如将“乐”与“理”分开，便是“人即人，道即道”，“乐”与理就分开不再是一体了。只要人能对自己所遵守“理”达到自觉，思想言行则会自然而然地符合“理”的条件。所以要想达到“孔颜之乐”，首先就要“格物穷理”才能致知，在这里，“穷”与“格”的对象包括天地之间所有无穷无尽的自然物。从一草一木到茫茫宇宙之间，无不均在格物穷理的范围之内。人只有使自己的行为准则和行为规范符合伦理道德规范，才能逐渐本心合而为一，从而获得“天地气象”，

① 程颢、程颐：《二程集》，北京：中华书局2004年版，第1263页。

② 程颢、程颐：《二程集》，北京：中华书局2004年版，第186页。

最后达到“孔颜之乐”的最高境界。

“孔颜之乐”的“乐”，周敦颐和二程对其解释都各有区别。周敦颐和程颢是“与天道合一”之乐，程颐是“循理”之乐，他们对“乐”的不同理解是：周敦颐与程颢的“乐”是在追求天人合一的过程中，从心底里感到一定的自由性。这种自由便是认为只有万物达到各遂其性、各司其能之时，人类就可以从万物的自由生长中获得精神愉悦和自由，从中得到乐趣。程颐则认为，人类做任何事只要能符合事物发展规律、道德规范，才能称之为“乐”，“孔颜之乐”只有与“理”完全合一，达到完全的德性和理性后才能从内心深处感受到真正的愉悦和安详，这便是快乐。从这点上看，两者相较，程颐的“循理”之乐使周敦颐、程颢的从自然万物中寻得的自然之乐显得较为平淡，因为他的“孔颜之乐”不仅有自然规律的成分，而且赋予了社会规范的内容。

三、“循理则物遂其性”

程颐在“孔颜乐处”中确立了一个高于现象世界的理，他的“天人合一之境”的合一就是天理与人的认识的合一。自然万物无不在天理的统御之下。他说：“大而化之，只是谓理与已一。其未化者，如人操尺度量物，用之尚不免有差。若至于化者，则已便是尺度，尺度便是已。颜子正在此，若化则便是仲尼也……唯颜子自知，他人不与。”① 孟子在《孟子·尽心下》中说：“大而化之之谓圣。”孟子所说的“大而化之”是一种与天合一之境。在周敦颐看来，这种合一就是“诚”，而程颢则认为这种合一是“仁”，程颐则认为这种合一叫作“理”。孔子所志，颜子所学的

① 程颢、程颐：《二程集》，北京：中华书局2004年版，第156页。

圣人之道："在于老者安之，朋友信之，少者怀之，使万物莫不遂其性。"① 它表现的是一种和谐有序的社会秩序，同时也表现为一种自然秩序。

程颐对自然生态的关注表现在循自然之理上。他在一篇《养鱼记》中说："吾读古圣人书，观古圣人之政禁，数罟不得入洿池，鱼尾不盈尺不中杀，市不得鬻，人不得食，圣人之仁，养物而不伤也如是。物获如是，则吾人之乐其生，遂其性，宜何如哉?"② 江海本是任鱼"遂其性"的场所，但人是要吃鱼的，如果能按捕鱼季节捕鱼，让鱼在繁殖季节繁育生息，各遂其性，这样就会永远都有鱼，人也永远都能吃到鱼。所以，我们不随意捕捞小鱼或正在生长期的鱼，而将小鱼饲养起来，这就是"循理"的表现。在这里，"循理"便是让万物"遂其性"。

四、"学以至圣人之道"的价值理想

二程在"寻孔颜乐处"的主要内容上是有所差异的，程颢是"仁者与物同体"之乐，程颐是"循理"之乐。程颢认为，只有通过"识仁"、明理才能寻得"孔颜乐处"的重要途径，"识仁"，能感受"与物同体"之乐；明理，能感受"循理"之乐。所以程颐以为，识理才能够"循理"，才能感受到"识仁""循理"带来的快乐。

为了弘扬"孔颜乐处"的价值观，程颐编写了《颜子所好何学论》。在这篇文章中程颐说："圣人之门，其徒三千，独称颜子为好学。夫诗书六艺，三千子非不习而通也，然则颜子所独好

① 朱熹：《四书集注》，上海：上海古籍出版社2006年版，第34页。

② 程颢、程颐：《二程集》，北京：中华书局2004年版，第578页。

者，何学也？学以至圣人之道也。”① 圣人是儒家高悬的人生价值理想，也是人伦道德的最高标准。孟子在《孟子·离娄上》中说：“圣人，人伦之至也。”又在《孟子·尽心下》中说：“圣人，百世之师也。”实际上圣人只是理想中的道德完人，是“生而知之”的智慧超人。就连孔子在《论语·述而》中都说：“圣人吾不得而见之矣。”宋代道学推崇颜子，因为颜子在努力学至圣人，而且“颜子之与圣人，相去一息”②。“孔颜乐处”既是孔子一样的圣人“仁民爱物”之乐，也是颜子一样学做圣人的人在学习与修养过程中的乐。

程颐认为，颜子的学圣从外在来说就是循礼，从内在来说就是“正其心养其性”。他把正心养性的工夫概括为“涵养须用敬，进学在致知”。“致知”也就是“格物穷理”，“用敬”就是“居敬存理”。

程颐的理气分立，也就是后来朱熹的格物穷理的认识方向，它在开启朱熹理学的同时，同时也开启主体与客体分离的哲学分析倾向。主客体的分立是指人与环境分立，最初是指人对生活经验的总结，现在已是科学实证分析的基本方法。周敦颐、程颢与张载不采取主客分立的方法，是因为主客体的分立会让人把他人看作客体，形成“意、必、固、我”的态势。这会成为道德危机与精神困惑的总根源。因此，程颢提倡“浑然与物同体”，却反对“二物之对”，即人与天之所以相对，主要是因为主客体的不完全统一。人与天相合，则主客体是完全统一的。程颐则是提倡主客体不完全统一之下的天人合一。

① 程颢、程颐：《二程集》，北京：中华书局2004年版，第577页。
② 程颢、程颐：《二程集》，北京：中华书局2004年版，第578页。

"主敬存理"，是成圣得道的工夫。这种道德实践论规定了道德的实现是人生的最高价值或者基本目标。人生的一切行为，都是围绕这个目标，向着这个方向努力。这反映了从先秦儒学到宋代新儒都以伦理道德为中心的价值取向。

主敬存理从人与自然的角度看，就是人不能违反自然运行的规律。存天理，就是人类不能破坏生态的规律；遏人欲，就是人类不能放纵自己享受的欲望。放纵人类的欲望，最终导致自然也就是人类社会的不能持续发展。居敬存理作为一种生态伦理的价值观是可以提倡的。但用于社会和政治伦理观时，程朱理学则出现以严苛道德要求普通人的偏差。

在"寻孔颜乐处"的人生价值观上，程颐"循理之乐"与程颢"仁者与物同体"之乐不同的是，程颢的"乐"更具有审美意境与自由色彩，而程颐的"乐"则较多地强化了对道德规范和社会政治伦理的遵守。同时，也从对自然生态的关注，更多地转向对社会政治生态的关注。学做圣人的价值观更表现了一种道德理性主义。

"寻孔颜乐处"是一种个体价值观。在社会群体价值观方面，程颐在"天理史观"的基础上，提出"复三代之治"的社会理想，把儒家伦理观与社会历史统一起来。

程颐把尧、舜、禹的三代作为"公天下"的理想社会。"复三代之治"提出了一个实现理想社会的目标。三代之治的理想社会的根据是完全符合万世永存的天理。从实现理想人格的存天理，到实现理想社会的顺天理，程颐与宋代理学表现出一种道德理想主义的特征。人类不能没有道德理想。如果一切都采用实用主义的态度，人类的发展就要失去方向。尤其是这种道德理想中包含有生态道德与生态价值的合理内容，更值得现代人去发掘。

然而，道德理想不应该演变成脱离社会实际的道德理想主义。理想主义忽视人们的实际利益与实际欲求，就会把道德理想变成不能实现的空中楼阁。新儒学的三代之治的理想社会和学做圣人的道德理想，都存在一种与现实脱节的现象，在历史实践中，并没有达到提高社会道德，达到天下大治的目标。这种教训也是现代人应该汲取的。

生态文明也可以说是现代人类的一种道德理想。虽然它关系子孙万代的生存状况，但现实中人的各种各样的实际利益，其间复杂的关系与斗争，是不能不加以考虑的。如果只是从人性本善的立场考虑生态文明的合理性，那我们就会在实践中走向与现实脱节的理想主义。

第六章 北宋新儒学生态伦理思想的当代价值

第一节 北宋新儒学生态伦理思想向现代生态哲学的衍变

一、从“万物一体”到“生态系统论”

儒家认为，人与万物是一个互相联系、休戚相关的一个整体，亦即“万物一体”。“万物一体”的“一体”，指的是人与自然之间相互依靠的和谐关系。

最早提天人合德整体论的是《周易·乾·文言》：“夫大人者与天地合其德，与日月合其明，与四时合其序，与鬼神合其吉凶。先天而天弗违，后天而奉天时。”到了宋明儒学时期，二程提出“仁者以天地万物为一体”论，确认了“万物一体”生态宇宙观，将“万物一体”作为儒家的“天人合一”思想。这种思想包括的两层意义是万物同出于一体和万物同处于一体。

其一，万物同出于一体。

程颢说：“仁者以天地万物为一体。”“浑然与物同体。”并认为人性与天道是同一个本原。程颐说："道则自然生万物。今夫春生夏长了一番，皆是道之生……道则自然生生不息。"① 程颐认为天、人同出于一体。因为天与人虽在形与质上具有一定的差异性，但在"道"上却是同一的。王阳明在力主心本体论的基础上，认为儒家"万物一体"思想是正确的，二程兄弟的"仁者浑然与天地万物同体"也是正确的，并深解此意，所以他在《大学问》中说："大人者，以天地万物一体者也，其视天下犹一家，中国犹一人焉。"由此儒家"天地万物一体"论的正确性得到了王阳明的肯定。

其二，万物同处于一体。

儒家认为，天与万物共生共存，本就是一个整体。而人作为这一整体内的一本分，与天地万物不可分割，共同存在与发展。《论语集注·先进》说"天地万物上下同流，各得其所之妙"，《中庸》则说万物之间彼此"并育而不相害"。处于天地内的万物相互联系和互补能达到整体上的和谐。人与万物作为一个整体，是息息相关不可分离的关系，就像心在一个身体里一样。所以说，保护天地万物就如同爱护自己的身体。就如程颢所说："若夫至仁，则天地为一身，而天地之间，品物万形，为四肢百体。夫人岂有视四肢百体不爱者哉！圣人，仁之至也，独能体是心而已，曷尝支离多端而求之自外乎……故'能近取譬'者，仲尼所以示子贡以为仁之方也。医书有以手足风顽谓之四体不仁，为其疾痛不以累其心故也。夫手足在我，而疾痛不与知焉，非不仁如何？世之忍心无恩者，其自弃亦若是而已。"② 那么，万物又何以

① 程颢、程颐：《二程集》，北京：中华书局2004年版，第149页。
② 程颢、程颐：《二程集》，北京：中华书局2004年版，第74页。

为一呢？他又说："所以谓万物一体者，皆有此理。只为从那里来。""生生之谓易。生则一时生，皆完此理。人只为自私，将自家躯壳上起意，故看得道理小了它底。放这身来，都在万物中一例看，大小大快活。"① 人与万物之所以为一体，正因为人与万物具有共同本源，因而必有共同的本性。同处于一体就是因为同出于一体。万物一体论与现代生态学的生态系统论在认识上有相通之处。人与周围的环境即天地万物同处于一个系统中，任何一个人离开了这个系统就不能生存。无论从个体的人或整体的人类社会来说，如果要生存，要发展，只有与地球的生态系统保持协调与平衡，也就是自觉地与天地万物同于一体。

宋代道学都认为，天地万物是不可分割的整体，如张载在《张载集·正蒙·动物》中说："物无孤立之理，非同异、屈伸、终始以发明之，则虽物非物也。"王夫之在《周易外传·系辞上传》解释说："天之所以天，地之所以地，人之所以人，不相离者也。"正因为事物之间的这种对立和矛盾的关系存在，事物才能称之为事物。天地万物个体之间存在着相互依存和相得益彰的关系，首先的关系便是万物对自然的依赖。《中庸》曰："今夫天，斯昭昭之多，及其无穷也，日月星辰系焉，万物覆焉。"二程在《中庸》《易传》的万物一体论的基础上，进一步表达了对天地万物的关爱，提倡对万物要施予仁德。"仁者以天地万物为一体"，能促进万物的生生不息就是仁。人类爱护自然，就像一个人爱护自己的身体一样："若夫至仁，则天地为一身，而天地

① 程颢、程颐：《二程集》，北京：中华书局2004年版，第34页。

之间，品物万形为四肢百体。夫人岂有视四肢百体而不爱者哉?”① 二程在“万物一体”中体现的就是关爱自然万物的思想，并在宋明儒学中得到了广泛的发扬。王阳明则在《传习录》中通过二程“万物一体”的思想，把那些“能以天地万物为一体也，……其与天地万物而为一”的人视为“大人”，把那些硬要从“万物一体”的大自然中分出你、我的人视为“小人”，这就是他在《大学问》中所说的“若夫间形骸而分尔我者，小人矣”。王阳明要人们关爱自然，对于自然界中的不论是否有生命的自然物，均要善待这样才能做到“与万物合而为一”。这种观念的流传，为中国古代的生态保护提供了有力的文化支撑。

现代生态学认为，生态系统是由互相关联、互相作用的元素组成的一个有机系统。当一种元素发生变化时，系统内的其他元素也随之发生变化。一个森林及其中的动植物是一个生态系统，人类活动的地球也是一个生态系统。生态系统维持在一种相对稳定的平衡状态中，当这种平衡状态被打破时，整个生态系统会产生巨大变动，以致遭到毁灭。人“以天地万物为一体”，可以说是对人类与自然的生态系统关系的直观认识。其根本目标也与现代的生态保护观念相通，即要人与社会、人与自然的和谐共存。

二、从“仁者与物同体”到“人类中心论”

中国文化与西方文化之间的关系不是包容与被包容的关系，而是平行互补而不相悖。我们在面对中西方不同的生态伦理思想时，要考虑到各自的特殊性和发展背景，不能简单地以一个固定

① 朱熹：《河南程氏遗书·二先生语四》，上海：商务印书馆 1935 年版，第 74 页。

模式和框架进行定性分析，这样才不会湮没各自独特的思想价值。白奚认为："西方的生态伦理思想是以利益为中心的人类中心论，而中国的生态伦理思想是以道义为中心的人类中心论。"[1]两者虽同为人类中心论，但是以利益为中心还是以道义为中心，成为了中西方人类中心论的区别所在，但他们的共同点便是承认人优越于其他的生命形式。

西方的人类中心论认为，人是自然的主人，只有人才具有内在价值。自然万物之所以有价值，就是因为能满足人类的需要。人能超越万物，是一切价值的总来源。而中国儒家的人类中心论与西方恰恰相反，认为能让万物各尽所职、各得其所才是人类价值的真正体现。具有这种仁心的人才是真正有道德的圣人。他们将道德伦理原则扩大到了宇宙万物，关心的重点不是人的简单生存，而是人性的完善。而西方的人类中心论认为，人作为宇宙万物的一员，有关心宇宙万物的义务。但这种义务是对人的一种间接义务，最后还是归结到对人的义务。

由此看来，西方的人类中心论依然把人类的利益看作第一目的。而儒家认为人类对万物的道德义务不是间接地为人，不带有任何的功利性。西方的人类中心论则认为自然界只有在满足人类的需要时才具有价值。儒家并没有把自然界当作满足人类利益需要的工具，而是把人类的道德关怀施之于自然万物。无论自然万物是否能满足人类的需要，只要同为天地所生，无不是人类关怀照顾的对象。

二者的根本差异，就是是以利益为中心还是以道义为中心。

---

① 白奚：《中西方人类中心论的比较与对话》，《中国社会科学》2004年第1期，第30页。

这种差异导致了不同结果。以利益为中心的西方人类中心论的结果是导致了对自然的开发和征服，使得权力意识增大。以道义为中心的中国儒家生态伦理思想导致了人们对自然的保护和关爱，这种思想在中国漫长的农业自然环境发展史上起到了积极作用，使得大家对自然万物的保护有了责任意识。

当然，我们也不能因为在保护自然方面儒家的生态伦理与西方的非人类中心论有更多的相似处，而将儒家的生态伦理思想简单地归入非人类中心主义。所谓的非人类中心主义是认为大自然其他存在物是道德相关因素，同样具有价值，人对非人类存在物也负有道德义务。中国的儒家生态伦理思想与非人类中心主义也是存有差异的，表现在以下两点：

相同之一是都认为自然万物都应得到道德关怀。不同的是：西方的非人类中心主义主张尊重万物，认为万物也有自身的价值，其存在也有自身的目的，应该拥有生存和发展的权利。西方的非人类中心主义尊重自然的观点是建立在理性基础之上。而儒家尊重万物的态度是建立在情感的基础之上，对自然施予的仁爱是作为道德主体的人的自我完善的需要。这是它们本质上的区别。

相同之二是都认为自然万物都处于同一生命共同体中。不同的是在处于这一共同体中自然万物有着何种地位的问题上有所分歧。处在西方非人类中心主义阵营的生物中心论认为，万般生物皆平等，在天地这个共同的生态系统中，人类只是其中的一员。儒家的人类中心论与之不同体现在以下几点：一是儒家始终站在“人最为天下贵”的立场上，正因为人贵于天下万物，才会对人提出仁爱万物的最高道德标准，人之所以“贵”，就是因为能把自己的道德用仁义的方式施予万物；二是儒家主张“万物一体”，这个“一体”，不仅是因为人与万物是一个生命共同体，也是一个道德共同体。三是人作为天地之心，与天地血肉相连。万物则是由“心”照管的“四肢百体”。

程颢说：“人则能推，物则气昏，推不得，不可道他物不与有也。人只为自私，将自家躯壳上头起意，故看得道理小了它底。放这身来，都在万物中一例看，大小大快活。”① 所谓“推”，就是儒家所说的推己及人，也就是孟子所说的“亲亲而仁民，仁民而爱物”。程颢说“仁者与天地万物为一体”，能推的主体是“仁者”，是具有仁爱道德的人。当然，从儒家的性善论看，每个人都有“仁”的本性，只是有些人为物欲所蔽，隐没了这种本性。只要“存天理，遏人欲”这种人的本性就会显露出来，把道德的仁爱推向整个社会，推向宇宙自然。

这种道德型的生态伦理观与功利型的人类中心论，在哲学宇宙观上还有一个重大的差别：前者是努力消除主客体的差异，达到“与无物对”的天人合一。后者则坚持主客体的对立，把世界看作一个非我的存在。消除主客体对立的“天人合一”论，在实际行为上就是走向现代生态哲学说的非人类中心论或自然中心论。所以，它既能克服西方人类中心论征服自然以服务于人的功利自然观，又能防止西方非人类中心主义忽视人类责任与道德义务的自然主义。

从另一个角度看，西方的人类中心论或者非人类中心论，都不能摆脱主体与客体分立的模式。而二程与宋明新儒学的万物一体论在前提上就设定了主体与客体的统一，天道与人性的统一，人类与自然的统一。

---

① 程颢、程颐：《二程集》，北京：中华书局2004年版，第33—34页。

"破除二物之对"，即破除主客体的对立，是程颢明确提出的哲学命题。我们现在说道德型人类中心论，不能忘记这个中心部分与其他部分是一个完全的整体，只是更强调其责任与义务。从这个角度说，新儒学的万物一体论是一种生态整体论。在一个生态系统中，虽然也有主要元素与次要元素，但任何一个物种离开了这个生态整体，就无法单独存在，这是他的生态学意义。

从人生哲学来说，天人一体，主客体融合的天道性命之学，不仅提升了个人的生命价值，不需要上帝而实现与天为一的内在超越，而且也决定了群体人类的生存样式，"尽人之性，尽物之性""赞天地之化育"。同时也确立了人类"为天地立心"的道德责任。

三、从"阴阳变化观"到"辩证自然主义"

二程认为，阴阳二气相交而产生宇宙万物。程颐说："阴阳，气也。气是形而下者，道是形而上者。"① 中国古代自然科学认为气是物质性的客体存在，是形而下的东西。程颐认为阴阳二气是形而下者，是有形体的东西。程颐说："'一阴一阳之谓道'，此理固深，说则无可说。所以阴阳者道，既曰气，则便是二。言开阖，已是感，既二，则便有感。所以开阖者道，开阖便是阴阳。"②

阴阳二气在宇宙间虽同时存在，作用却有所区别。"阴阳于天地间，虽无截然为阴为阳之理，须去参错，然一个升降生杀之

① 程颢、程颐：《二程集》，北京：中华书局2004年版，第162页。
② 程颢、程颐：《二程集》，北京：中华书局2004年版，第160页。

分，不可无也。”[①] 事物内部阴阳的变化使矛盾双方发生对立运动，这便是“升降生杀”。二程以植物树木为例，说：“其荣其枯，此万物一个阴阳升降大节也。然逐枝自有一个荣枯，分限不齐，此各有一乾，坤也。各自有个消长，只是个消息。惟其消息，此所以不穷。”[②] 二程认为阴阳的变化就如同树木得荣枯一样，有各自的消长。因此，“天地之化，既是二物，必动已不齐。譬之两扇磨行，便其齿齐不得，齿齐既动，则物之出者，何可得齐，转则齿更不复得齐。从此参差万变，巧历不能穷也。”[③] 正是因为事物内部的矛盾运动，天地万物才得以生成。程颐说：“阳动阴静，各有其常，则刚柔判矣。事有理，物有形也；事则有类，善恶分而吉凶生矣。象见于天，形成于地，变化之迹见矣。阴阳之交相摩扎，八方之气相推荡，雷霆以动之，风雨以润之，日月运行，寒暑相推，而成造化之功。”[④] 二程的阴阳二气观点与自然界万物的生成变化规律是一致的。

在自然界中，有许多既对立又统一的矛盾存在于客观事物中。如阴阳、刚柔、善恶、寒暑、生死、动静等，都是一对一的矛盾存在。矛盾对立的双方是可以相互转化的。一是矛盾双方相互位移的转化。程颐说：“阳降于下，必复于上；阴升于上，必复于下，屈伸往来之常理也。”[⑤] 二是矛盾双方相互消长的转化。程颢说：“万物莫不有对，一阴一阳，一善一恶，阳长则阴消，

① 程颢、程颐：《二程集》，北京：中华书局2004年版，第39页。
② 程颢、程颐：《二程集》，北京：中华书局2004年版，第39页。
③ 程颢、程颐：《二程集》，北京：中华书局2004年版，第31页。
④ 程颢、程颐：《二程集》，北京：中华书局2004年版，第1027页。
⑤ 程颢、程颐：《二程集》，北京：中华书局2004年版，第757页。

善增则恶减。斯理也，推之其远乎。”[①] 说的就是矛盾双方相互消长的转化问题。

矛盾双方是如何发生转化的呢？程颢认为自然现象在发生矛盾运动时，经过“相推”的运动过程而发生转化，他说：“阴阳之交相摩扎，八方之气相推荡，雷霆以动之，风雨以润之，日月运行，寒暑相推，而成造化之功。”[②]

程颐在关于自然现象的谈论中，也多用“相推”一词，说：“日往则月来，月往则日来，日月相推而明生焉。寒往则暑来，暑往则寒来，寒暑相推而岁成焉。往者屈也，来者信（伸）也，屈信相感而利生焉。”此以往来屈信明感应之理。屈则有信，信则有屈，所谓感应也。[③] “感，动也，有感必有应。凡有动皆为感，感则必有应，所应复为感，感复有应，所以不已也。”[④]

阴阳相交、日月运行、寒来暑往就是矛盾的“相推”结果。在“相推”的过程中，一方转向另外一方，或能产生第三者。“相推”的过程也就是万物变化的过程。

二程的“相推”之说，具有朴素辩证法的原理，也有质变量变辩证法规律的因素。程颐说：“阴阳始交，则艰屯未能通畅；及其和洽，则成雷雨，满盈于天地之间，生物乃遂，屯有大亨之道也。”[⑤] 程颢也说：“息训为生者，盖息则生矣。一事息，则一事生，中无间断。硕果不食，则便为复也。寒往则暑来，暑往则

---

① 程颢、程颐：《二程集》，北京：中华书局2004年版，第123页。
② 程颢、程颐：《二程集》，北京：中华书局2004年版，第1027页。
③ 程颢、程颐：《二程集》，北京：中华书局2004年版，第858页。
④ 程颢、程颐：《二程集》，北京：中华书局2004年版，第858页。
⑤ 程颢、程颐：《二程集》，北京：中华书局2004年版，第174页。

寒来，寒暑相推而岁成焉。”① 这里“相推”的最后结果是产生出第三者，即两者相交发生质变产生出了新的事物。如阴阳相交产生万物，阴阳之气相交而产生雷雨。所以旧的事物发生质变，而产生新的事物。

二程的辩证思想中还有动静观。动静观最初出现于《周易大传》。《系辞上》云：“动静有常，则柔断矣。”常动的天体为刚，常静的地体为柔。动静的变化都各有其规律。为此，二程提出了“动静相因”的命题。程颐说：“动静无端，阴阳无始。非知道者，孰能识之？动静相因而成变化，顺继此道，则为善也；成之在人，则谓之性也。”②

所谓的“动静相因”，便是动与静各以对方的存在作为自己存在的依据或条件，并与对方形成相互依赖、相互联系、不可分离的关系。这便是二程说的“静中有动，动中有静，故曰动静一源”③。阴阳的形成没有开端也没有结束，是一个循环不已无先无后的过程。

二程说“静中便有动，动中自有静”④，二程的动静观思想与他们的辩证自然主义是一致的。二程运用动静观论证自然现象和社会道德问题时，程颐在《周易程氏传·恒卦》中说：“恒者，常久也。”程颐所说的“常久”便为“天地之道”。“天下之理，未有不动而能恒者也。动则终而复始，所以恒而不穷。凡天地所生之物，虽山岳之坚厚，未有能不变者也，故恒非一定之谓也，

① 程颢、程颐：《二程集》，北京：中华书局2004年版，第133页。
② 程颢、程颐：《二程集》，北京：中华书局2004年版，第1029页。
③ 程颢、程颐：《二程集》，北京：中华书局2004年版，第1182页。
④ 程颢、程颐：《二程集》，北京：中华书局2004年版，第98页。

一定则不能恒矣，唯随时变易，乃常道也。”[①] 天理是天地万物变化恒久不变的理。这就如同一年四季的变化一样，春夏秋冬周而复始，则为恒。恒久不变的道理则为天理，所有的变化顺乎天理才能长变有恒，实际上这就是天地万物始终存在的原因。这种自然观与现代西方辩证自然主义有相通之处。

以布克钦为代表的西方自然生态伦理学是一种走向自然的伦理学，它作为一种辩证的自然主义思想为生态伦理提供了恰当的本体论基础。我们首先要从布克钦的辩证自然主义方法论与自然观、社会观来诠释辩证自然主义。

布克钦的自然主义在方法论上仿照黑格尔的理论，运用了辩证法，这就完成了对主观主义和经验自然主义的超越。这就得到了关于辩证自然主义的两个结论：一是世界是向前发展的，世界上所有的事物和现象都处在流动过程中。即事物在形成后，又会为下一个新事物的形成打下根基。二是辩证的因果不是简单的被取代，也不是简单的被否定。而是在其发展的过程中所经历的各个阶段积累所致。布克钦认为应对其进行“生态”的理论化，站在生态学的立场上将其改造成“生态辩证法”。[②]

经过布克钦改动的生态辩证法有以下几点：一是布克钦“认为事物的进化与发展的过程就是指事物内部世俗的、无限趋向分

---

① 程颢、程颐：《二程集》，北京：中华书局2004年版，第862页。

② 李亮、王国聘：《超越主观主义与经验主义——布克钦生态伦理本体论思想解析》，《南京林业大学学报（人文社会科学报）》2010年第6期，第14页。

化与主体性本身的整体性、圆满和丰富性的开放过程；”① 二是布克钦关注和强调统一和互助在发展中能起的作用和地位。

布克钦的生态辩证法并不是对立的，较偏重于分化。而对于社会进步的理解是社会间的相互合作而不是相互竞争，这个进步就是在一种自我意识和互助的过程中生成，并不是依靠“绝对精神”的自我发展。

用这种生态辩证法对照自然和社会以及它们相互间的关系时，布克钦论证了主体性在自然中的存在，指出人类是第一自然的产物，非人类才是第一自然，人类与非人类构成了同一个连续统一体。二者是以互助共生、互惠互利的方式来促进彼此生存，进而适应彼此环境的。将这种现象延伸到自然的图景当中，也就是动植物的生存方式。同样，从细胞到个体到生命物种再到整个生态系统，生命进化的方式都是一种互助。如果生命形式越分化，那么生物的物种就会越多，那么生命进化也会随之更加活跃。这种进化的过程引起的互助、自由和主体性并非只存在于人类价值关怀中，还能以萌芽状态呈现在宇宙有机过程中。布克钦在人与自然关系上的理解是：“一是人类社会和人类主体性源于自然，自然与社会构成了一个渐进发展的连续统一体；二是人类社会和人类主体性又有别于自然，人类社会是自然潜能的相对实现。”②

布克钦从生物学的角度上认为，人类以及生物不仅来源于自

---

① 李亮、王国聘：《超越主观主义与经验主义——布克钦生态伦理本体论思想解析》，《南京林业大学学报（人文社会科学报）》2010 年第 6 期，第 14 页。

② 李亮、王国聘：《超越主观主义与经验主义——布克钦生态伦理本体论思想》，《南京林业大学学报》2010 年第 6 期，第 15 页。

然，人和社会本身就是自然的产物。他把非人类自然称为“第一自然”，人类社会称为“第二自然”。

当然，布克钦认为人类社会与人类主体性源于自然并不是否定人类社会与人类主体性与自然的区别。在这里，布克钦也认为人类所独有的思维以及伦理思想是人类所特有的。所以，只有作为一个独特性物种的人类才能通过理性思考来制作超生物性的工具与机器，然后再利用工具通过自己的智力对自然进行有目的的改变。人类所独有的这种“自我意识”是经过自然辩证进化的结果，正是有了这种特有的思维能力，才能成为这个世界上唯一能肩负起生态道德责任的道德主体。

以二程为代表的北宋新儒学的自然观也可以说是一种辩证自然主义。首先，肯定了人与自然的统一。“以天地万物为一体”，批判了主客体对立的认识方式，要“破除二物之对”，把人看作宇宙自然进化的产物，同时因为具有道德理性，而可以成为自然的中心，“为天地立心”。

其次，二程发展了自先秦《周易》以来的阴阳论的辩证，把阴阳对立统一作为宇宙运动的基本原则。“一阴一阳之谓道”。通过宇宙内在的阴阳对立统一运动，而使整个自然界以至于人类社会呈现出一片生生不息、变化无穷、多姿多彩而又有机统一的图景。

二程的辩证自然观与布克钦的辩证自然论在两个基本点上是相通的，即强调人与自然的统一与连续性，强调人与万物及自然万物之间的合作进化。这两个基本点对于建立现代生态伦理本体论是有重要意义的。

第二节　北宋新儒学生态伦理思想与西方生态伦理思想的融合

一、中西方对人与自然关系问题的不同理解

人与自然的和谐共生，是二程生态伦理思想传统的独特价值之一。这种生态伦理思想的表现方式原始而且朴素，表现出来的是人与自然之间的亲情关系。在他们的眼中，人对万物不但有一种心存感恩之心，同时也有一种自然审美情趣。大自然产生的万物不但是可资利用的生产资料，也是一种与人息息相关的生命根源。中国古人看到的主要是大自然带给人类的正面价值。而现代的西方生态思想，虽也寻求人与自然和谐共生的途径，但他们的这种思维是在经过对人与自然关系的冷峻的理性分析后，将现代科学理论融入生态学中。所以在对人和自然的关系问题的分析上则更为理性，没有中国传统生态思想对自然生态的感受和对自然生命的体验，更多地带有对象观的色彩。

西方生态思想中的人类中心主义和非人类中心是从人类利益和非人类利益出发，体现了人与自然二分的观点。中国传统生态思想没有人类与自然的二分，因为中国传统生态思想并没有将自然看成改造的对象，而是将自然的生态环境与人类的文明看作圆融无碍的统一，这种思想能妥善解决好人和自然的关系。二者本就从未形成对立，更没有是保护自然还是维护人类利益的两难选择。西方会出现人与自然的矛盾冲突，这种冲突表现在人类中心主义和非人类中心主义理论上的冲突。人类中心主义和非人类中

心主义在人与自然的关系上都带有西方的主客二分的思想。人类中心论者认为人类的价值超过了自然界的价值，主张从人类利益出发利用和保护自然；而非人类中心者认为应从自然本身的利益来保护生态环境。尽管现代西方也提出了保护自然生态环境，重新建立人与自然的和谐关系，但他们仍然强调主客二分和人与自然的二元对立的思维方式，这就使得双方在人与自然的关系问题上达不到统一，导致在生态保护的过程中走向了两种极端。

中西方在人与道德关系上也有不同的理解。中国古代的思想家们在“天人合一”的基础上强调了人和自然关系的一系列道德规范。儒家强调“仁民爱物”，并将这条伦理规范归于其他重要的生态伦理范畴之中。孔子曾把不合时宜地砍伐树木和捕猎幼小动物归结为“不孝”，将保护身边生态的行为提高到了“孝”的道德行为。孟子在孔子尊重生命的基础上提出了兼爱万物的思想，将仁爱的道德范围从“亲”推广到了“民”，最后延伸到了“物”。把对人的道德扩大到对自然界，将爱护自然提高到君子的优良美德。荀子认为自然是具有道德权利的。认为人类在实现自我价值的过程中，不应只关心人，也要关注非人的自然物。程颢则在前人的基础上直接用“道”肯定自然与人的道德关系。他说：“‘生生之谓易’，是天之所以为道也。天只是以生为道。继此生理者，即是善。”① 他认为维护自然的生存繁衍就是善的表现。以儒家为代表的古代思想家们主张把道德扩大到自然环境中，人的价值不但是从人与人的关系问题中体现，也要从人与自然的关系中体现。但在是否利用生态万物的时候，中国古代的思想家们并没有陷入矛盾和冲突的两难选择，而是合理地安排吃肉

① 程颢、程颐：《二程集》，北京：中华书局2004年版，第552页。

和杀生的环境道德问题。

然而儒家生态思想在对人与自然的认识和利用上，只是依靠生存的感知和经验的体认，不注重对对象的分析和逻辑的推论，对自然没有看到本质而只是表象，这就使得儒家生态学缺乏科学理性。儒家也在生态伦理思想中有许多保护生态环境的观念，如克服物质消费的需要以及减少人们对环境的破坏，但这种观念并不符合现代科学，因为当时的生态破坏远不如现在严重。如将这种思想拿到今天运用，是无法改变现在生态失衡局面的。

西方的生态伦理思想在环境道德问题上的理论与实际却有着本质的冲突。他们只考虑了有思想行为能力的高等动物的生存权，而忽视其他生物的权利。只从科学论证的抽象原理出发，却没有顾及在不同生存境遇中的生命体的生存权利的道德选择，将道德规范的现实可行性弃之一边。这是西方生态伦理思想的局限性。当西方的工业文明和市场经济飞速发展之时，中国的农业经济的发展就显得力不从心，现有的生存方式已不能满足日益增长的需要。于是，中国不得不抛弃原有的生产方式而走西方现代化的发展道路，在全球的经济竞争之下谋求发展。我们在改变发展生产方式的同时又要兼顾生态的保护，这就使我们不能太多地运用传统的方式，而必须采用生产的大力发展和生态环境相融的新的生产方式，在获取更多生产生活资料的同时，也兼顾人和生态的和谐发展。传统的生态文化也必须与现代科学的生态保护理论相结合，才能真正起到生态保护的作用。

二、儒家生态伦理思想与西方生态伦理思想的互补

1. “参天地之化育”与改造自然的统一

“天人相参”自始至终都是儒家天人“合一”论的主张。如

《中庸》则将尽人之性与“赞天地之化育”紧密地结合起来，并把天人的相“参”和“尽”与之结合，成为天人相“参”必不可少的条件：“赞天地之化育，则可以与天地参矣。”荀子在《荀子·天论》中说：“天有其时，地有其财，人有其治，夫是之谓能参。舍其所以参而愿其所参，则惑矣。”荀子认为天、地、人都因各有其“时”“财”和“治”，才需相“参”。如“舍其所以参而愿其所参”，那就是一厢情愿。荀子在《荀子·王制》中将“通于神明，参于天地”作为儒者的追求，认为儒者就应像圣人那样“上察于天，下错于地，塞备天地之间，加施万物之上”“并一而不贰”，这样才能像荀子在《荀子·儒效》所说的“通于神明，参于天地”。《礼记·礼运》把与天地相“参”与“圣人”“天子”相联系在一起，说：“圣人参于天地，并于鬼神，以治政也。”又云：“天子者，与天地参，故德配天地，兼利万物，与日月并明，明照四海而不遗微小。”到了宋代时期，天人相“参”仍旧是新儒家们争论的主题。程颐说：“己也，人也，物也，莫不尽其性，则天地之化几矣。故行其无事，顺以养之而已，是所谓赞天地之化育。天地之化育，犹有所不及，必人赞之而后备，则天地非人不立。故人与天地并立为三才，此之谓天地参。”① “参”是人与天地并立，赞是顺而养天地万物。儒家一直以来都把化育万物、与天地“参”当作人的一种义务和责任，这种义务和责任便是儒家生态意识中的核心。

儒家认为天地之间的职责是各有分工不可替代的。刘禹锡在《刘宾客集·天论上》说：“天之能，人固不能也；人之能，天亦有所不能也。”天之能“生万物”与人能“治万物”的功能可以

① 程颢、程颐：《二程集》，北京：中华书局2004年版，第1159页。

互补并能相“参”，这样才能达到“化育”万物的目的。

二程认为人之所以为天下最贵，这是与人肩负的职责有关。在董仲舒的眼中，这种职责便是《春秋繁露·精华》所说的“变天地之位，正阴阳之序”，也只有人才肩负着“赞天地之化育”的职责。然而，人不是万能的，要想完成自己的职责，就只有像张载在《张载集·正蒙·至当》里所说的“天人相参”“代天而理物者，曲成而不害其直，斯尽道矣”。“赞天地之化育”也有西方文化改造的一面，其不同之处在于儒家文化的参天理、赞化育的基本精神是“代天观物”，不是把人与天（自然）对立起来，而是把人的行为看作天道的一个组成部分。人应该发挥自己的主观能动性，促进合乎自然规律的发展。这是现代生态伦理应该倡导的。

2. 天人合一生态哲学与主客观对立的科学主义的互补

儒家在“万物一体”“天人相参”的基础上，实现了天人“合一”。这种天人“合一”是以人“合”天，而不是以天“合”人。人生于天而依赖于天，天人之间并无间隔，所以《周易》说：“天之所以天，地之所以地，人之所以人，不相离者也。”

程颢的天人合一的“万物一体”是人类精神的一种境界。他要通过“己欲立而立人，己欲达而达人”的推己及人。关心他人，以至于关心自然万物的痛痒。所谓“观鸡雏可观仁”“切脉最可体人之痛痒”。[①] 识仁之后还要以诚敬的工夫以“存仁”。诚的境界即是天人合一的境界，敬的工夫就是达到天人合一的工夫。程颐说：“‘赞天地之化育’，自人而言之，从尽其性至尽物

① 程颢、程颐：《二程集》，北京：中华书局2004年版，第59页。

之性，然后可以赞天地之化育，可以与天地参矣。”[1] 如果不是以人合天，而是以天合人，这样对“天道”和“人事”都不利，更别说所谓的天人“合一”了。所以，儒家认为，天人“合一”的关键在于需要人类充分发挥主观能动性，经过不断地努力和创造，在实践中使得人与天之间达到真正的“合一”。

实现天人“合一”的主观要求，主要包括两点：一方面是“至诚”体物、成物。儒家所说的“天下至诚”，来自《中庸》。“诚”是天地内在的、本质的规定，“诚者，天之道也”，《孟子·离娄上》认为“不诚，未有能动者也”。《中庸》记载“诚者物之终始，不诚无物”，《荀子·不苟》认为，“天地为大矣，不诚则不能化万物”，“不诚则逆于物而不顺也”。[2] 那么，“诚”具体为何呢？有学者释《中庸》“诚者，天之道”之“诚”为“实现”。《说文解字·言部》说：“诚，信也。”朱熹《中庸章句》曰：“诚者，真实无妄之谓，天理之本然。”这么说，“诚”即诚信、无妄。“至诚者，天之道也。天之化育万物，生生不穷，各正其性命，乃无妄也。”[3]《中庸》的“唯天地至诚”，《孟子·离娄上》的“不诚，未有能动者”，以及程颐“至诚者，天之道”等所提到的“诚”，讲的是心性的无妄，而张载在《正蒙·诚明》里指的是天之精诚专一的态度，即“天所以长久不已之道，乃所谓诚”。“至诚无息”所指的是“生生不息”的活动。从“诚”的“活动”意义上说，“诚”又有“成”的意思，是尽心以生万物的含义，这便是天地之“诚”的目的。“诚”不但是

① 程颢、程颐：《二程集》，北京：中华书局1981年版，第158页。
② 程颢、程颐：《二程集》，北京：中华书局1981年版，第129页。
③ 程颢、程颐：《二程集》，北京：中华书局1981年版，第822页。

天道，同时也是人道。在《诗·大雅·生民》中认为："天生蒸民，有物有则；民之秉彝，好是懿德。"天既有诚性，天生之人就应有其道。从另一方面来说，天作为人类的行为规范与准则，天诚则无妄，人类效仿天地，是应当以天地之"诚"为"诚"，所以《中庸》曰："诚者，天之道也；诚之者，人之道也。"孟子在继承了这个思想后，在《孟子·离娄上》中提出"天人同诚"："诚者，天之道也；思诚者，人之道也。"人之"诚"对于人的本身和天地都是非常重要的。主要表现在：其一，人类认识事物规律方面。张载《正蒙·诚明》云："至诚则顺理而利，伪则不循理而害。"这里的"理"引申作"规律"。认为只有"诚"才能表达世界万物的规律，这便有利于人与万物之间的关系。同时也说明"诚"对于人类认识事物的规律的重要性。因此，程颐把"诚"与"理"相提并论，在《二程粹言》中称"诚者，实理也"。

程颢说："至诚可以赞天地之化育，则可以与天地参。"① 人达到"至诚"境界后，方能尽人、物之性，这样才不会任意杀害万物、破坏自然。帮助万物实现生命的潜能，这样才能做到"赞天地之化育"，达到"天人合一"的高度境界。

因此，儒家认为要想尽人、物之性，还要以"诚"为贵，即以一种真诚的情感去认识自然，关爱自然。

现代的科学主义建立在主客观对立的基础上，自然是人认识与改造的对象，而不是与人密切相关连的生态存在。因此，改造自然、征服自然、利用自然为人民服务，成为一种现代思潮。这种思潮的正面效应是促进了科学和社会生产力的大发展，其负面

① 程颢、程颐：《二程集》，北京：中华书局1981年版，第133页。

效应是产生了严重的生态环境危机，对人类社会的持续发展形成威胁。面对这种科学主义与人文主义的分裂，古代的天人合一的人文哲学中包含的生态智慧应当为现代人重视。

第三节　北宋新儒学生态伦理思想对当代生态文明建设的促进

一、融通古今生态文化“合理内核”

研究北宋新儒学的生态伦理思想，弘扬中国传统的生态文化，目的是促进现代中国的生态文明建设。为了达到这一目的，必须融合中西两种不同的生态文化的“合理内核”，将中国古代的生态智慧与现代文明的科学精神相结合。

1. 有机宇宙论与机械宇宙论的融通

人类通过两种不同方法来认识宇宙。一种方法是东方的有机论，即对自然的整体考察，从人对自身的有机生命的体认入手而形成的理论；另一种方法是西方的机械论，即从制造工具的实际度量和计算中形成的理论。

中国的有机论是以自然为对象，以宇宙生成论为指导，以有机论为原则而形成的整体论或有机论的方法。有机论和机械论在认识自然的方法上，是相互补充和证明的。

在认识世界的方法上，有机论以综合为主，机械论以分析为主。有机论把自然看作是一个有机的综合整体，而机械论却把整体的自然分解成部分。这两种方法运用到科学上会导致对自然的不同描述。有机论是从微观的生命体验到宏观的宇宙思考，只是注意生命的有机体而不是自然界的复杂性，思考方式也是用一种系统的思维方法，只能把功能属性构造成一个系统模型。这种功能模型靠的是人类的正确理解。如果这些模型经过不恰当的领域比附，就会使自己的理论陷入神秘主义，如阴阳五行论中的风水、占卜、命相理论，就是步入了这个歧途。机械论可形成定量化的测量，并用数学的方式证明逻辑上的因果关系。人类可以通过这种方式对物体观察量度后，制造出自然界并不存在的物体运动，为人类制造改造自然的机器提供了前提条件。

由于对自然方式的不同认识，有机论与机械论对待自然的方式也有区别。

有机论认为人是自然的有机组成部分，人与自然共生共存在这个大宇宙中，只有保护好自然，人才有可能发展。这便是“天人一体”的最终体现。在宋代道学家眼里的天不带有上帝的意志，不能主宰人类，也不是变幻莫测的，而是自然而然的天。人作为天地中的一分子，与天地也同属于自然。二程说的“人与天地一物也”以及“仁者以天地万物为一体”，就是认为人与自然本是一体并具有相通之处。这个相通之处就是宋代道学家推崇“天人合一”的哲学宇宙观，其目的就是使人与自然达到长期和谐地发展，并将其与儒家仁学的道德理想主义相联系，将“天人合一”领域演变成人生境界的最高追求。二程认为，“天人一体”作为一种认识，一种责任，更是一种道德规范。二程认为：“人者，位乎天地之间，立乎万物之上；天地与吾同体，万物与吾同气。”① 他们将自然界认为是一个有机整体，人作为自然界的一分子，他的产生、生存、发展乃至消亡是与整个自然界的物质运动

① 程颢、程颐：《二程集》，北京：中华书局2004年版，第71页。

密切相关的。关心自然就是关心人类自己本身。也就是说人类的生态意识就是将人的生态意识与伦理道德观念相结合，维护生态万物的和谐，保护自然的正常进化，就如同维护自身的身体一样正常。

如程颐为哲宗皇帝讲学时，就曾多次灌输过这样的生态观念。《宋史纪事本末》史载："帝尝凭槛偶折柳枝，颐正色曰：'方春时和，万物发生，不当轻有所折，以伤天地之和。'帝颔之。""闻帝在宫中盥而避蚁，问：'有是乎?'帝曰：'然，诚恐伤之耳。'颐曰：'推此心以及四海，帝王之要道也。'""天地之和"就是生态和谐的一种。人类只有承认尊重并维护自然界的权利和价值，承认自然界和人类具有同样的生存权利，才会制定保护自然的基本法律和措施，为与自然界和谐相处提供保障。

机械论眼中的宇宙是由物质微粒累积而成的大机器，这些机器经过人类的改造后能满足人类的需要。笛卡尔说："如果你给我物质（广延物），我给你建造世界。"① 这句话表达了改造世界为人服务的理念，推动了使用机器的工业化时代的到来。

工业文明在几个世纪的发展后，社会生产力已达到了前所未有的高度。人们还没有来得及高呼自己的胜利的时候，发现自己在以改善人类生存条件为目标的发展后，将适合人类生存的基本条件也破坏了。如水源、土地、森林、空气、动植物资源等自然环境，无不遭到不同程度的破坏。于是人们在恐慌之余，发现东方的人与自然统一的生态伦理思想正是维持可持续发展的最好良药，于是东方生态伦理思想得到重视而被重新挖掘。

---

① ［荷兰］斯宾诺莎：《笛卡尔哲学原理》，上海：商务印书馆 1983 年版，第 65 页。

人类文明经过了几个世纪的发展来看，有机论与机械论两种宇宙论及其认识自然的方式相互间是互相补充的关系。从科学认识方法论来看，爱因斯坦相对论和量子物理学虽然可以取代牛顿力学，但经典物理学在阐述机械运动时的作用却是不能替代的。作为一种适合中观领域的科学方法，有机论整体论中所提到的系统论、信息论、自组织论、协同论则将会得到进一步的发展。

“从方法论的角度看，机械论科学形成的重观察、重实践、重实证的方法是不可替代的。明证性、逻辑性、注重效验，现在是，将来也会是科学研究的价值判断基础。有机论的系统综合的模型化方法，由外至内的暗箱模拟法，模糊数学与概率统计方法，联系与变化的辩证分析方法，也都是不可或缺的方法。两种方法的综合运用，才有可能全面地认识世界。”①

从文化价值观的角度看，人类是不可能脱离自己的生存环境而发展的，我们只有做到使人与自然和谐共生，生态文化得到共同发展，才能走可持续发展的道路。有机宇宙论的“天人合一”思想才能在新的时代里得到继承、改造、发展和创新。当然，我们也不能否认机械论的改造自然为我所用的观念，但要在保护自然万物的基础上对自然进行改造，只有这样才能保护自然系统本身的变化。

有机论和机械论作为两种不同的宇宙观，两者各有偏重，也都各有缺陷。我们只有将二者统一起来，才能走可持续发展之路。

---

① 赵载光：《天人合一的文化智慧——中国传统生态文化与哲学》，北京：文化艺术出版社2006年版，第63—68页。

2. 人文主义与科学主义的融通

中西方在对待人与自然的不同态度正是中西文化的基本差异。中国文化强调的是人与自然的和谐，而西方文化主张宣扬的是人要征服和战胜自然。西方文化这种征服自然和战胜自然的思想是有其思想渊源的。西方的基督教经典《圣经》说人类和万物都是上帝所创造的，人与自然最初相处得很好，但自有了亚当和夏娃偷吃禁果后，一切都发生了改变。上帝惩罚人必须终身劳苦才能生存。这种说法就给人三种暗示：一是人有统治自然界的权利；二是人与自然界不是朋友而是敌人；三是人只有在征服自然界后才能得以生存。这些思想观念造就了西方文化对自然观的态度，人们讨论最多的不是与自然和谐共存，而是征服和改造自然。自英国哲学家培根提出著名的“知识就是力量”的口号后，人们追求科学的目的从言语争辩中战胜对方转向了从行动中自由地支配和征服自然。这种对科学技术的追求和对力量的崇拜将古希腊、罗马文明中崇力与求知的传统召唤回来，对西方科学技术和生产力的发展起了巨大的作用。

在人与自然的关系问题上，中国古代思想中占主流地位的是以《周易大传》为代表的天人协调说。自汉宋以后，天人协调说开始逐步融入“天人合一”的观念之中，并在北宋新儒学中得到进一步的发展。特别是二程的“与物同体”论，将“天人合一”思想进一步发展到了高潮。这使得“天人合一”的思想，不仅仅是一种关于人与自然的学说，更是一种关于人生理想和最高觉悟的文化价值论。

其基本思想包括以下几个方面：一是人是自然界中不可缺少的一个主导因素。人之所以能成为主导因素，是因为人有知觉、有感应、有道德，并能通过自己的智慧和群体的力量对自然进行利用。二程的“万物与物同体”论将天地万物和人看作一个有机的整体，人便是这个有机整体中不可或缺的因素。如董仲舒在《春秋繁露·立元神》中说：“天地人，万物之本也。天生之，地养之，人成之。天生之以孝悌，地养之以衣食，人成之以礼乐。三者相为手足，不可一无也。”这里表达的就是“人与万物同体”的思想。

二是人类社会的道德原则和自然规律具有一致性。如程颐认为：“道未始有天之别，但在天则为天道，在地则为地道，在人则为人道。”程颐所说的道是指理，即仁义礼智的道德原则。

三是人生的道德理想是天人的协调。张载、程颢都认为人与天地万物本就是一体，但因为人有了私欲，人只懂得以小我为我，却不懂得天下无一物非我。为此，他们便认为人只有通过道德修养，才会有人与天地万物一体的自觉认识，进而有这种自觉的行为。张载认为“天人合一”是达到了一种“诚明”境界，所谓的诚是指最高的道德修养，而明是指最高的智慧。这么说来，张载“天人合一”便是一种对自然的最高觉悟。

中国的天人合一论并不否认人的主导地位，人在改造自然的过程中应该适应自然，而改造的目的绝不是对自然实施统治，而是为了能使自然更加符合人类的需要。在改造自然的过程中，不破坏自然，任由自然合乎生长规律自由地生存发展。

中西方自然观点的不同，也导致了中西方不同的发展模式和发展结果。西方向来以征服自然作为获取资料的方式，在近代则形成了理性主义和科学主义思潮。由于科学技术在现代的兴起，西方社会也典型地表现为技术社会。现代技术打破了自然的自行调节系统，但能使人们获得更多的生产资料，其结果是开发自然的自然观取代了昔日的宗教，人们开始耽于物质主义和享乐主义而扭曲了人文精神。这种变换的结果便是人努力用自然科学的方法来获取所需的生产资料，解决社会和人生的问题。拼命索取的结果就会使自然资源遭到破坏。陷入这种恶性循环的结果是人成了一部推进社会货币增值、经济增长的机器。

中国古代的天人合一自然观与西方近代的科学理性的思维方式有着很大的差异。其中最重要的一点便是对自然采取的不同态度。中国古代的天人合一自然观是将人作为大自然的构成者，与大自然和谐的思想避免了人对大自然的无规律开采和粗暴干涉，没有像西方那样陷入与自然对立的泥沼，使人与自然能保持平衡。人与自然的关系问题是世界要面临的永恒主题，但人与自然的关系不能局限于人与自然环境的单纯关系。这一关系逐渐转向于人类如何看待西方科学技术，如何看待现代文明，如何对待传统的思维方式，如何利用现代的科学技术为人类造福的问题。

在人与自然的关系问题上，中国文化强调的人与自然的和谐共处，而西方文化强调的则是对自然的征服和利用，并与自然相对立。这是西方在科技发展道路上步入困境的根源。中国传统生态文化为人提供了一个主客不分、物我两忘、人与自然和谐的精神境界。而中国古代传统文化这种精神可以作为清醒剂，抑制西方工具理性的恶意膨胀，使西方重新寻找价值体系的合理性。中西方的发展道路截然不同，所带来的现代文化也各有差异。西方经过高度文明发展和近代科技的高度发展后，逐渐理性回归，开始寻求拯救自然的良药。如果我们因为西方对中国古代生态文化的崇尚，想不经过西方的科技发展而固守中国文化，那么我们永远就只能保持原有状态，永远也无法与世界对话。我们现在唯一正确的选择便是合理利用科学技术，只有这样才能使中国的科学技术继续向前发展。我们在前人对人文主义的研究基础上与西方的科学主义的相互融通，既能使人与人、人与社会、人与自然达至和谐，又能使现代的科技文化在自己的发展轨道上沿着正确的方向前进。

二、传统生态伦理的转换与当代生态文明的建设

北宋新儒学生态伦理思想在今天处理人与自然的关系问题上仍是有借鉴意义的。借鉴的方法需要对其生态理想进行变革和重塑。变革与重塑的前提是向西方现代和后现代的科学学习，在与西方生态伦理思想的交流和对话中，吸收他们的有益思想，如对现代西方生态科学、环境伦理学以及生态哲学的有益思想进行吸收，保留他们的基本成就，对于他们的系统理论方法进行借鉴，取长补短，寻找到传统文化的理性思维、逻辑论证的不足之处进行补充和改正，并保留自身的传统生态伦理思想，对中西方的生态伦理思想进行转换和重建，对中国传统生态思想资源进行全方位的疏导和开发，是建设现代生态文明所必需的。这种转化与重建需要注重以下几点：

一是使人与自然协同进化。儒家的生态伦理思想与西方的生态伦理思想相比，虽在理论上有很高的智慧，但在科学理性上却有不足的地方。有机论的天人合一只是简单地把握了人与自然的整体图景，而对于生态系统内部的生命结构和功能却缺乏理论的认识，也没有把握生态系统内部复杂的生态规律，当然就不可能指导人们如何去利用和建设自然，更谈不上对自然生态的科学保护。传统文化追求的是一种原始的天人合一状态。我们今天追求的天人合一的前提，就是要深刻地把握生物圈的内部规律，在人与自然复杂的相互作用机制的前提下，适应生态规律，不但用科学的方法和理论来为人类造福，也要利用科学的方法恢复在人类

生产历程中被人类践踏的生态，继续维持人与自然的和谐关系，使人与自然在更高的水平上共同进化。因此，我们应将现代生态科学和儒家的“天人合一”思想紧密融合。

二是使价值理性与工具理性相契合。儒家有机论的生态观与西方的机械论生态观不同，它强调的是人与万物都存在同样一种价值源泉，人在尊重万物的基础上也要维护好自然万物的本身价值，从而证明人对自然万物也具有道德义务。以价值作为自然的根源，人类在利用这种价值时，首先就要尊重该自然物在生态链中所起的作用，维护该生态物与其他生态物之间的关系，在人与自然和谐的基础上合理地利用该生态物，而不是为了维护自己的私利而利用。

我们现在应探讨的是如何以科学理论方法来合理利用自然资源，如何利用别的国家在生态研究中所取得的资源和成果，来实现本国的人与自然的和谐发展，所以要确立正确的生态价值观，不但要有工具理性，还要有价值理性。只有做到二者相互契合，才能实现人与自然的和谐。

三是使精神境界与生态世界观相联系。传统生态伦理思想中的“天人合一”思想，不仅仅是人对现实物质生活追求的一种理想状态，更是人们通过自身修养而达到的一种精神境界。这种精神境界能指导和调节人与自然的关系，这便是二程生态伦理思想的精华所在。建设现代生态文明，人们需要这样一种精神境界，即将保护生态环境作为个人道德修养的一个不可缺少的组成部分，使全社会树立以保护生态为荣的风尚。但光有这种道德精神还不够，必须将这种生态道德精神与法律制度和科技手段有效地结合在一起，才能实施确实可行的生态保护。只是将古人的这种生态思想运用到现在，无法解救现在的生态危机。中国古代时期人与自然的和谐关系尚未打破，还尚未遇到今天的这种生态问题。当全球的生态环境正在日益遭受破坏的情况下，只是在精神上追求单一的天人合一思想是不可能扭转生态局面的。但古人的这种精神智慧，可以帮助我们树立合理的人生价值观，建立合理的生产、消费观念。人们只有确立一个正确的生态世界观，努力改变自己的生活方式，肩负起对自然的道德责任，理性地对待和理解人与自然的相互关系，才能走可持续发展的道路，才能使中国古代思想家们的生态伦理思想在现代社会继续焕发光芒。

参考文献

[1] 黄宗羲、全祖望. 宋元全集 [M]. 世界书局印行, 民国二十八年(1939).

[2] 朱熹. 四书章句集注 [M]. 北京: 中华书局, 1978.

[3] 程颢、程颐. 二程集 [M]. 北京: 中华书局, 1982.

[4] 程颢、程颐. 二程集 [M]. 北京: 中华书局, 2004.

[5] 张载. 张载集 [M]. 章锡琛点校. 北京: 中华书局, 2008.

[6] 邵雍. 皇极经世书 [M]. 四库全书.

[7] 周敦颐. 周敦颐集 [M]. 北京: 中华书局, 2009.

[8] 吕不韦、刘安. 淮南子 [M]. 高诱注, 杨坚点校. 长沙: 岳麓出版社, 2006.

[9] 刘大钧、林忠军译注. 周易 (经传) [M]. 上海: 上海古籍出版社, 2006.

[10] 张燕婴译注. 论语 [M]. 北京: 中华书局, 2006.

[11] 万丽华、蓝旭译注. 孟子 [M]. 北京: 中华书局, 2006.

[12] 李耳著, 邱岳注评. 道德经 [M]. 北京: 金盾出版社, 2009.

[13] 孙通海译注. 庄子 [M]. 北京: 中华书局, 2007.

[14] 李小龙译注. 墨子 [M]. 北京: 中华书局, 2007.

[15] 安小兰译注. 荀子 [M]. 北京: 中华书局, 2007.

[16] 陈秉才译注. 韩非子 [M]. 北京: 中华书局, 2007.

[17] 王阳明撰, 于自力、孔薇、杨骅骁注译. 传习录 [M]. 郑州: 中州古

籍出版社，2008.
[18] 吕友仁. 乐记 [M]. 上海：华东师范大学出版社，2009.
[19] 张文修. 礼运 [M]. 北京：北京燕山出版社，1995.
[20] 张双棣等译注. 吕氏春秋 [M]. 北京：中华书局，2007.
[21] 卢连章. 程颢程颐评传 [M]. 南京：南京大学出版社，2007.
[22] 李祥俊. 道通于一——北宋哲学思潮研究 [M]. 北京：北京师范大学出版社，2006.
[23] 葛瑞汉著，程德祥等译. 中国的两位哲学家——二程兄弟的新儒学 [M]. 郑州：大象出版社，2000.
[24] 赵载光、洪梅. 湖湘学统与宋明新儒学 [M]. 湘潭：湘潭大学出版社，2015.
[25] 黄锦君. 二程语录语法研究 [M]. 成都：四川大学出版社，2006.
[26] 佘正荣. 中国生态伦理传统的诠释与重建 [M]. 北京：人民出版社，2002.
[27] 雷毅. 生态伦理学 [M]. 西安：陕西人民教育出版社，1999.
[28] 廖永杰、赵华朋. 中国传统文化概论 [M]. 西安：陕西人民出版社，1999.
[29] 宋希仁. 当代外国伦理思想 [M]. 北京：中国人民大学出版社，2000.
[30] 万俊人. 现代西方伦理学史（上）[M]. 北京：北京大学出版社，1992.
[31] 乐爱国. 道教生态学 [M]. 北京：社会科学文献出版社，2005.
[32] 赵载光. 天人合一的文化智慧——中国传统生态文化与哲学 [M]. 北京：文化艺术出版社，2006.
[33] 蒙培元. 人与自然——中国哲学生态观 [M]. 北京：人民出版社，2007.
[34] 蔡元培. 中国伦理学史 [M]. 上海：上海古籍出版社，2008.
[35] 傅华. 生态伦理学探究 [M]. 北京：华夏出版社，2002.
[36] 袁清林. 中国环境保护史 [M]. 北京：中国环境出版社，1990.
[37] 程遂营. 唐宋开封生态环境研究 [M]. 北京：中国社会科学出版社，2002.

[38] 邓晓芒. 康德纯粹理性批判指要 [M]. 长沙: 湖南教育出版社, 1996.
[39] 朱坦. 生态伦理学理论与实践 [M]. 北京: 中国生态科学出版社, 2001.
[40] 万俊人. 现代西方伦理学史（上卷） [M]. 北京: 北京大学出版社, 1992.
[41] 刘湘溶. 生态伦理学 [M]. 长沙: 湖南师范大学出版社, 1992.
[42] 张云飞. 当代外国伦理思想 [M]. 成都: 四川人民出版社, 1995.
[43] 曾建平. 生态正义——发展中国家生态伦理问题探究 [M]. 济南: 山东人民出版社, 2007.
[44] 李景明. 儒道比较研究 [M]. 北京: 中华书局, 2002.
[45] 李泽厚. 中国宋代思想史论 [M]. 北京: 人民出版社, 1988.
[46] 蒋朝君. 道教生态伦理思想研究 [M]. 北京: 东方出版社, 2006.
[47] 唐明邦. 邵雍评传 [M]. 南京: 南京大学出版社, 1998.
[48] 杨通进. 生态伦理: 全球话语中国视野 [M]. 重庆: 重庆出版社, 2007.
[49] 丁为详. 虚气相即——张载哲学体系及其定位 [M]. 北京: 人民出版社, 2000.
[50] 陈俊民. 张载哲学思想及关学学派 [M]. 北京: 人民出版社, 1986.
[51] 何怀宏. 生态伦理——精神资源与哲学基础 [M]. 保定: 河北大学出版社, 2002.
[52] 张立文. 宋明理学研究 [M]. 北京: 人民出版社, 2002.
[53] 陈来. 宋明理学 [M]. 上海: 华东师范大学出版社, 2007.
[54] 李晓春. 宋代性二元论研究 [M]. 北京: 中国社会科学出版社, 2006.
[55] 王国轩. 中庸大学 [M]. 北京: 中华书局, 2009.
[56] 林红梅. 生态伦理学概论 [M]. 北京: 中央编译出版社, 2008.
[57] 任俊华. 生态伦理的文化阐释——中国宋代生态智慧探考 [M]. 长

沙：湖南师范大学出版社，2007.
[58] 侯外庐. 宋明理学史［M］. 北京：人民出版社，1987.
[59] 贾顺先. 宋明理学新探［M］. 成都：四川人民出版社，1987.
[60] 李培超. 伦理拓展主义的颠覆——西方生态伦理思潮研究［M］. 长沙：湖南师范大学出版社，2007.
[61] 傅小凡. 宋明道学新论［M］. 北京：社会科学文献出版社，2008.
[62] 张全明. 中华五千年生态文化［M］. 武汉：华中师范大学出版社，1999.
[63] 蔡方鹿. 程颢程颐与中国文化［M］. 贵州：贵州人民出版社，2001.
[64] 曾建平. 寻归绿色——生态道德教育［M］. 北京：人民出版社，2007.
[65] 章海荣. 生态伦理与生态美学［M］. 上海：复旦大学出版社，2008.
[66] 陈泉生. 环境法原理［M］. 北京：法律出版社，1997.
[67] 何星亮. 中国自然精神与自然崇拜［M］. 上海：上海三联书店，1995.
[68] 郭齐勇. 儒家伦理争鸣集——以"亲亲互隐"为中心［M］. 武汉：湖北教育出版社，2007.
[69] 万俊人. 伦理学新论——走向现代伦理［M］. 北京：华夏出版社，1994.
[70] 张立文. 宋明理学研究［M］. 北京：人民出版社，2002.
[71] 陈敏豪. 生态——文化和文明前景［M］. 武汉：武汉大学出版社，1995.
[72] 彭永捷. 朱陆之辩——朱熹陆九渊哲学比较研究［M］. 北京：人民出版社，2002.
[73] 张立文. 心学之路——陆九渊思想研究［M］. 北京：人民出版社，2008.
[74] 余谋昌. 生态伦理学［M］. 北京：首都师范大学出版社，1999.
[75] 赵安启、胡柱志. 中国古代环境文化概论［M］. 北京：中国环境科学出版社，2008.
[76] 任继愈. 中国哲学发展史［M］. 北京：人民出版社，1986.
[77] 成中英. 合外内之道——儒家哲学论［M］. 北京：中国社会科学出版

社，2001.
[78] 卢连章. 程颐程颢评传 [M]. 南京：南京大学出版社，2001.
[79] 冯友兰. 中国哲学史 [M]. 北京：中华书局，1999.
[80] 万劲波. 生态文明时代的生态法治与伦理 [M]. 北京：化学工业出版社，2007.
[81] 李承宗. 和谐生态伦理学 [M]. 长沙：湖南大学出版社，2008.
[82] 曹孟勤. 人性与自然：生态伦理哲学基础反思 [M]. 南京：南京师范大学出版社，2006.
[83] 郑慧子. 走向自然地伦理 [M]. 北京：人民出版社，2006.
[84] 徐嵩龄. 环境伦理学进展：评论与阐释 [M]. 北京：社会科学文献出版社，1999.
[85] 卢风、刘湘溶. 现代发展观与环境伦理 [M]. 保定：河北大学出版社，2004.
[86] 李培超. 自然与人文的和解 [M]. 长沙：湖南人民出版社，2001.
[87] 〔美〕尤金·哈格列夫著，杨通进译. 生态伦理学基础 [M]. 重庆：重庆出版社，2007.
[88] 〔美〕戴斯·贾丁斯著，林管明译. 生态伦理学——生态哲学导论 [M]. 北京：北京大学出版社，2002.
[89] 〔美〕彼得·S. 温茨著，朱丹琼译. 生态正义论 [M]. 上海：上海人民出版社，2007.
[90] 〔美〕雅克·蒂洛 基斯·克拉斯曼著，程立显、刘建译. 伦理学与生活 [M]. 北京：世界图书出版公司，2008.
[91] 〔英〕戴维·佩珀著，刘颖译. 生态社会主义：从深生态学道社会正义 [M]. 济南：山东大学出版社，2008.
[92] 〔日〕岩佐茂. 生态的思想 [M]. 北京：中央编译出版社，2006.
[93] 〔美〕约翰·罗尔斯著，何怀宏译，正义论 [M]. 北京：中国社会科学出版社，1988.
[94] 〔法〕史怀哲. 敬畏生命 [M]. 上海：上海社会科学院出版社，1981.

[95]〔美〕詹姆斯．实践中的道德［M］．北京：北京大学出版社，2006.
[96]〔美〕巴巴拉·奥德雷内·杜博．只有一个地球［M］．北京：石油工业出版社，1981.
[97]〔德〕康德，苗力田译．道德形而上学原理［M］．上海：上海人民出版社，1986.
[98]〔美〕约翰·罗尔斯，何怀宏、何包钢、廖申白译．正义论［M］．北京：中国社会科学出版社，2006.
[99]〔古希腊〕亚里士多德，苗力田译．尼各马科伦理学［M］．北京：中国人民大学出版社，2003.
[100]〔印度〕维韦卡·梅农．天、地与我——亚洲自然保护伦理［M］．北京：中国政法大学出版社，2005.
[101]魏华仙．鸡肋编的生态环境史料价值［J］．中国历史地理论丛，2006（10）.
[102]赵载光．论儒家礼制文化的生态伦理思想［J］．湘潭大学学报，2007（6）.
[103]魏华仙．试论宋代对野生动物的捕杀［J］．中国历史地理论丛，2007（7）.
[104]张全明．论宋代的生物资源保护［J］．史学月刊，2000（6）.
[104]张全明．论宋代道学家的环境意识［J］．中国宋代环境思想研究，2007（1）.
[105]方宝璋．略论宋代水土生态综合治理思想［J］．江西财经大学学报，2007（6）.
[106]刘旭东．略论两宋时期自然环境恶化的人为因素［J］．西南师范大学学报，2006（2）.
[107]张全明．简论宋人的生态意识与生物资源保护［J］．华中师范大学学报，1999（8）.
[108]张全明．简论宋代儒士的环境意识及其启示［J］．文史博览，2006（7）.

[109] 张全明. 论宋代的生物资源保护及其特点 [J]. 求索, 1999 (1).
[110] 郑小江. 论周敦颐的人生哲学 [J]. 孔子研究, 2006 (6).
[111] 徐刚. 周敦颐自然哲学思想对朱熹的影响 [J]. 自然辩证法研究, 1997 (9).
[112] 黄守愚. 周敦颐"天人合一"的生态伦理思想 [J]. 文苑史海, 2008 (12).
[113] 胡义成. 周公—张载"天人合一"引领的重视生态环保的传统及其现实意义 [J]. 社会学研究, 2007 (7).
[114] 吴静. 试论周敦颐"气以载性"思想 [J]. 重庆师范大学学报, 2008 (2).
[115] 蒙培元. 朱熹哲学生态观 [J]. 泉州师范学院学报, 2006 (8).
[116] 樊小贤. 张载生态伦理的本体论之维 [J]. 西安文理学院学报, 2007 (8).
[117] 樊小贤. 张载哲学中的生态智慧探析 [J]. 长安大学学报, 2007 (6).
[118] 武宝宁. 张载思想中的生态智慧 [J]. 齐鲁学刊, 2008 (7).
[119] 赵玉萍. 论张载哲学思想对当代生态问题的解释力 [J]. 哲学百家, 2008 (2).
[120] 夏澍云. 张载自然观、价值观和人物观的生态智慧 [J]. 学术论坛, 2007 (2).
[121] 蒙培元. 张载天人合一说的生态意义 [J]. 传统文化与人文精神, 2002 (8).
[122] 贺圣迪. 张载的自然观及其历史地位 [J]. 上海大学学报, 2000 年 (6).
[123] 杨英姿. 张载"天人合一"思想的生态伦理意蕴 [J]. 兰州学报, 2006 (6).
[124] 乐爱国. 道教生态伦理: 以生命为中心 [J]. 厦门大学学报, 2004 (5).

[125] 陈霞. 国外道教与深生态学研究综述 [J]. 世界宗教研究，2003 (3).
[126] 王竞芬. 天人统一于一心——论邵雍儒道兼综的境界哲学 [J]. 孔子研究，2000 (1).
[127] 姜锡东. 新儒学五子的理学体系问题 [J]. 文史哲，2007 (8).
[128] 吴静. 试论周敦颐"气以载性"思想 [J]. 重庆师范大学学报，2008 (2).
[129] 王雨辰. 略论儒家生态伦理的基本精神与价值取向 [J]. 中南财经政法大学学报，2006 (8).
[130] 李春林. 试论天人合一思想对当代生态伦理学的启示 [J]. 佳木斯大学社会科学学报，2007 (6).
[131] 齐姜红. 孔孟儒家的生态伦理思想 [J]. 管子学刊，2008 (1).
[132] 牛庆燕. 儒家伦理人文主义生态之维及其现代回应 [J]. 孔子研究，2006 (7).
[133] 杜杰. 生态伦理的哲学之维：人文主义与自然主义 [J]. 文化论坛，2008 (1).
[134] 师丽娜. 浑然与物通体程颢的仁者境界 [J]. 大众科学，2007 (12).
[135] 余愚. 周敦颐宇宙图式论哲学形成的文化背景 [J]. 中国文化研究，1999 (1).
[130] 朱汉民. 二程天理论的文化意义 [J]. 湖南大学学报，2001 (7).
[131] 陈来. 道德的生态观——宋明儒家仁说的生态面向及其现代诠释 [J]. 中国哲学史，2000 (2).
[132] 李永富、王新春. 论程颢仁学的生态意蕴 [J]. 中国哲学史，2015 (1).
[133] 牛庆燕. 儒家伦理人文主义生态之维及其现代回应 [J]. 孔子研究，2006 (7).
[134] 李晓. 儒家"天人合一"的生态伦理思想 [J]. 青海师范大学学报，2007 (2).

[135] 鄯爱红. 儒家人物关系论与现代生态伦理 [J]. 伦理学研究, 2006 (1).
[136] 常新、史耀媛. 儒家生态观的理性解读及其重建 [J]. 唐都学刊, 2006 (2).
[137] 白奚. 仁爱观念与生态伦理 [J]. 首都师范大学学报, 2002 (1).
[138] 任俊华. 孔子生态伦理思想发微 [J]. 道德与文明, 2006 (6).
[139] 任俊华. 孟子的生态伦理思想管窥 [J]. 齐鲁学刊, 2006 (7).
[140] 王名扬. 程颢仁学自然观的生态价值 [J]. 黑河学刊, 2010 (8).
[141] 李建华、洪梅. 论程颢的生态伦理思想 [J]. 湘潭大学学报, 2011 (9).
[142] 洪梅、李建华. 周敦颐的生态伦理思想 [J]. 西南民族大学学报, 2011 (11).
[143] 洪梅、李建华. 寻“孔颜乐处”的生态价值取向——从周敦颐到程颢、程颐 [J]. 齐鲁学刊, 2012 (4).
[144] 洪梅. 论程颐的“循理之乐”——寻“孔颜乐处”的生态价值取向 [J]. 齐鲁学刊, 2015 (4).
[145] 洪梅. 程颢“万物一体”论的当代价值 [J]. 湘潭大学学报, 2020 (1).
[146] 曲爱香. 孔孟荀的天人观及其生态伦理 [D]. 浙江大学, 2006.
[146] 杜宗才. 汉代道家生态伦理思想研究 [D]. 华中师范大学, 2008.
[147] 杨胜良. 汉唐环境保护思想研究 [D]. 厦门大学, 2007.
[148] 赵玉. 道家与儒家的生态观与审美观 [D]. 山东大学, 2006.
[149] 白才儒. 汉魏晋南北朝道教生态伦理思想研究 [D]. 山东大学, 2008.
[150] 李金玉. 周秦时代生态环境保护的思想与实践研究 [D]. 郑州大学, 2006.
[151] 任俊华. 儒道佛生态伦理思想研究 [D]. 湖南师范大学, 2007.
[152] 洪梅. 二程生态伦理思想研究 [D]. 湘潭大学, 2012.

图书在版编目（CIP）数据

北宋新儒学生态伦理思想研究 ：从周敦颐到二程 / 洪梅著. -- 湘潭 ：湘潭大学出版社，2020.6
ISBN 978-7-5687-0427-4

Ⅰ. ①北… Ⅱ. ①洪… Ⅲ. ①新儒学－生态伦理学－哲学思想－研究－中国－北宋 Ⅳ. ①B244.05 ②B82-058

中国版本图书馆 CIP 数据核字（2020）第 095950 号

北宋新儒学生态伦理思想研究

——从周敦颐到二程

BEI SONG XINRUXUE SHENGTAI LUNLI SIXIANG YANJIU: CONG ZHOU DUNYI DAO ER CHENG

洪梅 著

责任编辑：李志红
封面设计：李 平
出版发行：湘潭大学出版社
社　　址：湖南省湘潭大学工程训练大楼 5 楼
电　　话：0731-58298960 0731-58298966（传真）
邮　　编：411105
网　　址：http://press.xtu.edu.cn/
印　　刷：长沙印通印刷有限公司
经　　销：湖南省新华书店
开　　本：880 mm×1000 mm 1/32
印　　张：8.75
字　　数：212 千字
版　　次：2020 年 6 月第 1 版
印　　次：2020 年 6 月第 1 次印刷
书　　号：ISBN 978-7-5687-0427-4
定　　价：48.00 元